中外经典文库

吕思勉文选

洪治纲　主编

上海大学出版社

·上海·

图书在版编目(CIP)数据

吕思勉文选 / 洪治纲主编. —上海：上海大学出
版社，2024.3
（中外经典文库）
ISBN 978‐7‐5671‐4656‐3

Ⅰ. ①吕… Ⅱ. ①洪… Ⅲ. ①吕思勉(1884‐1957)
—文集 Ⅳ. ①C53

中国国家版本馆 CIP 数据核字(2023)第 236143 号

统　筹　刘　强
责任编辑　倪天辰
封面设计　柯国富
技术编辑　金　鑫　钱宇坤

中外经典文库
吕思勉文选
洪治纲　主编
上海大学出版社出版发行
（上海市上大路 99 号　邮政编码 200444）
（https：//www.shupress.cn　发行热线 021‐66135112）
出版人　戴骏豪
＊
南京展望文化发展有限公司排版
上海华业装潢印刷厂有限公司印刷　各地新华书店经销
开本 890mm×1240mm　1/32　印张 9.75　字数 227 千字
2024 年 3 月第 1 版　2024 年 3 月第 1 次印刷
ISBN 978‐7‐5671‐4656‐3/C·149　定价 58.00 元

目录
CONTENTS

中国文化史六讲 ······ 001

古代人性论十家五派 ······ 049
中国古代哲学与道德的
　关系 ······ 059
古代之印度与佛教 ······ 069
西汉哲学思想 ······ 074
魏晋玄谈 ······ 109
订戴 ······ 118
蒙古种族考 ······ 124
历史上之民兵与
　募兵 ······ 132
古史纪年考 ······ 145
汉人訾产杂论 ······ 158
秦汉移民论 ······ 192

先秦学术概论·
　总论 ······ 204
论读经之法 ······ 221
论读子之法 ······ 231
论吴越文化 ······ 246
释仁 ······ 251
释因 ······ 254
释大顺 ······ 256

小说丛话 ······ 260
新旧文学之研究 ······ 272
《诗经》与民歌 ······ 275
论文史 ······ 283
《古史家传记文选》导言 ······ 286
怎样读中国历史 ······ 299

中国文化史六讲[①]

第一讲　婚　姻　族　制

《易》曰："有天地,然后有万物。有万物,然后有男女。有男女,然后有夫妇。有夫妇,然后有父子。有父子,然后有君臣。"若是乎社会之组织,实源于家族,而家族之本,又由于男女之牉合也。欲知文化之源者,必不容不知婚制及族制审矣。

今言人伦,必始夫妇。然夫妇之制,非邃初所有也。《白虎通》言,古之时,人民但知其母,不知其父。是为夫妇之制未立之世。斯时匹合,盖惟论行辈。同辈之男,皆可为其女之夫。同辈之女,皆可为其男之妻。《周官·媒氏》有会男女之法。而《礼运》言"合男女,颁爵位,必当年德"。盖由于此。其后虑以争色致斗乱,而程度日进,各部落之接触日繁,乃有劫略或价买于异族者。婚礼必行之昏时,盖即源于略夺。六礼之纳征,则卖买之遗俗也。《郊特牲》曰:"取于异姓,所以附远厚别也。"厚别所以防同族之争乱,附远则借此与异族结和亲也。益进,则脱卖买之习,成聘娶之礼矣。婚礼有六,曰纳采(亦曰下达,男氏求婚之使);曰问名(女氏既许婚,乃曰:"敢请女为

① 此文为作者 1929—1930 年间在江苏省立常州中学授课讲稿,收入《吕思勉遗文集》(华东师大出版社 1997 年版)。

谁氏。"谦,不必其为主人之女也。问其姓氏者,盖主人之亲戚或佣婢之类也,果是主人之女,奚用问姓也。纳采、问名共一使);曰纳吉(归卜之于庙);曰纳征(亦曰纳币,卜而得吉,使告女氏,纳玄纁束帛俪皮);曰请期(定吉日也。吉日男氏定之,然必三请于女氏,女氏三辞,然而告之,示不敢专也);曰亲迎。亲迎之夕,共牢而食,合卺而酳,所以合体,同尊卑,以亲之也。质(同平)明,赞妇见于舅姑。厥(三日)明,舅姑共飨妇。舅姑先降自西阶,妇降自阼阶,以著代也(此礼亦称授室。与适同端子之冠于阼同,惟冢妇有之)。妇入三月(以三月气候一转也)而祭行。舅姑不在,则三月而庙见。未庙见而死,归葬于女氏之党,示未成妇也①。必三月者,取一时,足以别贞信也②。纳征之后,婿若女死,相为服丧,既葬而除之。故夫妇之关系,实自纳征始。然请期之后,婿若女之父母死,三年服阕,仍可别婚③。则礼必成于亲迎。后世过重纳征,乃有未嫁婿死,女亦为之守贞者,宜清人汪容甫讥为好仁不好学。其蔽也,愚也。

娶妻之礼如此。若言离婚,则妇人有七弃,五不娶,三不去,说见《公羊解诂》(庄公二十七年。其说曰:尝更三年丧不去,不忘恩也。贱取贵不去,不背德也。有所受无所归不去,不穷穷也。丧妇长女不取,无教戒也。世有恶疾不取,弃于天也。世有刑人不取,弃于人也。乱家女不取,类不正也。逆家女不取,废人伦也。无子弃,绝世也。淫佚弃,乱类也。不事舅姑弃,悖德也。口舌弃,离亲也。盗窃弃,反义也。嫉妒弃,乱家也。恶疾弃,不可奉宗庙也)。《大戴礼记·本命篇》略同。后世法律,亦明七出之文,然社会情形,今古不同,故律所强其出之者,惟在义绝。何谓义绝,律无明文,盖难言之,故以含浑出之也。

婚礼精义,在于男不亲求,女不亲许(今世婚姻适得其反矣。吁!)。

---

① 《礼记·曾子问》。
② 《公羊》成公九年,《解诂》。
③ 《礼记·曾子问》。

故如鲁季姬使鄫子请己，《春秋》大以为非①。然如《左氏》所载，子南子晳，争婚徐吾氏，乃使其女自择者，亦非无之②。婚礼不称主人，特其形式而已③。固非如后世，全由父母主婚，男女绝不与闻也。

婚年。《书传》(《尚书大传》)《礼记》《公》《谷》《周官》皆云男三十，女二十。《墨子·节用》《韩非·外储说右下》则曰男子二十，女十五。《大戴礼记·本命》谓大古男五十，女三十。中古男三十，女二十。此皆为之极限，使不可过。非谓必斠若划一也。大抵婚年早者，出于蕃育人民之意。迟则由于古人财力不及，故杀礼多婚，为《周官·大司徒》荒政十二之一。古者霜降逆女，冰泮杀止④。至于仲春而犹不能婚，则其财力不逮可知。故《周官·媒氏》，仲春会(计也)男女，奔者不禁。所谓奔者，谓不备礼，正以贫乏故也。六礼不备曰奔，非淫奔之谓也(婚年婚时，以王肃之说为通。见《孔子家语·本命解》及《诗·摽有梅疏》)。后世生计渐裕，则婚嫁较早。曹大家十四而适人⑤，汉惠帝令女子十五不嫁五算(《汉书·本纪》。惠帝时成年人纳一算)，皆其征也(《大戴记》谓婚年自天子至庶子同。《左氏》则谓国君十五而生子。见襄公九年)。越勾践挠败于吴，乃颁律男女十七不婚嫁者，科其父母，以进生殖也。

畜妾之俗，起于富贵之淫侈。《盐铁论·散不足篇》谓"古者一夫一妇，而成家室之道"。妾非邃古所有，见于书传者，惟此而已。妾御之数见于经者，《公羊》谓天子娶十二女⑥，诸侯九(庄公十八年。

---

① 《公羊传》僖公十四年。
② 《左传》昭公六年。
③ 《公羊传》隐公二年。
④ 《荀子·大略》《春秋繁露·循天之道》。
⑤ 见《女诫》。
⑥ 《公羊传》成公十年，《解诂》。

取一国，则二国往媵，皆有侄娣。夫人有左右二媵。侄为今之内侄女，娣为今之小姨）。《曲礼》谓"天子有后，有夫人，皆世妇。有嫔，有妻有妾。公侯有夫人，有世妇，有妻有妾"。《昏义》谓天子有一后，三夫人，九嫔，二十七世妇，八十一御妻（《周官》无三夫人，有世妇女御，而不言其数）。案冠、婚、乡、射、燕、聘诸义，皆《仪礼》之传，传文皆以释经。惟《昏义》末节，与经不涉，文亦不类。而百二十人之数，适与王莽和、嫔、美、御之制合①（和、嫔、美、御亦一百二十人），其为后人窜入无疑。古者诸侯不再娶，所以"节人情，开媵路"也（《公羊》庄公十八年。《仪礼·丧服传》。媵与夫人之娣，为贵妾，得为继室）。《昏礼》曰"无大夫冠礼而有其婚礼，古者五十而后爵，何大夫冠礼之有"。然则大夫五十，犹得再娶，其为继娶可知。得继娶，其本为妾媵可知。故知畜妾为后起之俗也。

《颜氏家训》云："江左不讳庶孽，丧室之后，多以妾媵终家事。河北鄙于侧出，不预人流。是以必须重娶。至于三四。"盖江左犹存有妾不得再娶之义，河北则荡然也。《公羊》质家（《公羊》有文质两家，质求实际也），母以子贵（隐公元年。又《春秋繁露·三代改制质文篇》）。然妾为夫人，特庙祭之。子死则废②。犹与正夫人有别。此由本为妾媵故然。再娶事自有异。《唐书·儒学传》：郑余庆庙有二妣，疑于祔祭，请诸有司。博士（博士为太常寺司员，掌礼也）韦公肃议曰："古诸侯一娶九女，故庙无二适。自秦以来有再娶。前娶后继，皆适也。两祔无嫌。"余庆用其议。后世亦多遵之（同为适室，只限继娶。若世俗所谓兼祧嗣也双娶等，则为法所不许。大理院统字四百二十八号解释，以后娶者为妾）。妾之有无多少，古视贵贱而分，后世则以贫富而异。法律仍有依贵贱立别者（如《唐书·百官志》：亲王孺人二人，媵十人。二品，媵八人。国公及三品，

---

① 《汉书》本传。
② 《公羊传》隐公五年，《解诂》。

滕六人。四品，滕四人，五品滕三人）。庶人娶妾，亦有限制（如《明律》，民年四十以上无子者，方听取妾，违者笞四十）。然多成具文而已。

贞妇二字，昉见《礼记·丧服四制》。宋伯姬逮火而死（鲁女嫁宋伯姬。古例傅姆不下堂。傅，年长之男侍。姆，年长之女待）。《春秋》特书之[①]。以及《茉苢》《柏舟》（柏舟，齐公主嫁卫国君，甫抵卫城而国君亡）、《大车》之序于《诗》（皆见《列女传》。刘向学《鲁诗》，今诗分鲁齐韩三家，古唯《毛诗》而已）。皆可见儒家之崇奖贞节。然有淫通者，亦不以为大过（《凯风》之诗，卫有七子之母，不安其室。而孟子曰："《凯风》，亲之过小者也"）。视再嫁尤为恒事（《郊特牲》曰："壹与之齐，妻也终身不改，故夫死不嫁。"案："壹与之齐，终身不改。"谓不得以妻为妾。非谓不得再嫁。《注》亦不及再嫁义。此语为后人窜入无疑）。宋学家好作极端之论。宋学盛行，而贞节乃益重，上中流女子，改嫁者几于绝迹矣。世多以伊川"饿死事小，失节事大"之言为诟病。案此语出程氏《外书》，《外书》本不如《遗书》之可信。而此语之意，亦别有在（意在极言失节之不可，非主妇女再嫁言也），泥其辞而昧其意，亦流俗无识使然。未可专咎小程也。

倡妓之始（娼妓本作倡伎，最初之时，本为男人所操之业。日本谓之卖淫），世多以《管子》女闾三百为征。此盖后世乐户之流。至于私倡，则其原始，无可征矣。后世乐户，多以罪人及其家属充之。或取诸贱族。详见《癸巳类稿》（乐户分官奴婢和私奴婢两种，俞正燮理初著有《乐户集》）。

以上论婚制竟。以下略论族制。

夫妇之制既为邃初所未有，则保育子女之责，必多由母任之。故人类亲亲之情，必造端于母子。知有母，则知有同母之人焉。由此而推之，则知有母之母焉。又知有与母同母之人焉。亲属之关系，自此昉也。故古代血统，以母为主，所以表其血统者为姓。于

---

① 《公羊传》襄公三十年。

文,女生为姓,职是故也。女系时代,得姓之由,略如下图:

　　斯时甥舅为一家之人(同姓一,异姓二,阴阳之义也。母党者,生之所自出也;妻党者,生之所由出也,终始之义也。其后所生者虽不同,而其为甥舅则一也,均异姓也),而世叔父则否。欧俗财产或传诸甥由此。人类生计,必自渔猎进于游牧,自游牧进于耕农。渔猎之世,民居出谷洲渚之间,可以合族而处。游牧须逐水草,耕农各有分地,斯不然矣。丁斯时也,人民由合而分,而女子遂为男子之私属。私其子姓,人有恒情,有财产者,必思传于子。又古代职业,父子相继,欲知其人为何如人者,必先知其父为何如人。财产权力之统系,亦必有以表之。夫是之为氏。故姓之始,恒从女。而氏之起恒从男。

　　然至男权日张,妻子皆为之私属(周时子姓乃随父,如文王姓姬,夫人任武王亦姓姬),则表女系之姓,亦易而为男系。如周姓姬,齐姓姜,宋姓子是也。是之谓正姓,同出一祖者,正姓皆同。而又有氏以表其支派。若鲁之三桓(孟孙氏、仲孙氏、季孙氏),郑之七穆是也。是之谓庶姓[1]。三代以前,大抵男人称氏,女子称姓[2]。姓百世尚不更,氏数

---

[1] 详见《礼记》《尚书大传·注疏》。
[2] 详见顾亭林《原姓》。

传而可改。封建既废，谱牒沦亡，正姓多不可知。亦无新起之庶姓，而姓氏之别遂亡。详见《通志·氏族略》(古有王牒纂修馆)。

下图九族，为今《戴礼》《欧阳尚书》说。

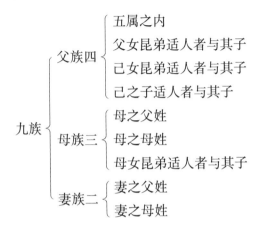

古文家以上自高祖，下至玄孙为九族，乃九世之误也(俞荫甫说)。宗法至周而始详，盖亦至周而始严，其法以别子为祖。别子之正适为大宗，次子以下，皆为小宗。小宗之正适，为继祢小宗，其正适为继祖小宗，以次相传，为继曾祖小宗，继高祖小宗。继祢者兄弟宗之，继祖者从兄弟宗之，继曾祖者再从兄弟宗之，继高祖者三从兄弟宗之，六世亲尽。则不复宗事与我同六世之正适，故曰五世而迁。大宗之正适，则永为同出一祖者所宗事，故曰百世不迁。凡诸小宗，皆为大宗所统摄。族之殇与无后者，从祖附食。皆祭于大宗之家。故小宗可绝，大宗不可绝①。大宗不绝，则同出一祖之人，皆能抟结而不散。此宗法之组织，所以为坚强而悠久也。天子者，同姓诸侯之大宗。诸侯者，同姓大夫之大宗。故曰"君之

----

① 《仪礼·丧服》。

宗之"①。然则宗子皆有土之君,故能收恤其族人。族人皆与宗子共生息于其封土,故必翊戴其宗子。此宗法与封建,所以相辅而行也②。古者诸侯不敢祖天子,大夫不敢祖诸侯。祖,正统之世祖也。宗,旁系也。

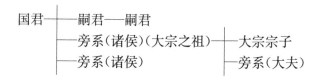

如上图,大宗之祖不能称国君为祖也。然称宗则可也。而不能亲与祭祀,以正名也。旁系在本系内称诸侯,至别系内又得称世祖。小宗在别系内又得称大宗。

古代之民所以笃于宗族者(先有族后有宗),以其时人类相亲相爱之情未广,分工协力之道未备,政治与生计之抟结,皆止于是也。后世亲爱之情日扩,通工易事之范围亦日广。职业复杂,断不容聚族而居,强宗巨家或且为政令之梗。则宗法不得不替,而相生相养,专恃五口八口之家,治理则胥由于国矣(有谓古之家族观念厚,今之家属观念薄,实则非人心之异,乃社会之组织不同有以致也。古者社会组织简陋,宗族事务非协力无以生存。今则适趋其反,工商发达,凡百事业,皆可以金钱代力。则宗族愈大,反致无济于事,是以宗族之观念疏焉)。丧服同财,以大功为限。平民有弟,则为余夫③。可见古者卿大夫之家,较今日普通之家为大。平民之家,则相等也。五口八口,为一夫上父母,下妻子。此谓相生相养,不得不然之抟结。较诸欧人,亦仅多上父母一代耳。此非至人人"不独亲其亲,不独子其子"之世,不易破除也。宗族百口,累世同

① 《诗·笃公刘》。
② 九族之义,详见《五经异义》。宗法详见《礼记大传》。
③ 《孟子·滕文公上》。

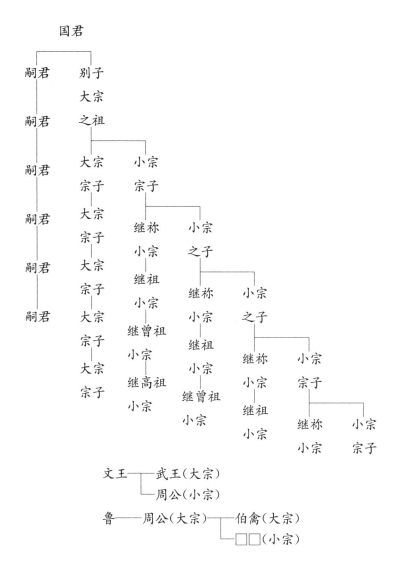

居之事，史传多载之。笃旧者侈为美谈，喜新者又以为诟病，其实以中国之大，此乃凤毛麟角耳。制度与社会组织，格不相入，未有能行之广，持之久者也。继嗣之法，自周以来，始专重嫡长。其时宗族方盛,宗子之地位最尊,有一大宗,则同出一祖之人,皆得所依倚。故所不可绝者仅大宗。后世宗法既废,敬宗收族之意亦亡。而不孝有三,无后为大之见解,依然如故[1],遂至人人皆欲立后,此其势实不可行。故仪礼之家多非之。然财产既许私有,无后则产无所归,归公非人情所愿。近亲分受,转益纠纷,尚不如立一人焉。主其祀而袭其产之为得,此习俗之所以重立嗣,而法律亦从而许之也。惟今世法律,当重保护人之财产,立后与否,当听其人之自愿。财产归诸何人,当一凭本人之意。而法律于此,不能尽符。此则未尽善者耳(赵瓯北先生著《陔余丛考》一书,专叙历史上制度与社会组织正史所遗漏不载)。

兼祧之法(长房之子兼祧于其次各房者,则于本生父母服三年而于兼祧父母服一年。小房之子兼祧长房者,于本生父母服一年,于兼祧父母三年)创于清高宗时。盖一族人丁衰少时,往往近亲固无多丁,远房亦无支子。清律禁立异姓为后(惟仍得为养子,且得分给财产)。又禁昭穆(辈分相称也)失序,非如是,不能令人人皆有后也。女子继承,系国民政府新定之法,于理固当。然与习俗相违,推行尽利,尚非旦夕间事也。

第二讲　户　籍　阶　级

凡治皆以为民,亦凡治皆起于民。故户籍者,一国政治之根本也。吾国户口之清晰,盖尚在三代以前,斯时国小而为治纤悉。君卿大夫,皆世守其地,易知民之情伪。又生事简陋,交通阻塞,社会风气诚朴。而民之轻去其乡者少,故户籍易于清厘。后世则一切反是,故其民数,遂至无可稽考也(中国古时户口之不得清查,丁、户税之存在,亦为一大主因)。

清查户口,必始乡里。邻比之制(邻比之制,犹今之区镇街长是也),实

---

[1] 《孟子·离娄上》。

为其基。《周官》小司徒，颁比法于各乡，使各登其乡之众寡，承行其事者，盖皆比间族党之长，司民登万民之数，特为之会计而已。后世乡职，名存实亡。官吏又皆客籍，视其位为传舍(逆旅也)，此等详密之政，安得推行尽利哉！而其尤为清查之累者，则莫如户籍役籍，并为一谈一事。

徐幹(汉末年人)《中论》曰："民数者，庶事之所出也。以分田里，以令贡赋，以造器用，以制禄食，以起田役，以作军族。"盖古之清查户口，有裨治理如此。后世此等事一切不问，特为收税起见，加以清查。则人民安得不隐匿，官吏又安肯切实奉行乎？

历代清查户口之法，虽难具详，要之在官必始于县，自此上达于郡，更上达于中央，或监司之官。自县以下，则委之吏胥及乡职。吏胥舞弊，乡职蠢愚，其不能善其事，无待再计矣。略举其弊，约有七端。酷吏务求增丁，畏葸者亦不敢减；户有死绝，摊诸现存，一也(清以前人民须得度牒，方得落发空门。清以来乃废，以致僧侣益众)；货贿出入，任意低昂，二也；吏胥婪索，三也(此弊之在官吏者也)；诈称客籍，冒为士族，或妄托二氏(二氏者，和尚道士也)，以规免役，四也；脱户漏口，五也；豪强隐占，亲族蔽匿，六也；户役轻重，各有不同(如军民匠灶等)，情有趋避，遂生诈冒，七也(此皆弊之在民者也)。总而言之，役籍不实，而户籍与之并为一谈，其不能实，无待再计矣。

姑以明清近事征之。明制：以百十户为里(在城曰坊，近城曰厢)，岁役里长一人，甲长十人，以司其事。民数具于黄册。黄册以户为经，以田为纬，亦以里长司之。而上诸县，县上诸府，府上诸布政司，布政司上诸户部，岁终以闻。命户科给事中一人，御史二人，户部主事四人校焉。其制似极精详，黄册先载户数，次载当差丁数，次载男妇口数，末总计当差丁数。鳏寡孤独，不能应役者，附十甲后为畸零。僧道有田者，编册如民科，无田者亦为畸零。果能推行尽利,全国民数,亦未始不可周知。然总结只具当差人丁,其法已不尽善。况于当差人丁,数亦未必得实。不当差之男妇,其为随意填写,抑真加以清查,更不可知乎。又况乎后来并黄册而无之,或有之而全不实。厘定赋役,但凭所谓白册者乎(各县自造,以供定赋役之用者,谓之白册)。明制,五年一均役,十年则更造黄册。清初三年一编审,后改为五年,所谓编审,与清查人口,全无干涉。只是将全县应收丁税,摊之各户而已。此时丁税,实早摊入田亩。故康熙五十年,有嗣后滋生人丁,永不加赋之诏。非不欲加丁税,明知即加之,所得亦终有限也。雍正四年,径将丁银摊入地粮,自此编审不行。乾隆时,遂凭保甲以造户册。保甲固与役法无关,然其立法极详密。以昔时政治之疏阔,安能实力奉行,则亦具文而矣。人谓编审停而户口之数较得实,吾不信也。

　　嬴秦以前,户口之数,已无可考。自汉以来,则散见史籍,大约口数盛时,多在六七千万左右,最少时不足千万(历代户口之数,可看三通考户口考最便),此可觇历代口税盈绌耳。与户口之数,实无涉也。乾隆既停编审,户口之数骤增,口数逾一万万。自此递有增加,道光十五年,遂逾四万万。今日习称中国人口为四万万,由此也。

　　中国议论,有与欧洲异者。欧洲古希腊等皆小国,崎岖山海之间,地狭人稠,过庶之形易见。故自亚里士多德(古希腊大哲学家)以来,已有人众而地不能容,为最后之忧之说。马尔萨斯之人口论,特承其余绪而已。中国则大陆茫茫,惟患土满。故古之论者,多以民之不庶为忧,后世虽有租庸调等计口授田之法,实未必行。故过庶之患难见。而政治主于放任,调剂人口等事,政府又素不关怀,殖民之说,尤自古无有。数千年来,国内则荒处自荒,稠密处自患稠密。开疆拓土,亦徒以餍侈君喜功好大之心,于人民无甚裨益。"年年战骨埋荒外,空见葡萄入汉家。"古来暴骨沙场,不知凡几,而讫今日，仍以广田自荒，启戎心而招外侮。诵昔人之诗，能无深慨乎！

古有恒言曰君子小人，所谓君子，盖执政权者之通称。所谓小人，则不与政，自食其力者也。大抵古代阶级，由于战争，有战争，则有征服者，亦有被征服者。征服者之同姓、外戚、功臣、故旧，谓之百姓（古百姓与民异义。如《尧典》"平章百姓"与"黎民于变时雍"分言）。其余则因其职业之异，分为士农工商。士之初，盖战士之意。当时政事，盖多在此等人手，故后遂变为任事入仕之称。初任事者曰士，士而受爵，则为大夫，此皆所谓君子。自士以下，执事者曰庶人。"士有员位，而庶人无限极"①，则与农工商同为小人矣。士农工商，通称四民，野人则变民言氓②。盖民为征服人之族，居于郭以内。野人则服于人之族，居于郭以外（城为极小之方围，郭乃大范围之城，无定形，郭内景象，一如乡村。然郭内多行畦田制，郭外多行井田制，以郭内多不平之地也。古制居于郭之内者，称国人。居于郭之外者，称野人。大概国人为战胜民族，野人为战败民族，其待遇迥异。孟子曰："国人皆曰可杀，然后杀之。国人皆曰可用，然后用之。"故国人之力大焉，而野人无与也）。古代参与政治，实惟国人（如询国危，询国迁，询立君等，见《政体篇》）以此。其后封建制坏，君卿大夫，渐失其位，遂至与民无别。而国人增殖，不能不移居于野。野日富厚文明，寖至与国无异，则国人野人之迹亦泯矣。又有所谓奴婢者，盖以罪人及俘虏为之。《周官》司隶有五隶，罪隶为罪人。闽隶、蛮隶、夷隶、貉隶皆异族。盖战胜所俘也。然其除去奴籍，初不甚难。《左氏》襄公三十二年，斐豹请杀督戎，范宣子喜曰："而杀之，所不请于君焚丹书者，有如日。"则以君命行之而已。后世人主每以诏旨释放奴婢，殆亦沿之自古欤。

---

① 《孝经·庶人章·疏》引严植之语。
② 《周官·遂人注》。

古代之阶级，由贵贱而分。封建政体既坏，则由贫富而异。秦汉之世，拥厚资者，大略有三：曰大地主；曰擅山泽之利者；曰大工商。董仲舒言，富者田连阡陌，贫者无立锥之地，此则所谓大地主。《史记·货殖列传》所载事种树、畜牧、煮盐之人，则所谓擅山泽之利者也。晁错谓当时商贾，交通王侯，力过吏势。以利相倾，千里游敖。乘坚策肥，履丝曳缟。当时所谓商贾，实兼制造之家言之。如孔仅为南阳大冶是也。此所谓大工商也。《汉书》谓编户齐民，同列而以财力相君，虽为仆隶，犹无惭色（《货殖列传》）。贫富阶级之显著，概可见矣。然古代贵贱之阶级，亦非至此而遂划除净尽也。其遗留者，则为魏晋以后之门阀。

唐柳芳论氏族曰："氏族者，古史官所记也。昔周小史，定系世（《系》，帝系也。《世本》，诸侯卿大夫之家谱也），辨昭穆，故古有《世本》，录黄帝以来至春秋时，诸侯卿大夫名号继统。秦既灭学，公侯子孙，失其本系。汉兴，司马迁父子乃约《世本》修《史记》，因周谱明世家，乃知姓氏之所由出。虞、夏、商、周、昆吾、大彭、豕韦、齐桓、晋文，皆同祖也。更王迭霸，多者千祀，少者数十代。先王之封既绝，后嗣蒙其福，犹为强家。汉高帝兴徒步，有天下，命官以贤，诏爵以功。先王公卿之胄，才则用，不才弃之。不辨士与庶族，始尚官矣。然犹徙山东豪杰，以实京师。齐诸田，楚屈、景，皆右姓也。其后进拔豪英，论而录之。盖七相五公之所由兴也。魏氏立九品，置中正，尊世胄，卑寒士，权归右姓已。其州大中正主簿，郡中正功曹，皆取士族为之，以定门胄品藻人物。晋宋因之，始尚姓已（中正之弊，惟能知其阀阅，非复辨其贤愚，是亦九品制之不完美也。所谓尊世胄，卑寒士，助长阶级之气焰。上品无寒门，下品无世族）。于时有司选举，必稽谱籍而考其真伪。故官有世胄，谱有世官。贾氏王氏谱学出焉。由是有谱局（谱局为齐梁时所设），令史职皆具。夫文之弊，至于尚官；官之弊，至于尚姓;姓之弊,至于尚诈。隋承其弊,不知其所以弊。乃反古道,罢乡举,离地著,尊执事之吏。于是乎士无乡里,里无衣冠,人无廉耻,士族乱而庶人僭矣。"①此说于阶级兴替,言之殊为了然。盖古代贵族宗支,具存谱牒。故与平民不相混。此等谱牒,本皆职以官司。逮封建废而官失其守,谱牒沦亡。汉世用人,又不拘门第。自古相沿之阶级,本可至斯而泯。然沿袭既久,社会视听,骤难变易,故魏晋以降,其焰复张。当时士庶之隔,有若鸿沟。婚姻不相通,胝仕不相假,甚至一起居动作之微,亦不相侪偶。观《陔余丛考·六朝重氏族》一条可见(琅邪王姓,博陵崔姓,皆贵族也)。唐文宗欲以公主降士族,曰:"民间婚姻,不计官品,而尚阀阅。我家二百年天子,反不若崔卢邪?"②可见唐末此等风气尚盛。乃至五季,而"取士不问家世,婚姻不问阀阅"③。千年积习,一旦捐除,虽曰遭遇丧乱,官私谱牒沦亡(《昭明文选》讥琅邪王与富阳满通婚姻事,以不明谱牒也),亦何遽至此哉?君子观于此,而知世变之亟也。凡蟠踞社会之上层者,必有其实力,实力惟何,一曰富,一曰贵,贵者政治上之势力,富者社会上之势力也。观《廿二史札记·江左世族无功臣》《江左诸帝皆出庶族》《南朝多以寒人掌机要》等条,而知士族政治势力之式微。观《日知录·通谱》《廿二史札记·财昏》等条,而知庶族社会势力之雄厚。社会之组织,既不容由凭恃财力,复返于凭恃武力。则徒借相沿阀阅以自雄者,终不能不为新起之富豪所征服,有断然矣。盖至此而自古相沿之阶级尽矣。论者或以崇尚门阀,区别士庶为美谈,而转陋隋唐之所为,岂知言哉?

门阀既废,则为平等之累者,惟有奴婢。奴婢有二:以罪没入

① 《旧唐书·柳冲传》。
② 《旧唐书·杜兼传》。
③ 《通志·氏族略》。

者为官奴婢，以贫鬻卖者为私奴婢。二者皆汉世最盛，而后汉光武一朝，免奴最多[1]，殆可称中国之林肯。不过政治力强，莫敢举兵相抗而已。古代奴婢，皆使事生业(所谓"耕当问奴，织当问婢")，非如后世以供驱使，故其数可以甚多。白圭、刁间、蜀卓氏皆以此起。后世二者亦不绝，然政治常加以纠正，故其势不能大盛。大抵官奴婢有赦令则免，私奴婢则或以诏旨勒令释放，或官出资为赎，或令以买直为庸资，计其数相当则免之。然在民国以前，其迹终未能尽绝也。又有所谓部曲者，其初盖属于将帅之卒伍，后遂为之私属(《续汉书·百官志》：大将军营五部，部下有曲，曲下有屯，此部曲本意。《三国魏志·李典传》：宗族部曲三千余家，居乘氏，自请愿徙诣魏郡。《卫觊传》：镇关中，时四方大有还民，诸将多引为部曲，觊书与荀彧谓郡县贫弱，不能与争，兵家遂强，一旦变动，必有后忧，皆部曲专属将帅之证)。部曲之女，谓之客女，较平民为贱，而较奴婢为贵，自魏晋至唐宋皆有之。

古代婢妾，本无区别，故以罪没入之妇女，亦可使之执伎荐寝以娱人，是为乐户。此制历代皆有，直至清世始全废。俞氏正燮《癸巳类稿》，有文纪之。又历代以罪沦为贱民者极多，至清世亦皆放免(如江山之九姓等)。亦见俞氏文中。在清代，所谓身家不清白者，惟倡优皂隶，及曾鬻身为奴者而已。然不许应试入仕，亦仅以三世为限也。至民国，乃举此等污迹，一律划除焉。

以上所述，为本族之阶级，而本族与异族间之阶级，亦随武力之不竞而俱起。此则述之而滋可伤者已。我族为异族所征服，自五胡之乱始。史称高欢善调和汉人与鲜卑，其语鲜卑人曰：汉民是汝奴，夫为汝耕，妇为汝织。输汝粟帛，令汝温饱，汝何为陵之。其语汉人则曰：鲜卑是汝作客。得汝一斛粟，一匹绢，为汝击贼，

---

① 皆见《本纪》。

令汝安宁,汝何为疾之。以汉人任耕,鲜卑任战,俨然一为武士,一为农奴焉。五胡之待中国人可知矣。辽金元清,猾夏尤甚。辽自太祖,即招致汉人,别为一部。卒以此并八部而成帝业。然终辽之世,征兵必于部族。五京乡丁,仅使保卫闾里而已。辽世设官,分南北面。北以治部族宫帐,南以治汉人州县,而财赋之官,南面特多,盖朘汉人以自肥也。辽金汉人不杂居,其祸尚浅。金则猛安谋克户入中原者,皆夺民地以畀之。宣宗南迁,骚扰尤烈,致成骨仇血怨,一朝丧败,屠戮无遗。观其后来报之惨,而知其初陵之烈矣[1]。元入中国,至欲尽戮汉人,空其地以为牧场[2]。虽不果行,而汉人入奴籍者甚多,虽儒者亦不免[3]。元世分人为蒙古、色目、汉人、南人四等,一切权利,皆不平等,末造见诛之事,往史虽语焉不详,然今谚犹有"杀鞑子"一语,鞑子即蒙人自号也。想其见报,亦必不免矣。清代满汉不通婚,不杂居,故相仇亦视金元为浅。然其初入关时,籍民庄田,又圈民地,以给旗民,亦与金代所为无异。官缺皆分满汉,又有蒙古包衣缺,亦与元代长官必用蒙人者,相去无几。此皆非契丹所有。其刑法,宗室、觉罗及旗人,皆有换刑,特邀宽典。又或刑于隐者,俨然有"不与国人虑兄弟"之意。亦与辽金元不同。辽金元之初,刑法亦汉蕃异施。然意在各率其俗,与清代用意不同也。迨令举国薙发易服,尤前此外夷所不敢行,相迫相煎之局,每以降而愈烈。处兹生存竞争之世,固不容不凛凛矣。

第三讲　财　产　制　度

中国财产分配之法,大抵隆古之世,行共产之制。有史以后,

---

① 《廿二史札记·金末种人被害之惨》。
② 《元史·耶律楚材传》。
③ 《廿二史札记·元初诸将多掠人为私户》。

逐渐破坏,至秦汉之世而极。是时冀望复古者甚多,王莽毅然行之,卒召大乱,自是无敢言均平财产者。私产之制,遂相沿以迄于今。

老子言"郅治之世,邻国相望,鸡犬之声相闻。民各甘其食,美其服,安其俗,乐其业,至老死不相往来"。此为邃古之世,部落分立之情形。其时盖各部落之中,自行共产之制。孔子谓大道之行也,"人不独亲其亲,不独子其子"。"货恶其弃于地也,不必藏于己,力恶其不出于身也,不必为己。"盖即此时代之情形也。自交通日辟,彼此之往来日繁,而其制渐坏。

部落共产之制,所以随交通之便而破坏者,一因其互相兼并,胜者攘败者之财为己有。一由交易渐兴,前此自造之物,至此可不造而易之于外,少造之物,可多造以与人相易。前此之分职,遂不可复行。而奇异之物,日接于耳目,欲利之心,因之日炽。为公家任职之处,又多制私货,雠诸异族。于是部落中有私财之人日多,而贫富渐不均。前此共产之组织,亦遂逐渐破坏,两部落之相争战也,败者之财产,率尽为胜者所有。斯时无所谓个人之私产也,一部落之财产,则其族之人所共有而已。然财产虽为一族之人所共有,而管理之权,必操诸一人,其实乃与族长一人所有无异。战败之族之财产,尽归诸战胜之族,亦仍如此。《诗》曰:"普天之下,莫非王土。率土之滨,莫非王臣。"王即战胜之族之酋长也。战胜之酋长,以此土地,分给子弟亲故,使食其入而治其人,是为封建。以此土地,赋与农奴,使之耕种,则所谓井田之制也。农奴仅得耕作,土地初非所有,故有还受之法焉。古代分职,时曰士农工商,士之初盖为战士,其后乃变为任事之称。凡为士者,皆禄足代耕,然亦仅足代耕而已。农夫所食,自九人至五人。工业大者皆由官营,商人之贸迁,亦为国家谋通有无,弥阙乏,所得私利有限,国家所以监督之者又甚严（见农工商业篇）。故斯时四民，实无甚贫甚富。其所入较多者，惟有封地之君大夫而已。此则诸部落互相兼并，因生平民贵族之差，以至于此也。

贫富之不平，首由井田之破坏；井田之破坏，孟子谓由"暴君污吏，慢其径界"。实亦人口渐繁，土地不足，惜田间道路沟洫，占地太多，故欲从事垦辟也①。自井田废而民或无立锥之地，贫富始大不均矣。农田以外之土地，古代皆为公有。故《王制》谓"名山大泽不以封"，孟子言"数罟不入污池"，"斧斤以时入山林"。而《周官》有山虞、林衡、川衡、泽虞、迹人、卝人等官。盖凡遵守规则者，皆得取用焉。自土地日辟，成法日坏，亦为私人所有。《史记·货殖列传》所载，以畜牧种树煮盐开矿致富者是也。汉董仲舒言"富者田连阡陌，贫者无立锥之地。又颛川泽之利，管山林之饶"，晁错言商贾"大者积贮倍息，小者坐列贩卖"，"男不耕耘，女不蚕织，衣必文采，食必粱肉"，"因其富厚，交通王侯，力过吏势"。汉世所谓商人，实包含大工业家在内。大地主、大工商，乃当时所谓富者阶级也。

汉人救正之法有二。其于土地，主急进者欲复井田，主渐进者则欲限民名田。终两汉之世，迄未能行。其于大工商家，则法律抑之特甚。《汉书·食货志》言："高祖令贾人不得衣丝乘车，重税以困辱之。孝惠高后时，天下初定，复弛商贾之律，然市井子孙，亦不得仕宦为吏。"又汉时有所谓七科谪者，贾人，故有市籍，父母有市籍，大父母有市籍者皆与焉②。其于农人，则特轻其税。汉初十五税一，文帝除民之田租，至于十有三年。景帝即位，乃令民半出租，为三十而税一。后汉亦仍之。然荀悦谓其"适足以资豪强"。晁错

---

① 见朱子《开阡陌辨》。
② 《汉书·武帝记》天汉四年《注》引张晏说。

谓"法律贱商人，商人已富贵矣；尊农夫，农夫已贫贱矣"。盖其救正之效甚鲜矣。

王莽者，社会主义之实行家也。莽既得志，更命天下田曰王田，奴婢曰私属，皆不得卖买。男口不盈八，而田过一井者，分余田与九族乡党，又立五均司市泉府之官。司市以四时中月，定物平价，物之周于民用而不雠者，均官以本贾取之，物昂贵过平一钱，则以平价卖与民。工商百业，皆除其本，计其利，以十分之一为贡。民欲治产业，或丧祭无费者，泉府以贡之所入贷之，丧祭者无息，治产业者，岁取息无过十一。又行六筦之制，收盐、铁、酒酤、山泽、赊贷、铁布铜冶，皆归诸官。合生产者与消费者，皆思有以剂其平。盖欲一举而复三代盛时之旧矣。然行之既无其法，而吏又因之为奸，遂至"元元失业，食货俱废"。天下大乱，莽卒以亡。自莽之亡，言治者辄引为戒。虽亦知贫富不均，为致乱之原，然所行者，率不过弥缝补苴之策，无敢更言清源正本者矣。

王莽变法，虽召大乱，而土地却因乱而渐均。荀悦云："井田之制，不宜于人众之时，田广人寡，苟为可也。然欲废之于寡，立之于众，土地布列在豪强，卒而革之，并有怨心。则生纷乱，制度难行。若高祖初定天下，光武中兴之后，人众稀少，立之易矣。"观此，可知东汉之初，实有土广人稀之象，向之田连阡陌，又颛川泽之利，管山林之饶者，至此皆因兵燹而丧其所有矣。此其所以获暂安也。

凡一种制度，为人心所同欲，学者所同然，一时虽未克行，久之，未有不见诸施行者。限民名田之论，两汉儒者之公言也。两汉迄未能行，而晋以后行之。晋之户调式，魏之均田令，唐之租庸调法，皆以成年为丁，因男女之异，而受田有差。其所受之田既均，则其所纳之税亦均，乃按户而征之，是曰户调。魏制有桑田露田之别，桑田为世业，露田有还受。盖以在官之荒田授民为露田。其所私有，亦不夺之，则为桑田（孟子曰："五亩之宅，树之以桑。"桑田盖屋庐所在）。桑田得卖其盈，亦得买所不足。而不得卖其分，亦不得买过所足。盖欲以渐平均地权也。唐制：还受者曰口分，不还受者曰永业。乡有宽狭，田多可以足其人者为宽乡，不足者为狭乡。田，乡有余以给比乡，县有余以给比县，州有余以给比州。庶人徙乡及无以葬，得卖世业田。自狭乡徙宽乡者，得并卖口分田。其立法弥详矣。然史称开元而后，其法大坏，并兼逾汉成哀。德宗时，杨炎创两税，就其有而取之，虽称救时良法，然制民之产之意，荡焉尽矣。

　　凡天下丧乱之际，必为豪强兼并之时，其故约有数端：田多荒芜，乘机占有，一也。贫者无以自立，或迫于苛税，弃田而去，亦为豪强所占，二也。乱时民或弃农为兵，田益易荒，三也。暴政恒施于小民，民不得不托庇于豪强，四也。吏治苟简，不能摧抑豪强，或且与之结托，五也。唐中叶以后，盖即其时，宋兴，初未能加以救正，故其农民困苦特甚。当时民间借贷，自春徂秋，取息逾倍（宋太祖时尝禁之，见《宋史·食货志》）。且谷粟布缕鱼盐薪蔌糇钼斧锜之属，皆杂取之①。宣仁太后临朝，司马光疏言农民疾苦，有曰："幸而收成，公私之债，交争互夺。谷未离场，帛未下机，已非己有。所食者糠籺而不足，所衣者绨褐而不完，直以世服田亩，不知有何可生之路耳。"其言可谓哀切矣。王安石秉政，欲行方田均税之法，南渡后又有经界之制。然或推行未广，或则有名无实，讫无成效可见。而南宋贵势，肆行兼并，两浙腴田，多落其手。贾似道当国，强买为公田，即以私租为官额。明太祖下平江，恶其民为张士诚守，又以私租为官赋。嗣后虽屡经核减，至于今日，两浙赋额，犹独重于全国。并兼之诒祸，亦可谓烈矣。

---

　　① 《宋史·陈舜俞传》。

明初行黄册鱼鳞册之法,黄册以户为主,以田从之。鱼鳞册则以土田为主,诸原阪坟衍下隰沃瘠沙卤之别毕具。据黄册则知各户所有丁粮,由之以定赋役,而田之所在,则稽诸鱼鳞册而可知。其法本甚精详,使能实行,则户口土田,皆有可考,虽由此进谋平均地权可也。顾积之久,鱼鳞册漫漶不可问,而田所在不可复知。于是黄册亦失实,卒至富者有田而无税,贫者有税而无田,其或田弃粮存,则摊征于细民,责偿于里甲。绅士又为下户代纳赋税,而私其所入,其弊不可胜穷。嘉靖时,乃有履亩丈量之议。神宗初,张居正为相,行之,限三岁竣事。史称豪猾不得欺隐,里甲免赔累,而小民无虚粮焉。清代丁税摊入地粮,但按田征税,而人户之有田无田,及其田之多少,不复过问。地权之均不均,国家遂无从知之矣。

工商之业,在私有财产之世,所以制驭之者,不过税法之重轻;业之大者,实宜收归官营,一以防豪强之兼并,一则国家得此大宗收入,可以减轻赋税,以利穷民,且可兴举大业也。然历代论政之家,狃于三代以前,偏重田租口赋之制,不知此为产业未盛之时之遗法,而以为义所当然。故汉汲黯谓县官但当衣食租税[①]。晋初定律,酒酤等事,皆别为令,以便承平时废除[②]。隋文帝定天下,亦将一切杂税,次第除去。唐中叶后,藩镇擅土,王赋所入无几,国用艰窘,不得不取之杂税。而盐茶等税,乃日增月益,藩镇亦竞收商税,有住税,有过税,亦犹清代军兴时之有厘金也。宋代养兵太多,竭天下之财以给之,此等税遂迄不能除,抑且加重。元明清三代,皆沿袭焉。然皆徒为敛财计而已。抑并兼利万民之意,则荡然无复存焉者已。

---

① 《汉书·食货志》。
② 《晋书·刑法志》。

借贷之事,古者盖由公家司之。孟子谓"春省耕而补不足,秋省敛而助不给"[①]。陈氏（齐大夫）以公量贷,而以家量收之[②],冯谖为孟尝君收债于薛,尽焚其券以市义[③],盖皆其事。《史记·货殖列传》谓"子贷金钱千贯者,比千乘之家"。则秦汉时,已有私人恃放债为生者,其后讫亦不绝。赵氏翼《陔余丛考》有一条考之,可见其概。

其以救济为宗旨者,于民食,在汉为常平,在隋为义仓,在宋为社仓。更思推此以充借贷者,则为宋王安石之青苗法。常平之法,创自耿寿昌。盖沿李悝籴甚贵伤民甚贱伤农之说,而思有以剂其平。其法于诸郡筑仓,谷贱时增价以籴,谷贵时减价以粜。民获其利,而官司亦有微赢,诚为良法。然在谷物贸易未盛之时,其策可用。后世食粮之市场益广,而在官之资本甚微,则其效亦寡矣。且其法仅可以平谷价,而不可以充振贷。于是隋长孙平有义仓之法。劝课当社,收获之日,随其所得,出粟及麦,时或不熟,即以振给。既能遍及各地,又令人民自谋,实为最善。然后或移之于县,则全失本意矣。宋以来,乃又有所谓社仓。孝宗乾道四年,建民艰食,朱熹请于府,得常平米六百石,请本乡土居朝奉郎刘如愚,共任赈济。夏受粟于仓,冬则加二计息以偿。自后逐年敛散,或遇少歉,即蠲其息之半,大饥即尽蠲之。凡十有四年,得息,造成仓廒,以元数六百石还府,仍存米三千一百石,以为社仓,不复收息。一乡四十五里间,虽遇凶年,人不阙食,后多有放行之者。《通考》谓"凶年饥岁,人多赖之。然事久而弊,或主之者倚公以引私,或官司移用而无可给,或拘纳息米而未尝除,甚者拘摧无异正赋"。

---

① 《梁惠王下》。
② 《左传》昭公三年。
③ 《战国策》。

盖此为人民自治之事，必人民程度高，而后其效可睹也。青苗之法，始于李参。参官陕西，令民隐度谷粟之赢，贷以钱，俟谷熟还官。安石秉政，请以诸路常平广惠仓钱谷，依其例，预借于民，令出息二分，随夏秋税输纳。谓常平广惠之物，收藏积滞，必待年俭物贵，然后出粜，而所及又不过城市游手之人。今通一路有无，贵发贱敛，可以广蓄积，平物价，使农人有以赴时趋事，而并兼者不得乘其急也。当时反对者甚众，大抵谓官吏奉行不善，而朝廷之意，实在借此以取财。予谓青苗立法之意颇善。然实人民自相扶助之事，一经官手，则因设治之疏阔，而监督有所难周，法令之拘牵，于事情不能适合，有不免弊余于利者。此安石所以行之一县而效，行之全国而不能尽善也（王安石尝一度长浙鄞县令，故云）。

　　平均市价之事，后世无之。汉桑弘羊行均输之法，藉口百物由官贩鬻，则富商大贾，无所牟大利，则反本而万物不得腾跃，故抑天下之物，名曰平准。然其意实在理财而已。宋神宗时，尝置市易务。凡货之可市及滞于民而不售者，平其价市之，愿以易官物者听。若欲市于官，则度其抵而贷之钱，责期使偿，半岁输息十一，及岁倍之。以吕嘉问为都提举市易司，诸州市易司皆隶焉。颇近王莽之司市泉府，其事亦卒不能行。盖后世商业日盛，操纵非易也。

　　自王莽以后，以国家之力，均平贫富，无复敢萌此想者。然特谓其事不易行而已，固非谓于理不当行。读王安石之《度支厅壁题名记》，可见其略。安石之言曰："合天下之众者财，理天下之财者法，守天下之法者吏也。吏不良，则有法而莫守，法不善，则有财而莫理。有财而莫理，则阡陌闾巷之贱人，皆能私取予之势，擅万物之利，以与人主争黔首，而放其无穷之欲，非必贵强桀大，而后能如是。而天子犹为不失其民者，盖特号而已耳。虽欲食蔬衣敝，憔悴其身，愁思其心，以幸天下之给足而安吾政，吾知其犹不得也。然则善吾法而择吏以守之,以理天下之财,虽上古尧舜,犹不能毋以此为急,而况于后世之纷纷乎。"此等见解,盖非特安石有之,此现今之社会主义,所以一输入,遂与吾国人深相契已。然其行之如何,则固不可不极审慎矣。

第四讲 农 工 商 业

人类资生,莫急于食,取食之方,有仅为目前之计,其技几于不学而能者,水渔山猎,及取天然之草木以为食是也;有必待稍知久远之计,勤苦尽力而后能得之者,畜牧种植是也。《礼运》曰:"昔者先王未有火化,食草木之实,鸟兽之肉,饮其血,茹其毛。"盖我国疆域广大,偏北之地,气候物产,近于寒带;偏南之地,则近热带。故取资动植,以给口实者,一国之中,兼有之也。古称三皇曰燧人、伏羲、神农。燧人之功,在能攒木取火,教民熟食。伏羲之号,盖以能驯伏牺牲。神农二字,本古农业之通称(如《月令》言"水潦盛昌,神农将持功"。又古言神农之教,乃农家言,非谓炎帝之教令也)。盖至此三君之世,而我国民始渐习于畜牧种植之业矣。神农以后,农业日重。《尧典》载尧命羲和四子,历象日月星辰,敬授民时。授时者,古代农政之要端也。《禹贡》备载九州土性,分为九等,固未必真禹时书,亦无以断其所录非禹时事。《无逸》一篇,历述殷周贤王,中宗、高宗、祖甲、大王、王季、文王,多重农之主。此篇出周公之口。《生民》《笃公刘》,亦周人自述先世之作。此皆信而有征,观此知唐虞三代之世,我国农业,业已盛行矣。

农业既盛,而渔猎畜牧之事遂微。田猎仅行之农隙,以寓讲武之意。渔则视为贱业,为人君所弗亲[1]。牧业如《周官》所设牧人、

----

[1] 可看《左传》隐公五年,臧僖伯谏观鱼之辞。

牛人、充人、羊人、犬人等，皆仅以供祭祀之用。惟马政历代皆较注重，则以为交通戎事所资也。此以设官论，至于民间，亦因重视农业，地之可供畜牧，民之从事畜牧者少，故仅盛于沿边。内地则谷量牛马者，几于绝迹矣。

蚕业兴起，略与农业同时。《农政全书》引《淮南蚕经》，言黄帝元妃嫘祖，始育蚕治丝茧。说固未可尽信，然《易·系辞传》言："黄帝尧舜，垂衣裳而天下治。"《疏》曰："以前衣皮，其制短小，今衣丝麻布帛，所作衣裳，其制长大，故言垂衣裳也。"《虞书》亦有"以五采章施于五色作服"之文。知黄帝尧舜时，蚕织必已发明矣。三代之政，天子亲耕，后亲蚕。"五亩之宅，树之以桑。"男耕女织并称本业，至于今未替。此其所以能以丝织，著闻五洲也。然古代蚕利，盛于西北，而后世惟盛于东南。偏僻之处，且有绝不知纺织之利者。此则疆域广大，各地方风气不齐，而治化亦不能无进退故也（清知襄阳府周凯，尝劝民种桑。其言曰："《禹贡》兖州曰桑土既蚕，青州曰厥篚檿丝。"檿，山桑也。杨徐东南亦仅曰厥篚织贝，厥篚玄纤缟而已。《诗·豳风》：蚕月条桑。《唐风》：集于苞桑。《秦风》：止于桑。桑者闲闲，咏于魏。鳲鸠在桑，咏于曹。说于桑田，咏于卫。利不独东南也。襄阳介荆豫之交，荆州厥篚玄纁玑组，豫州厥篚纤纩。纩，细绵也。纁绛帛组绶属，皆丝所织。北燕冯跋下书令百姓种桑。辽无桑，慕容庞通晋求种江南。张天锡归晋，称北方之美，桑葚甘香。《先贤传》载司马德操躬采桑后园，庞士元助之。《齐书》载韩系伯桑阴妨他地，迁界，邻人愧谢。三子皆襄阳人，襄之宜桑必矣。《日知录》曰：今边郡之民，既不知耕，又不知织。虽有材力，而安于游惰。引华阴王宏撰著议，谓延安一府，布帛贵于西安数倍。又引《盐铁论》，边民无桑麻之利，仰中国丝絮。夏不释复，冬不离窟。崔寔《政论》，五原土俗，不知缉绩。冬积草，伏卧其中。若见吏，以草缠身。谓今大同人，多是如此。妇人出草，则穿纸裤）。

我国农业之进化，观其所植之物，及其耕作之精粗，可以知之。古曰百谷，亦曰九谷（郑司农云：黍稷秫稻麻大小豆大小麦。康成谓无秫大麦，而有粱苽。见《周官·大宰注》）、五谷（黍稷粟麦稻）。盖其初以为主食之品甚多，后乃专于九，专于五也。今则以稻麦为主矣。古者一夫百亩，又有爰田之法（爰即换字。《公羊》宣十五年何《注》：上田一岁一垦，中田二岁一垦，下田三岁一垦。《周官·大司徒》：不易之地家百亩，一易之地家二百亩，再易之地家三百亩）。其所获则"上农夫食九人，其次食八人，其次食七人，其次食六人。下农夫食五人"①。今日江南，上农所耕，不逮古者三之一，其所食，未有以逊于古也。此盖积时久则智巧渐开，人口增，土地少，则垦治之法日密。乃社会自然之进步也。然亦有不逮古者二端。一古国小，设官多，为治密，故有教民稼穑之官，亦多省敛省耕之事。《噫嘻》郑《笺》，谓三十里即有一田畯主之，其精详可想。汉世乡有啬夫，犹存遗意。魏晋而后，此制荡然。耕植之事，一任人民自谋，官不过问，士之讲农学者绝少，有之亦不能播其学于氓庶。凡事合才智者以讲求，则蒸蒸日上。听其自然，未有不衰敝者也。此其一也。一则古代土地，属于公有，故沟洫陂渠，易于整治。后世变为私有，寸寸割裂，此等事，遂莫或肯为，亦莫或能为。而如人民贪田退滩废堰，滥伐林木等，又莫之能禁。利不兴，弊不除，农事安得不坏。古代农业，西北为盛。后世大利，皆在东南。唐都长安，宋都汴梁，元明清都北平，无不仰东南之转漕者，以东南天然之利厚，而西北有待于人力者大。人事荒，故农业盛衰，随之转移也。此又其一也。历代农业升降之原，二者盖其大端也。

古代教稼之法，今略见于《周官》（如大司徒"辨十有二壤而知其种"。司稼"巡邦野之稼，而辨穜稑之种，周知其名，与其所宜地以为法，而悬于邑闾"。此辨土壤择谷种之法也。草人"掌土化之法，以物地相其宜，而为之种"。此变化土壤之法也）。其农书，则《管子》之《地员》，《吕览》之《任地》《辨土》《审时》，其仅存者，惜不易解。汉世农书，以氾胜之为最，今亦无传

---

① 《孟子·王制》。

焉。今所传者，以后魏贾思勰《齐民要术》为最古。后来官修之书，如元之《农桑辑要》，清之《授时通考》；私家巨著，如元王桢之《农书》，明徐光启之《农政全书》，皆网罗颇广（如蚕桑菜果树木药草孳畜等，皆该其中。田制劝课救荒等，亦多详列），即不皆有用于今，亦足考昔日耕耘之法。

《管子》言葛卢雍狐之山，发而出水，金从之，蚩尤受而制之以为兵①。此盖矿业初兴，尚未知取之于地。又述伯高对黄帝之言，谓"上有丹砂者，下有黄金。上有慈石者，下有铜金。上有陵石者，下有锡铅赤铜。上有赭者，下有铁。此山之见荣者也"。则已知察勘矿苗之法矣。《管子》东周之书，其时盖已有此法。其托之伯高，盖不足信。汉有司言"黄帝作宝鼎三，禹收九牧之金铸九鼎"②。而《易·系辞传》言黄帝尧舜之时，"弦木为弧，剡木为矢"。《禹贡》荆州之贡，"砺砥砮丹"。贾逵曰"砮，矢镞之石也"。则其时之金，特用以铸重器。至春秋时，乃以之作兵。《左氏》僖公十八年，"郑伯始朝于楚，楚子赐之金。既而悔之，与之盟，曰无以铸兵"是也。斯时之农器，则多以铁为之。《管子》书所言其事，秦汉之世犹然。故贾生说汉文收铜勿令布，而曰"以作兵器"。汉武筦盐铁，而文学以为病民也。曹魏以后，乃多以铁作兵，而铜兵渐少③。工业在古代，较重难者，皆由官营。其简易者，则人人能自为之。《考工记》曰："粤之无镈，燕无函，秦无庐，胡无弓车。粤之无镈也，非无镈也，夫人而能为镈也。燕之无函也，非无函也，夫人而能为函也。秦之无庐也，非无庐也，夫人而能为庐也。胡之无弓车也，非无弓车也，夫人而能为弓车也。"《注》曰："人人皆能作是器，不须国工。"

---

① 《地数》。
② 《汉书·郊祀志》。
③ 详见《日知录》卷十一。

此简易之工,人人能自为之之说。其设官"曰某人者,以其事名官。曰某氏者,官有世功,若族有世业,以氏名官者也"。此则重难之工,国家设官治之者也。此盖古代自给自足之遗制。其后交通日繁,贸易日盛,一国所造之物,或为外邦所需,或可不造而求之于外。人民智巧日进,能自造械器者亦多。则设官制器之事,不复可行,而其制渐废矣。中国夙以节俭为训,又其民多农业,安土重迁,故其器率贵坚牢朴质,奇巧华美非所尚,间或有之,则智巧之士特出心裁。达官世家,豪民黠贾,日用饮食,殊异于人。重赏是怀,良工竞劝,为是以中其欲耳。夫智巧由于天授,而人云亡而其技亦湮。衔鬻专于一家,则制虽工而其传不广。此皆无与工业之进化。工业之进化,当观多数人之用器,比较其精粗良楛而得之。如古人率用几席,无后世之桌椅,宋以后渐有之。然民国初元,濮阳宋古城发见,民家所用桌椅,率多粗恶,较诸今日,精粗几不可以道里计,又其所用陶器,亦较今世为粗,此则工业进化之一端也。

古代小部落,率皆自给自足,故商业无由而兴。《老子》谓:"郅治之极,邻国相望,鸡犬之声相闻,民各甘其食,美其服,乐其业,至老死不相往来。"《盐铁论》曰:"古者千室之邑,百乘之家,陶冶工商,四民之求,足以相更。"[①]则此时代之情形也。交通日便,往来日繁,则贸迁有无之事起。最初所行,大抵如现在之作集。《易·系辞传》言神农氏"日中为市,致天下之民,聚天下之货,交易而退,各得其所"是也。《酒诰》言农功既毕,"肇牵车牛远服贾"。《郊特牲》言"四方年不顺成,八蜡不通"。皆可见其贸易之有定时。其后社会日进,有资于通工易事者日多,则商业亦日盛。商人分两

---

① 《权修》。

种，行货曰商，居货曰贾。贾大率在国中。《考工记》："匠人营国，面朝后市。"又有设于田野之间，以供人民之需求者。《公羊》何《注》"因井田而为市"①是也。《孟子》谓："有贱丈夫焉，必求龙断而登之，以左右望而罔市利。"龙断谓冈陇之断而高者，亦可见其在田野之间矣。其行货者，则必远适异国。如《左氏》所载郑商人弦高是②。此等人周历四方，见闻较广，故其才智颇高。弦高之能却秦师，即其一证。

隆古社会，本皆自给自足，有求于外者，非淫侈之品，则适逢荒歉之时耳。惟所贩鬻，本多淫侈之品，故当时之商人，多与王公贵人为缘。如子贡结驷连骑，以聘享诸侯③。汉晁错谓当时商人，交通王侯，力过吏势是也。其当本国空无之时，能远适异国，以求得其物者，则于国计民生，所关甚大。郑之迁国，实与商人俱④。岂不以新造之邦，财用必患不足，不得不求之于外哉！斯时之商贾，实生产消费者之友，而非其敌也。其后则渐不然。《管子》曰：岁有四秋（四秋即四次收获也。农事作为春之秋，丝纩作为夏之秋，五谷作为秋之秋，纺绩缉缕作为冬之秋）。物之轻重，相什而相百⑤。又曰：岁有凶穰，故谷有贵贱，令有缓急，故物有轻重。然而人君不能治，故使畜贾游于市。乘民之急，百倍其本⑥。至此，则商人日朘生产消费者以自肥，始与公益背道而驰矣。然分配之机键，操其手中，非有新分配之法，商人固未易废除也。

商业之演进，不征诸富商大贾之多，而征诸普通商人之众。普

---

① 《公羊传》宣公十五年。
② 《左传》僖公三十三年。
③ 《史记·货殖列传》。
④ 《左传》昭公十六年。
⑤ 《管子·轻重乙》。
⑥ 《管子·国畜》。

通商人众，则分工密，易事繁。社会生计，互相依倚，融成一片矣。《史记·货殖列传》，谓关中自秦汉建都，"四方辐凑，地小人众，故其民益玩巧而事末"。又谓"邹鲁地小人众，好贾趋利，甚于周人"。以地小人众而为商，其必负贩之流，而非豪商大贾明矣。古代之市，皆自为一区，不与民居相杂。秦汉而降，此意仍存。如《三辅黄图》谓长安市各方二百二十六步，六市在道西，四市在道东。《唐书·百官志》，谓市皆建标筑土为候，日击鼓三百以会众，日入前七刻(古者每昼夜分为十二小时，每时分为十刻，每刻分为十二分)，击钲三百而散。《辽史》谓太祖置羊城于炭山北，起榷务，以通诸道市易。太宗得燕，置南京，城北有市，令有司治其征。余四京及他州县货产懋迁之地，置示如之是也。邸肆民居，毫无区别，通衢僻巷，咸有商家，未有如今日者。此固由市制之益坏，亦可见商业之日盛也。

中外通商，亦由来已久，且自古即颇盛。《货殖列传》述栎邑、巴蜀、天水、陇西、北地、上郡、扬、平杨、上谷至辽东等，与外国接壤之处，商利几无不饶。汉初两粤，尚同化外，西域尤绝未闻知。而枸酱竹杖，既已远至其地，商人之无远勿届，亦可惊矣。西域既通，来者益多。罽宾杀汉使，遣使谢罪，汉欲遣使报送，杜钦言其"悔过来，而无亲属贵人奉献者，皆行贾贱人，欲通货市买，以献为名"。钦述当时西域之道，险阻为害，不可胜言。而贾胡犹能矫其君命，远来东国，其重利可谓甚矣。自此至南北朝，中国与西域之交通，虽或盛或衰，而讫未尝绝(史所云绝者，以国交言之。若民间之往来，则可谓终古未绝也)。隋唐之世，国威遐畅，来者尤多，元代地跨欧亚，更不必论矣(唐宋元明中外通商情形，可参考《蒲寿庚传》一书)。日本桑原隲藏《东洋史要》曰："东西陆路之互市，至唐极盛，先是隋炀帝时，武威、张掖、河西诸郡，为东西交易之中枢。西方贾人，来集其地者，溢四十国。唐兴，中亚天山南路之路开，西方诸国，来东方通商者益盛。支那人之商于中亚波斯印度者亦不少。素谙商业之犹太人，乘机西自欧非，东至支那印度间，商权悉归掌握，或自红海经印度洋，来支那之南海。或自地中海东岸之安地凹克，经呼罗珊、中亚、天山南路来长安。及大食勃兴，阿剌比亚人渐拓通商之范围，无论陆路海路，世界商权，殆在其掌中。"又曰："自蒙古建国，四方割据诸小国悉灭，商贾往来日便，又新开官道，设驿站，分置守兵，旅客无阻。东西两洋之交通，实肇于此。是时西亚及欧洲商人，陆自中亚经天山南路，或自西伯利亚南部经天山北路，而开贩路于和林及燕京。波斯与印度及支那之间，海上交通亦日繁，泉州、福州诸港，为世界第一贸易场，外人来居其地者，以万数云。"

海路通商，似亦先秦即有之。《史记·货殖列传》言番禺为珠玑、玳瑁、果、布之凑，此即后世与外国交易之品也。自秦开南海、桂林、象郡，今安南之地，自广和以北，悉在邦域之中（广和，即后来据地自立之林邑也）。桑原氏云："当时日南交阯，为东西洋交通中枢。西方贾人，多集其地。时则罗马商船，独专印度洋航权。及佛教东渐，锡兰及南洋诸国，与支那道路已通。支那海运，因而渐兴，经爪哇、苏门答剌至锡兰之航路，遂归支那人手。历南北朝至唐初叶，支那商船更推广其航路。或自锡兰沿西印度海岸入波斯湾，或沿阿剌伯海岸至亚丁。当时锡兰为世界商业中枢，支那人、马来人、波斯人、哀西比亚人等，交易于斯。及大食兴，非洲西亚沿岸及印度河口港湾，前后归其版图，阿剌比亚人与其属波斯人、犹太人，益恢张海运，东经南洋诸国，通商支那，代支那人而专有亚细亚全境之航权。日本历千三百五十年顷（周武后天授中），阿剌比亚人，商于广州、泉州、杭州者以万数，唐于诸港置提举市舶之官，征海关税，为岁入大宗"云。案国史于南方诸国，记载最详者，当推宋、梁、唐三书。所记诸国，大抵为通市来者也。互市置官，始于隋之互市监,而唐因之。市舶司之置,新、旧书六典皆不载。《文献通考》曰：唐有市舶使,以右威卫中郎将周庆立为之。唐代宗广德元年,有广州市舶使吕太一。案庆立见《新唐书·柳泽传》。吕太一事,见《旧唐书·代宗纪》。又新书《卢怀慎传》："子奂,天宝初,为南海太守,污吏敛手。中人之市舶者,亦不敢干其法,远俗为安。"然则唐市舶使之置,多以武人宦官为之。赎货无厌,以利其身,损国体而敛怨于远人。云为岁入大宗,盖东史臆度之语。泉杭诸州,曾置市舶,史亦无文。谓于诸港皆置提举,亦不审之谈也。及宋代而设置渐多,其可考者,有杭、明、温、秀、泉、广诸州,及华亭、江阴、板桥（镇名,属密州,即今青岛也）。所税香药犀象,往往以酬入边,充钞本。始真于国用有裨矣。元、明二代,亦皆有之（元设于上海、澉浦、杭州、庆元、温州、泉州、广东,凡七处。时有省置,明洪武初,设于太仓黄渡,寻罢。复设于宁波,以通日本,泉州以通琉球,广州以通占城暹罗及西洋。永乐中,又常设交阯、云南市舶提举司。元代甚重视木棉之培植,故江浙一带设有提举司一职,专司一切提倡木棉事务）。明之设司,意不在于收税,而在以此抚治诸夷,消弭衅隙,此其时倭寇方张也。宋、元二代,海路所通颇远,明祖御宇,亦使驿四通。陆路远至天方,海路几遍今南洋群岛。成祖之遣郑和下西南洋,事在永乐三年,即西历一千四百有五年。哥伦布得亚美利加,事在西历一千四百九十三年,当明孝宗弘治六年。后于和者,实八十八年也。自郑和航行后,中国之声威,颇张于海表。华人之谋生南洋者不少,且有作蛮夷大长者。新大陆既发现,西人陆续东航,而通商之情形,乃一变矣。其详更仆难穷,其大略则人多知之。其利害又当别论。今不具述。

第五讲　衣食居处

《礼记·礼运》曰："昔者先王未有宫室,冬则居营窟,夏则居橧巢。未有火化，食草木之实，鸟兽之肉，饮其血，茹其毛。未有麻丝，衣其羽皮。后圣有作，然后修火之利，范（熔铸也）金合土，以为台榭宫室牖户。以炮以燔，以烹以炙，以为醴酪。治其麻丝，以为布帛。"此总述古代衣食居处进化之大略也。所谓先王，盖在伏羲以前，所谓后圣，则在神农以后，何以知其然也。《礼运》又曰："夫礼之初，始诸饮食，其燔黍而捭豚，污尊而抔饮，蒉桴而土鼓，犹若可以致其敬于鬼神。"《疏》引《明堂位》："土鼓苇龠，伊耆氏之乐。"《乾凿度》云伊耆氏为神农，断此为神农之事。《世本》曰："伯余作衣裳。"亦见《淮南子·氾论》。伯余黄帝臣，《易·系辞传》："黄帝尧舜，垂衣裳而天下治。"《疏》曰："以前衣皮，其制短小。今衣丝麻布帛所作衣裳，其制长大，故曰垂衣裳。"《传》又言："上古穴居而野处，后世圣人易之以宫室。"同蒙上黄帝尧舜而言。《淮南·修务》亦云："舜作室筑墙茨屋。"知衣食居处之进步，必先在炎黄尧舜之世矣。

古人食草木之实，鸟兽之肉，其物较少，不足以饱。乃于食肉之外，兼茹其毛[1]。果实之外，亦兼茹菜，是谓疏食（疏今作蔬），亦曰素食。《墨子·辞过》曰："古之民，素食而分处，圣人作，诲男耕稼树艺，以为民食。"故谷食者，疏食之进化也。谷食始称百谷，继则九谷，继称五谷。盖其初用以充食之物甚多，渐次去其粗而存其精，是则所谓嘉谷也。此又谷食中之进化也。

既进于农业之世，则肉食惟艰，故必贵人耆老，乃得食肉（《孟子》：鸡豚狗彘之属，无失其时，七十者可以食肉矣）。庶人所食，鱼鳖而已[2]。《盐铁论·散不足》曰：古者燔黍食稗而燔豚以相飨，其后乡人饮酒。老者重豆，少者立食。一酱一肉，旅饮（旅饮即轮转互饮也）而已。

---

① 见《礼运·疏》。
② 见《诗·无羊·疏》。

及其后宾昏相召,则豆羹白饭,緜臇孰肉。今民间酒食,肴旅重叠,
燔炙满案。古者庶人糗食黎藿,非乡饮酒胜腊祭祀无酒肉。诸侯
无故不杀牛羊,大夫无故不杀犬豕。今闾巷阡陌,无故烹杀,负粟
而往,易肉而归。古者不粥饪,不市食。其后则有屠沽,沽酒市脯,
鱼盐而已。今熟食遍列,肴旅(即杂列重叠之意,言其繁也)成市云云。可
见汉时饮食远较古代为侈。然《论衡·讥日》谓海内屠肆,六畜死
者,日数千头。则较诸今日不过十一之于千百耳。《隋书·地理
志》谓梁州汉中,"性嗜口腹,多事佃渔,虽蓬室柴门,食必兼肉"。
已非汉时所及矣。可见人民生活程度,无形之中,日渐增高也。

饮食之物,随世而殊。如古人食肉,犬豕并尚,后世则多食豕。
古调羹用盐梅,秦汉则用盐豉(见《左氏》昭公二十年《疏》。盐之豆豉。今湘赣
亦兼有用淡豆豉以调羹者,苏浙不多见)。古人刺激之品,惟有酒及荤辛(《仪
礼·士相见礼》:"夜侍坐,问夜,膳荤,请退可也。"《注》:"膳荤,谓食之荤辛物葱薤之属,
食之以止卧。"案葱韭气荤而味非辛。故郑言之属以该之辛,如姜桂是也。郑兼言辛,见
膳荤亦得兼及辛)。后世则兼有茶烟。古食甘止有饴,后世乃有蔗糖。
此等或因生业之不同,或因嗜好之迁变,或因中外交通,食品增多,
未易一一列举矣。

酿酒盖起虞夏之世。《战国策》曰:"仪狄作酒,禹饮而甘之。"
《明堂位》谓"夏后氏尚明水"。其征也。神农之世,污尊抔饮,盖饮
水而已。《疏》谓凿地盛酒,恐非。

古无茶字,只有荼字。荼见于《诗》者,或指苦菜,或指茅秀,或
指陆草,皆非今之茶。惟《尔雅》释木,"槚,苦荼"。《注》曰:"树小
如栀子,冬生叶,可煮作羹饮。今呼早采者为茶,晚取者为茗。一
名荈,蜀人名之苦荼。"此字虽亦从草从余,而所指实为今之茶。盖
茶味亦苦,故借苦菜之名以名之。复乃变其韵而成两字。王褒《僮
约》:"武都买茶。"张载《登成都白菟楼诗》,"芳茶冠六清"。孙楚诗

"芦桂茶荈出巴蜀"。《本草衍义》:"晋温峤上表,贡茶千斤,茗三百斤。"《三国吴志·韦曜传》"密赐茶荈以当酒。"《世说新语》:"王濛好饮茶,客至,尝以是饷之。"则饮茶始于蜀,先行于南方,至唐时乃遍行全国。故《唐书·陆羽传》,谓羽著《茶经》三篇,天下益知饮茶,而茶税亦起唐世也。然金章宗时,尝以茶皆市于宋,费国用而资敌,置坊自造。其后坊罢,又限七品以上,方得饮茶,则尚不如今日之盛也。

蔗糖之法,得自摩揭陀。见《唐书·西域传》。大徐《说文》新附中,始有糖字,糖乃从米,训以饴而不及庶,则宋初尚未大盛。至王灼撰《糖霜谱》,始备详其法焉。

烟草来自吕宋,漳州莆田人始种之,盛行于北边。谓可避瘴,崇祯末尝禁之,卒不能绝,禁旋弛。王肱《枕蚓菴琐语》,张岱《陶庵梦忆》,皆谓少时不识烟草为何物。则其盛行,实在明末弛禁之后也。然是时吸食之法,尚不如今日之便。张岱谓大街小巷,尽摆烟卓。黄玉圃《台海使槎录》,谓"鸦片烟用麻葛同雅土切丝,于铜铛内剪成鸦片拌烟,另用竹箭,实以棕丝,群聚吸之,索值数倍于常烟"。中国人之吸鸦片,本由吸烟引起。观张黄二氏之说,则当初之吸烟,殆亦如后来之吸鸦片也。

鸦片由吸烟引起,说见日本稻叶君山《清朝全史》。案罂粟之名,昉见《开宝本草》。又曰,一名米囊。而唐雍陶《西归出斜谷诗》曰:"万里客愁今日散,马前初见米囊花。"则唐时已有其物。然自明以前皆作药用。清雍正硃批谕旨,七年"福建巡抚刘世明奏,漳州知府李国治,拿得行户陈远,私贩鸦片三十四斤,拟以军罪。臣提案亲讯,陈远供称,鸦片原系药材,与害人之鸦片烟,并非同物。当传药商认验,佥称此系药材,为治痢必须之品,并不能害人,惟加入烟草同煎,始成鸦片烟。李国治妄以鸦片为鸦片烟,甚属乖谬,应照故入人罪例，具本题参奏"云云。则知当时吸食鸦片，尚未与烟草相离也。制烟膏之法，见明王玺《医林集要》亦以作药用。岂雍正以后，吸食鸦片之禁日严，有瘾者欲吸不得，乃代之以药，而成后来之吸法欤。

未有麻丝以前，衣之材料有二。一《礼运》所谓衣其羽皮，此为皮服。一则如《郊特牲》之黄衣黄冠，《诗》之台笠，所谓卉服也。有麻丝以后，此等材料，乃逐渐淘汰。至其裁制，则最初有者，为后世之袚（亦曰𧜀），郑注《乾凿度》谓"古者佃渔而食，因衣其皮，先知蔽前，后知蔽后"是也①。夫但知蔽前为袚，兼知蔽后，则为裳矣。裳有袥机而短则为裈（《事物纪原》，裈，汉晋名犊鼻。姚令威曰：医书膝上二寸为犊鼻。盖裈之长及此）。长其袥则为袴（《说文》作绔，曰胫衣也）。蔽上体者曰衣。连衣裳而一之为深衣（详见《礼记·深衣》《玉藻》两篇。裳幅前三后四，朝祭之服，襞绩无数。丧服三襞绩，深衣之裳，前后皆六幅不襞绩）。衣之在内者短曰襦，长曰衫，长而有著者曰袍。古朝祭之服，皆殊衣裳，深衣则否。然惟庶人即以为吉服。汉以后，渐去衣裳，径以袍为外服，而其便服转尚裙襦，遂渐成今世之服矣（详见任大椿《深衣释例》。《唐书·车服志》："中书令马周上议，礼无服衫之文，三代之制有深衣。请加襕袖褾襈，为士人上服。开胯者曰缺胯，庶人服之。"《类篇》：衣与裳连曰襕。褾，袖端也。襈，缘也。《事物纪原》曰："缺胯衫，今四胯衫。"）。

作事以短衣为便，古今皆然。《曲礼》曰："童子不衣裘裳。"《内则》曰："十年，衣不帛，襦袴。"衣不帛句绝。《疏》谓"不以帛为襦袴"。误矣。二十可以衣裘帛，则亦二十而裳。不言者，与上互相备，古人语法如此。故戴德丧服变除，童子当室（自十五至十九），其服深衣不裳也。武人之服亦然。故杜预释跗注曰：若袴而属于跗②。

① 《诗·采菽·疏》引。
② 《左传》成公十六年。

不径曰袴者,袴不皆属于跗也。此即后世之袴褶。魏晋以后,为车驾亲军,中外戒严之服。王静庵以为皆出于胡[1],误矣。中国服饰,惟鞾确出于胡,见《陔余丛考》。古人则夏葛屦,冬皮屦也[2]。曾三异《同话录》曰:"近岁衣制,有一种,长不过腰,两袖仅掩肘,名曰貉袖。起于御马院圉人,短前后襟者,坐鞍不妨脱著,以其便于统驭也。"此今之马褂也。裲裆,《玉篇》曰:"其一当胸,其一当背。"《广雅》谓之裲腹,宋时谓之背子[3]。此为今之坎肩[4]。加于首者,最尊者为冕,以木为干,用布衣之。上玄下朱,前俯后仰,黈纩塞聪(《东京赋》薛综注。黈纩,以黄绵,大如丸,悬冠两边,当耳。案后以玉曰瑱)。垂旒蔽明,盖野蛮时代之饰。弁如冕,前后平,以皮革韦等物为之,冠以敛发[5],略如后世之丧冠。中有梁,广二寸,秦始皇改为六寸,汉文帝增为七寸,而梁始广,而古制不可见矣[6]。冠之卷曰武,缨以组二属于武,合结颐下。有余则垂为饰,是曰缕。冠为士服(古者男女必冠,以露发为耻。故子路谓君子死,冠不免,结缨而死。后世官吏获咎者,每称免冠谢过)。庶人则以巾。巾以覆髻曰帻。带有大带、革带。大带以素丝为之,以束腰,垂其余为饰,谓之绅[7]。革带在大带上,为杂佩所系(佩有德佩、事佩。德佩,玉也。事佩,如《内则》所云纷帨小觿之属。纷帨,即今之手帕也。小觿,解结之具)。袴之外有行縢,亦曰邪幅。袜,初亦以革为之。故见尊者必跣,后则惟解屦耳。

古无棉布,凡布皆麻为之。所谓絮纩,皆今之丝绵也。裘之

---

① 见《观堂集林·胡服考》。
② 见《士冠礼》。
③ 见《石林燕语》。
④ 见《陔余丛考》。
⑤ 《说文》。
⑥ 详见江永《乡党图考》。
⑦ 《左传》桓公二年《疏》。

制,则因贵贱而不同,详见《礼记·玉藻》。古人衣裘,皆毛在外,故曰:"虞人反裘而负薪,彼知惜其毛,不知皮尽而毛无附。"裘上有衣,时曰裼衣。开裼衣露其裘曰裼,掩之曰袭。无裼衣为表裘,为不敬。故曰"表裘不入公门"①。袗(袗,禅也。袗,绤绤之外袍也)、绤(音 chī)、绤(音 xì)亦然。惟犬羊之裘不裼。贱者衣褐。褐,毛布也。木棉,宋以前惟交广有之。宋末元初,其种乃入江南。有黄道婆,自崖州至松江,教纺织之法,其利遂遍全国②。

古丧服以布之精粗为序,非以其色也。斩衰三升(约二百余支纤维为一升),齐衰四升五升六升,大功七升、八升、九升,小功十升、十一升、十二升,缌麻十五升去其半,至十五升则为吉布,为深衣。然其色亦白。故《诗》曰"麻衣如雪"。素服亦白色。周之大札、大荒、大灾③,或以绢为之,与丧服非同物。古王公大人,服有采章,无爵者皆白,故白衣为庶人处士之称,然王公大人,初非不著白衣也。宋程大昌《演繁露》谓"南齐桓崇祖守寿春,著白纱帽,肩舆上城。今人必以为怪。乐府《白纻歌》曰:质如轻云色如银,制以为袍余作巾。今世人丽妆,必不肯以白纻为衣,古今之变,不同如此。《唐六典》:天子服有白纱帽,其下服如裙襦袜,皆以白,视朝听讼,燕见宾客,皆以进御,犹存古制。然其注云,亦用乌纱。则知古制虽存,未必肯用,习见忌白久矣"。愚案欧洲古平民只许衣黑,革命之后,乃并贵人皆黑衣④。中国古代平民只衣白,阶级崩坏,乃并许平民衣采章,似以中制为得也。

未有宫室以前,居处因寒暑而异。《礼运》:冬则居营窟,夏则

---

① 《玉藻》。
② 《陔余丛考》。
③ 《周官·司服》。
④ 见康有为《欧洲十一国游记》。

居橧巢。《注》云："寒则累土，暑则聚柴薪居其上。"《诗》曰："古公亶父，陶复陶穴。"《疏》曰："平地累土谓之复，高地凿坎谓之穴。其形如陶灶。"此即所谓寒则累土。《孟子》曰"下者为巢"。此即聚柴薪而居其上之类也。《墨子·节用》曰："未有宫室之时，因陵丘堀穴而处，圣王虑之，以为堀穴，冬可以避风寒，逮夏，下润湿，上熏蒸，恐伤民之气，于是作为宫室而利。"宫室之所由兴如此。然栋梁之制，实原于巢居。墙壁之制，则原于穴居者也。

古之民，盖居水中洲上，州岛同音，州洲实一字也。明堂称辟雍。雍者，壅之古字。西北积高，则称雍州。辟即壁。玉肉好若一曰璧，璧形圜，言其四面环水也。后世之城，率绕之以池，盖犹沿邃古之制。城方大国九里，次国七里，小国五里①。皆筑土为之。时曰墉，墉之上为垣，称睥睨。亦曰陴，亦曰女墙(《释名》)，城皆以人力为之。其外曰郭，亦曰郛，则依山川，无定形②。郭之内为郊，犹称国中，其外则为野鄙。匠人营国，面朝后市。内有九室，九嫔居之。外有九室，九卿朝焉。案天子诸侯，皆有三朝。最南为外朝，在皋门(诸侯曰库门)之内，应门(诸侯曰雉门)之外。应门之内曰治朝，其内为路门，路门之内为燕朝，燕朝之后为寝，寝之后为宫。宫寝之间，为内宫之朝。内九室当在于是，外九室则当在治朝也。其余尚有官府次舍，不能确知其处。应门之旁有阙，亦曰观，亦曰象魏，为悬法之地(天子外阙两观，诸侯内阙一观。见《公羊》昭二十五年《解诂》。家不台门，见《礼器》)。路门之侧为塾，民居二十五家为闾，闾之两端有门，其侧亦有塾，为教学之地。

路寝之制，前为堂，后为室。堂之左右为两夹，亦曰厢。东厢之东曰东堂，西厢之西曰西堂。室之左右为东西房，其北曰北堂，

---

① 《考工记》。
② 焦循《群经宫室图》。

牖户之间谓之房。室西南隅为奥，户在东，西南隅最深隐，故名，尊者常处焉。西北隅谓之屋漏，日光所漏入也。东北隅谓之宧，宧，养也。盖饮食所藏。东南隅谓之窔，亦隐阖之义。此为贵族之居。晁错论募民徙塞下，谓古之徙远方，"先为筑室，家有一堂二内"。此近今日中为堂，左右为室之制。盖平民之居然也。

《尔雅》曰："阇谓之台。"（《注》"积土四方"）有木者谓之榭（《注》"台上起屋"）。又曰："四方而高曰台，狭而修曲曰楼。"则今日之楼，非周以前所能为。《孟子·尽心》："孟子之滕，馆于上宫。"赵注："上宫，楼也。"可以为馆，则似今日之楼。而非前此之台榭，仅供眺望者矣。恐不足信。然亦可见邹卿时，已有今日之楼也。

《儒行》称"一亩之宫，环堵之室，筚门圭窬，蓬户瓮牖"。可想见古代民居之简陋。然《月令·季秋》："乃命有司：寒气总至，民力不堪，其皆入室。"《诗》："十月蟋蟀，入我床下。穹窒熏鼠，塞向墐户。嗟我妇子，曰为改岁，入此室处。"《公羊解诂》亦曰："吏民春夏出田，秋冬入保城郭。"（宣公十五年）则除风雨寒暑外，蛰处室中之时，盖其少也。

古代眺望，止于台榭，游观则在苑囿。囿兼有禽兽，苑但有草木，盖画地施以厉禁，如美之黄石公园。故其大可方数十百里，非今之花园也。今之花园，盖因园圃为之。

古筑城郭宫室，皆役人民为之，故以卑宫室为美谈，事土木为大戒。崇宏壮丽之建筑，历代未尝无之。然以中国之大言之，则其数甚微耳。又地处平原，多用土木而少石材。即用砖亦甚晚，故大建筑之留诒者甚少。《日知录》曰："予见天下州之为唐旧治者，其城郭必皆宽广，街道必皆正直，廨舍之为唐旧创者，其基址必皆宏敞。宋以下所置，时弥近者制弥陋。"致慨于"人情之苟且，十百于前代"。此等足觇生计之舒戚，治化之进退，诚为可忧。若夫诃诸

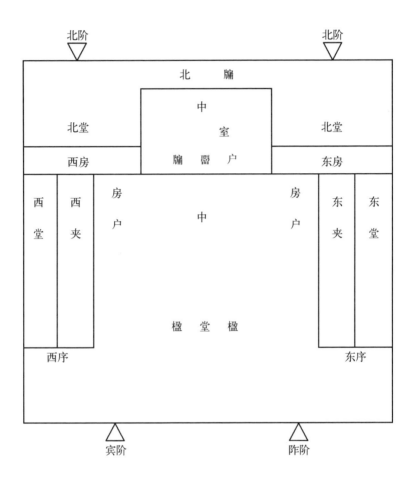

史而觉伟大建筑之不逮人,则康南海所云,适足见我阶级之平夷,迷信之不深,不足愧也。

第六讲 交 通 通 信

交通者,国家之血脉也。以地理形势言之,原隰平坦之区,陆路交通为亟。水路交错之区,河川交通为亟。山岭崎岖,港湾错杂之地，则其民长于航海。我国之黄河流域，东亚之大平原也。长江支流航路之远，亦世界所仅见也。南岭以南，平地较少，河川虽多，航行之利，亦不如长江。然海线曲折，则远非江河流域所及，故其航海之业，亦为全国之冠焉。

中国文明，本起河域。故其陆路交通，发达最早。《庄子》所谓"山无蹊隧，泽无舟梁"者，盖已在荒古之世。至于三代，则其陆路交通，已颇便利矣。斯时之道路，当分国中及野外言之，国中之道，《考工记·匠人》云："经涂九轨。"《王制》云："男子由右，妇人由左，车从中央。"盖极宽平坦荡，野外则不能如是。《仪礼》："商祝执功布，以御柩执披。"《注》云："道有低仰倾亏，则以布为左右抑扬之节，使引者执披者知之。"《曲礼》曰："送葬不避涂潦。"《左氏》载梁山崩，晋侯召伯宗，行辟重，重人曰："待我，不如捷之速也。"可见其宽平不逮国中矣。案郊野之道，盖即所谓阡陌。《月令·季春》："命司空，修理堤防，道达沟渎，开通道路，毋有障塞。"《注》："古者沟上有路。"盖依沟洫为之。井田未废之时，沟洫占地颇多，且颇平直。则依沟洫而成之道路，亦必较今日田间之道路，为宽且直矣。特其用人力修治，不能如国中之殷，故其平坦，亦不逮国中耳。其有多用人力，修治平坦者，则秦汉间所谓驰道。

古戎狄事田牧，多居山险。汉族事耕农，多处平地，故驾车之时，较骑乘之时为多。车有两种，一曰大车，驾以牛，平地任载之车也。一曰小车，即兵车，亦称武车，驾马，人行亦乘之（妇人坐乘，男子立乘，车皆驾二马。三马为骖，四马为驷，然三四皆可称骖。《公羊》说：天子驾六。《毛诗》说：自天子至大夫皆驾四）。

古书言骑乘者甚少，后人因谓古马惟驾车，无单骑。《左传》昭公二十五年："左师展将以公乘马而归。"《疏》引刘炫，以为骑马之渐，此非也。《日知录》谓"古公亶父，来朝走马"。即是骑马。其说得之。又言："春秋之世，戎狄杂居中夏者，大抵在山谷之间，兵车之所不至。齐桓晋文仅攘而却之，不能深入其地者，用车故也。中行穆子之败翟于大卤，得之毁车崇卒。而智伯欲伐仇犹，遗之大钟，以开其道，其不利于车可知矣，势不得不变而为骑。骑射，所以便山谷。胡服，所以便骑射也。"此虽言兵事，而交通变迁之故，从可知矣。

古代骑马，又不独平人也，驿亦有之。戴侗曰："以车曰传，以骑曰驲。"《经典释文》曰："以车曰传，以马曰递。"亭林因谓《左氏》所载乘驲乘递，皆是骑马。说亦甚确。汉初尚乘传车，后恶其不速，皆改为乘马矣。

水路之交通，不如陆路之发达。《孟子》言"岁十一月，徒杠成。十二月，舆梁成"。则必水浅之时，乃能乘之以架桥。水大时，则惟有用舟济渡耳。《尔雅》所谓天子造舟（比船为桥），诸侯维舟（连四船），大夫方舟（并两船），士特舟（单船），庶人乘栿（并木以渡）者也。此即后世之浮桥（《诗》疏）。川之甚之者，则乘舟以渡。《诗》云"谁谓河广，一苇杭之"是也。浅狭之处则徒涉，《诗》云："子惠思我，褰裳涉溱。"《论语》云："深则厉，浅则揭。"《礼记》言："舟而不游。"《淮南子》言"短绻无袴，以便涉游"是也。舟之初盖以一木为之。故《易》言"刳木为舟"，又曰"利涉大川，乘木舟虚"也（《注》"空大木为之曰虚"）。《月令》有舟牧，季春之月："命舟牧覆舟，五覆五反，乃告舟备具于天子。"则其制造，必非如前此之简陋矣。《禹贡》九州贡路，皆有水道，虽未必真禹时书，亦必春秋以前物。《左氏》：晋饥，乞籴于秦，秦输之粟。"自雍及绛相继，命之曰泛舟之役。"则能由水道漕粟矣。然北人之使船，似终不如南人。吴欲伐齐，城邗，沟通江淮，此为以人力开运河之始。其后徐承又自海道伐齐。吴楚争战，用舟师时甚多。入郢之役，楚所以不能御者，以吴忽舍舟而遵陆，出不意故也。春秋时，江域之文化，远后于北方，独航行驾于其上。亦可见开化之必由地利矣。

中国地势，西高东下，大川皆自西徂东。故其交通，东西易而南北难。自河域通江域之运河，相需最亟。古代以人工开凿者，盖有二焉。一为邗沟，一为鸿沟也。鸿沟久湮，《史记·河渠书》述其略曰："荥阳下引河东南为鸿沟，以通宋、郑、陈、蔡、曹、卫，与济、汝、淮、泗会。"其为用，颇似今惠民河、贾鲁河也。

娄敬言河渭漕挽天下，西给京师。则自泛舟之役以来，其利迄未尝替。至后汉明帝时，而引汴渠自荥阳至千乘之大工程出焉。盖当时富力，皆在山东。故亟谋自长安通齐地之水运也。东晋以后，富力渐集于江淮，则运道亦一变。隋开通济渠，自东都引谷洛入河，又自河入汴，自汴入淮，以接淮南之邗沟。自江以南，则自京口达余杭，开江南河，凡八百里。唐世江淮漕转，二月发扬州，四月自淮入汴，六七月至河口，八九月入洛。自此以往，有三门之险，欲凿之而未成，乃陆运以入于渭。此自东南通西北之运道也。宋都汴京，水道四达。东河通江淮（亦曰里河），西河通怀孟，南河通颍寿（亦曰外河，今惠民河其遗迹也），北河通曹濮。四河之中，东河之利最巨，淮南、浙东西、荆湖南北之货，皆自此入汴。岭表之金银香药，亦陆运至虔州入江。陕西之货，有入西河入汴者。亦有出剑门，与四川之货，同至江陵入江者，盖东河所通，三分天下有其二矣。元有天下，始引汶水，分流南北，以成今日之运河，历明清无改。此则自东南通东北之水路也。

陆路交通，秦汉而后，盖已不如列国时之修整，自宋以后，废坏尤甚。今试引《日知录》数则，以见其概。

《日知录》曰："读孙樵《书褒城驿壁》，乃知其有沼有鱼，读杜子美《秦州杂诗》，又知其驿之有池有林有竹。今之驿舍，殆于隶人之垣矣。予见天下州之为唐旧治者，其城郭必皆宽广，街道必皆正直，廨舍之为唐旧创者，其基址必皆宏敞。宋以下所置，时弥近者制弥陋。此又樵记中所谓州县皆驿，而人情之苟且，十百倍于前代矣。"

又曰："古之王者，于国中之道路，则有条狼氏，涤除道上之狼扈，而使之洁清。于郊外之通路，则有野庐氏，达之四畿。合方氏，达之天下，使之津梁相凑，不得陷绝。而又有遂师以巡其道修，侯人以掌其方之道治。至于司险掌九州之图，以周知其山林川泽之阻，而达其道路。则舟车所至，人力所通，无不荡荡平平者矣。晋文之霸也，亦曰：司空以时平易道路，而道路若塞，川无舟梁，单子以卜陈灵之亡。自天街不正，王路倾危。涂潦遍于郊关，污秽钟于辇毂。《诗》曰：周道如砥，其直如矢。君子所履，小人所视，睠焉顾之，潸焉出涕。其斯之谓欤。"

又曰："《周礼》：野庐氏，比国郊及野之道路宿息井树。《国语》：单襄公述周制以告王曰，列树以表道，立鄙食以守路。《释名》曰：古者列树以表道，道有夹沟，以通水潦。古人于官道之旁，必皆种树，以记里至，以荫行旅。是以南土之棠，召伯所发。道周之杜，君子来游（甘棠之咏召公，郑人之歌子产）。固已宣美风谣，流恩后嗣。子路治蒲，树木甚茂。子产相郑，桃李垂街。下至隋唐之代，而官槐官柳，亦多见之诗篇（《诗》云：蔽芾甘棠，勿剪勿败，召伯所憩）。犹是人存政举之效。近代政废法弛，任人斫伐。周道如砥，若彼濯濯，而官无勿翦之思，民鲜侯甸之芘矣。《续汉书·百官志》，将作大匠，掌修作宗庙路寝宫室陵园土木之功，并树桐梓之类，列于道侧，是昔人固有专职。《后周书·朱孝宽传》：雍州刺史，先是路侧一里置一土堠，经雨颓毁，每须修之。自孝宽临州，乃勒部内，当堠处植槐树代之。既免修复，行旅又得庇荫。周文帝后问知之。曰：

岂得一州独尔,当令天下同之。于是令诸州夹道一里种一树,十里种三树,百里种五树焉。《册府元龟》:唐玄宗开元二十八年,正月,于两京路及城中苑内种果树。代宗永泰二年,正月,种城内六街树。《旧唐书·吴凑传》:官街树缺,所司植榆以补之。凑曰:榆非九衢之玩,命易之以槐。及槐荫成而凑卒,人指树而怀之。《周礼·朝士注》曰:槐之言怀也,怀来人于此。然则今日之官,其无可怀之政也久矣。"

又曰:"《唐六典》:凡天下造舟之梁四,石柱之梁四,木柱之梁三,巨梁十有一,皆国工修之。其余皆所管州县,随时营葺,其大津无梁,皆给船人。量其大小难易,以定其差等。今畿甸荒芜,桥梁废坏,雄莫之间,秋水时至,年年陷绝,曳轮招舟,无赖之徒,借以为利。潞河渡子,勒索客钱,至烦章劾。司空不修,长吏不问亦已久矣,况于边障之远,能望如赵充国,治陷狭以西道桥七十所,令可至鲜水,从枕席上过师哉!《五代史》:王周为义武节度使,定州桥坏,覆民租车,周曰:桥梁不修,刺史过也。乃偿民粟,为治其桥。此又当今有司之所愧也。"

今日各地方之情形,与亭林所言,有以异乎?无以异乎?其原因,亭林谓由"国家取州县之财,纤毫尽归之于上,而吏与民交困,遂无以为修举之资"。盖古代之民政,愈至后世而愈废弛,此实中国不振之大原因也。

古代肩舆,仅用之于山地。《史记·河渠书》所谓"禹山行即桥"。《汉书·严助传》所谓"舆轿而隃岭"者也。宋某小说载,王荆公终身不乘肩舆,可见北宋时用者尚罕。南渡以后遂盛行,亦可见城市中路日趋倾隘也。

驿置历代有之,至唐益备。唐制:卅里一驿,天下水驿一千六百三十九,陆驿一千二百九十七,水陆相兼之驿八十六。其职属于驾部。宋以驾部属兵部,有步递马递急脚递之分。急脚递日行四百里,军兴则用之,南渡又有金字牌急脚递,日行五百余里[①],宋史所谓岳飞一日奉金字牌诏十二者也。元称站赤(站之称固取之他国也),设置兼及藩王封地,规模尤大。明制:南北京设会同馆,在外设水马驿递运所。清制分铺递驿递两种,铺递用人,驿递用马,亦皆属兵部。凡驿皆有官马及舟车,不足则和雇。驰行则或役民夫,或用兵卒。自邮局兴,驿站乃以次裁撤。

驿站之设,人物既可往来,音讯亦资传递,实为最便之事。然历代仅限其用于官,而未能推以便民。故民间通信,事极艰苦。非遣急足,诿亲友,则必辗转请托矣。历来当寄书之任者,盖多商人或旅客。或代人请托者,则为逆旅主人。至清代乃有民信局之设,初起宁波,后遍全国,甚至推广及于南洋。而沿江一带尤盛。邮局设立以后,虽逐渐减少,犹未尽绝也。此事颇足见我国民才力之伟。

海道交通可考者,始于吴人以舟师伐齐,前已言之。此等沿岸航行,盖随世而益盛。至汉以后,则有航行大海者,其路线见《汉书·西域传》《唐书·地理志》。明时郑和奉使,航路抵今非洲,详见巩珍《西洋番国志》、马欢《瀛海胜览》。《明史·外国传》,即采自巩书者也。海路运粮,始于唐之陈磻石。磻石润洲人。咸通中,用兵交阯、湖南、江西,转饷艰苦。磻石创海运之议,自扬子经闽广以往。大船一艘,可运千石,军需赖以无阙云。元明清三代,则天庚之正供,亦借海舟以输运矣。

---

① 见沈括《梦溪笔谈》。

古代人性论十家五派①

　　古代思想家论人性,说颇纷纭。王仲任著《论衡·本性篇》,曾有评论,大体可分为以下十家:

　　(一)世硕等　《本性篇》:"周人世硕,以为人性有善有恶,举人之善性,养而致之,则善长;恶性,养而致之,则恶长。如此,则性各有阴阳善恶,在所养焉。故世子作《养书》一篇。密子贱、漆雕开、公孙尼子之徒,亦论性情,与世子相出入,皆言性有善有恶。"

　　(二)孟子　孟子主性善,其书今存。仲任评之曰:"……若孟子之言,人幼小之时,无有不善也。……纣之恶,在孩子之时,食我之乱,见始生之声,孩子始生,未与物接,谁令悖者。……唐虞之时,可比屋而封,所与接者,必多善矣。……然而丹朱傲,商均虐。……且孟子相人以眸子。……心清而眸子瞭,心浊而眸子眊。人生目辄眊瞭。……非幼小之时瞭,长大与人接,乃更眊也。……孟子之言情性,未为实也。……"

　　(三)告子　告子之说,今见孟子书。仲任评之曰:"……无分于善恶,可推移者,谓中人也。……故孔子曰:中人以上,可以语

　　①　此文大约作于1914年,后收入《吕思勉论学丛稿》。

上也；中人以下，不可以语上也。告子之以决水喻者，徒谓中人，不指极善极恶也。孔子曰：性相近，习相远也。夫中人之性，在所习焉。习善而为善，习恶而为恶也。至于极善极恶，非复在习。故孔子曰：惟上智与下愚不移。性有善不善，圣化贤教，不能复移易也。孔子道德之祖，诸子之中最卓者也，而曰上智下愚不移，故知告子之言，未得实也。……"

（四）孙卿　孙卿主性恶，书亦今存。仲任驳之曰："……若孙卿之言，人幼小无有善也，稷为儿，以种树为戏，孔子能行，以俎豆为弄。……禀善气，长大就成。……孙卿之言，未得为实。……刘子政非之曰：如此，则天无气也，阴阳善恶不相当，则人之为善安从生。"

（五）陆贾　《本性篇》："陆贾曰：天地生人也，以礼义之性，人能察己所以受命则顺，顺之谓道。……性善者不待察而自善，性恶者，虽能察之，犹背礼畔义。……故贪者能言廉，乱者能言治，盗跖非人之窃也，庄蹻刺人之滥也，明能察己，口能论贤，性恶不为，何益于善，陆贾之言，未能得实。"

（六）董仲舒　董子论性，见《繁露·深察名号》及《实性》两篇。《深察名号篇》曰："……性之名非生与，如其生之自然之资谓之性，性者，质也。诘性之质于善之名，能中之与，既不能中矣，而尚谓之质善，何哉？……裣众恶于内，弗使得发于外者，心也。……天两有阴阳之施，身亦两有贪仁之性。……阴之行不得干春夏，而月之魄常厌于日光，乍全乍伤，天之禁阴如此，安得不损其欲而辍其情以应天，天所禁而身禁之。……禁天所禁，非禁天也。必知天性不乘于教，终不能裣，察实以为名，无教之时，性何遽若是<small>（案此言深有理致，原人之状态，实非吾曹所知也）</small>。故性比于禾，善比于米，米出禾中，而禾未可全为米也。善出性中，而性未可全为善也。

善与米，人之所继天而成于外，非在天所为之内也。天之所为，有所至而止，止之内谓之天性，止之外谓之人事(《实性篇》止之内谓之天，止之外谓之王教)……性有似目，目卧幽而瞑，待觉而后见，当其未觉时，可谓有见质，而不可谓见。今万民之性，有其质而未觉，譬如瞑者待觉，教之然后善，当其未觉，可谓有质，而不可谓善(《实性篇》："以茧为丝，以米为饭，以性为善，此皆圣人所继天而进也，非性情质朴之所能至也。"又曰："善，教诲之所然也，非质朴之所能至也。"又曰："性者，天质之朴也，善者，王教之化也。无其质，则王教不能化，无其王教，则质朴不能善。"所谓质朴，意与质同。荀子谓性者本始材朴，老子谓朴散而谓器，即今俗语所谓胚也)……性而知同瞑之未觉，天所为也。效天所为，为之起号，故谓之民，民之为言，固犹瞑也。……天地之所生，谓之性情，性情相与为一，瞑情亦性也，谓性已善，奈其情何？……身之有性情也，若天之有阴阳也。言人之质而无其情，犹言天之阳而无其阴也。……名性不以上，不以下，以其中名之。……天生民性，有善质而未能善，于是为之立王以善之，此天意也。民受未能善之性于天，而退受成性之教于王，王承天意，以成民之性为任者也。……春秋之辞，内事之待外者，从外言之，今万民之性，待外教然后能善，善当与教，不当与性，与性……非春秋为辞之术也。……或曰：性有善端，心有善质，尚安非善，应之曰：……茧有丝而茧非丝也，卵有雏而卵非雏也。……或曰：性也善。或曰：性未善，则所谓善者，各异意也，性有善端。……善于禽兽则谓之善，此孟子之言，循三纲五纪，通八端之理，忠信而博爱，敦厚而好礼，乃可谓善，此圣人之善也。……夫善于禽兽之未得为善也，犹知于草木而不得名知。……圣人之所命，天下以为正。……孟子下质于禽兽之所为，故曰性已善，吾上质于圣人之所善，故谓性本善。……"《实性篇》大略相同，而曰："善，教诲之所然也，非质朴之所能至也，故不谓性，性者……无所待而起，生而所自有也。"意尤显豁。仲任评之曰:"董仲舒……曰:天之大经,一阴一阳,人之大经,一情一性,性生于阳,情生于阴,阴气鄙,阳气仁,曰性善者,是见其阳;谓恶者,是见其阴者也。若仲舒之言,谓孟子见其阳,孙卿见其阴也,处二家各有见可也,不处人情性,……情性同生于阴阳,其生于阴阳,有渥有泊,玉生于石,有纯有驳。……"

（七）刘向　《本性篇》:"刘子政曰:性生而然者也,在于身而不发,情接于物而然者也。出形于外,形外则谓之阳,不发者则谓之阴。"仲任评之曰:"……子政之言……不据本所生起,苟以形出与不发见定阴阳也,必以形出为阳,性亦与物接,造次必于是,颠沛必于是,恻隐不忍,不忍,仁之气也;卑谦辞让,性之发也,有与接会,故恻隐卑谦,形出于外,谓性在内,不与物接,恐非其实。不论性之善恶,徒议外内阴阳,理难以知。且从子政之言,以性为阴,情为阳,夫人禀情,竟有善恶否也。"案:刘向之说,又见荀悦《申鉴》。《申鉴杂言下》述向之说曰:"性情相应,性不独善,情不独恶。"而其答或人之难曰:"好恶者,性之取舍也,实见于外,故谓之情尔,必本乎性矣。"悦论性主向,其释性情,亦当祖述向说,则向所谓性情者,原是一物,从两面言之。仲任之难,似失向意也。

（八）扬雄　扬子论性之说,见《法言修身篇》曰:"人之性也,善恶混,修其善则为善人,修其恶则为恶人。气也者,所以适善恶之马也欤?"

（九）王充　《本性篇》:"自孟子以下至刘子政,……论性情竟无定是。惟世硕、公孙尼子之徒,颇得其正。……实者、人性有善有恶,犹人才有高有下也。高不可下,下不可高,谓性无善恶,是谓人才无高下也。禀性受命,同一实也。命有贵贱,性有善恶,谓性无善恶,是谓人命无贵贱也。九州田土之性,善恶不均,故有黄赤黑之别,上中下之差;水潦不同,故有清浊之流,东西南北之趋。人禀天地之性,怀五常之气,或仁或义,性术乖也;动作趋翔,或重或轻,性识诡也;面色或白或黑,身形或长或短,至老极死,不可变易,天性然也。余固以孟轲言人性善者,中人以上者也;孙卿言人性恶者,中人以下者也;扬雄言人性善恶混者,中人也。若反经合道,则可以为教,尽性之理,则未也。”

（十）荀悦　荀悦论性之语,见《申鉴杂言下》篇:“或问性命,曰:生之谓性也,形神是也,所以立生终生者之谓命也,吉凶是也。”“或问天命人事,曰:有三品焉,上下不移,其中,则人事存焉尔。……孟子称性善;荀卿称性恶;公孙子曰,性无善恶;扬雄曰,人之性,善恶混;刘向曰,性情相应,性不独善,情不独恶;曰:问其理,曰:性善则无四凶,性恶则无三仁。人无善恶,文王之教一也,则无周公、管、蔡,性善情恶,是桀、纣无性,而尧、舜无情也。性善恶皆浑,是上智怀惠,而下愚挟善也,理也未究矣,惟向言为然。”“或曰:仁义性也,好恶情也,仁义常善,而好恶或有恶,故有情恶也。曰:不然,好恶者,性之取舍,实见于外,故谓之情尔,必本乎性矣。仁义者,善之诚者也,何嫌其常善,好恶者,善恶未有所分也,何怪其有恶,凡言神者,莫近于气,有气斯有形、有神,斯有好恶喜怒之情矣。故人有情,由气之有形也,气有白黑,神有善恶,形与白黑偕,情与善恶偕。故气黑非形之咎,情恶非情之罪也。或曰:人之于利,见而好之,能以仁义为节者,是性割其情也。性少情多,性不能割其情,则情独行为恶矣。曰:不然,是善恶有多少也,非情也。有人于此,嗜酒嗜肉,肉胜则食焉,酒胜则饮焉,此二者相与争,胜者行矣,非情欲得酒,性欲得肉也。有人于此,好利好义,义胜则义取焉,利胜则利取焉,此二者相与争,胜者行矣,非情欲得利,性欲得义也。……”“或曰:请折于经。曰:《易》称乾道变化,各正性命，是言万物各有性也，观其所感，而天地万物之情可见矣，是言情者，应感而动者也。昆虫草木，皆有性焉，不尽善也；天地圣人，皆称情焉，不主恶也。又曰：爻象以情，言亦如之，凡情意心志者，皆性动之别名也。情见乎辞，是称情也；言不尽意，是称意也；中心好之，是称心也；以制其志，是称志也，惟所宜名称其名而已，情何主恶之有。故曰：必也正名。""或曰：善恶皆性也，则法教何施。曰：性虽善，待教而成；性虽恶，待法而消，唯上智下愚不移，其次善恶交争，于是教扶其善，法抑其恶。……""或曰：法教得则治，法教失则乱，若无得无失，纵民之情，则治乱其中乎？曰：凡阳性升，阴性降，升难而降易，善，阳也；恶，阴也。故善难而恶易。纵民之情，使自由之，则降于下者多矣。曰：中焉在？曰：法教不纯，有得有失，则治乱其中矣。纯德无慝，其上善也；伏而不动，其次也；动而不行，行而不远，远而能复，又其次也；其下者，远而不近也。凡此皆人性也，制之者则心也。……"

以上十家，可分下列五派：

（一）无善无不善说　告子主之。孟子载告子之言曰："生之谓性。"又曰："性无善无不善也。"又曰："性犹湍水也，决诸东方则东流，决诸西方则西流，人性之无分于善不善也，犹水之无分于东西也。"凡事皆因缘际会所成，离开一切因缘，即无是物，又何从评论，人性因行为而见，行为必有外缘，除去外缘，行为便毁，性又何从而见。然因行为而论性，则业已加入外缘。故舍行为而论性，只在理论上可以假设，在实际上，人不能感觉是境。夫性犹水也，行为犹流也，决则行为之外缘也，东西则善恶也。水之流，不能无方向；人之行，不能无善恶。然既有方向，则必已加入一决之原因；既有善恶，则必已有外缘。问无决之原因时，水之流向如何？全无外缘之时，人之行为善恶如何？固无以为答也。必欲答之，只可曰：

是时之水,有流性而无方向之可言;是时之性,有行为之可能,而无善恶之可言而已矣。佛家所谓无明生行也,更增一词,即成赘语,告子之说,极稳实也。孟子驳之曰:"水信无分于东西,无分于上下乎?人性之善也,就水之就下也,人无有不善,水无有不下。今夫水,搏而跃之,可使过颡;激而行之,可使在山,是岂水之性哉?其势则然也。人之可使为不善,其性亦犹是也。"误矣。水之过颡在山,固由搏激而然,然不搏不激之时,亦自有其所处之地势,此亦告子之所谓决也。禹疏九河,瀹、济、漯而注之海,决汝、汉,排淮、泗而注之江,固决也。亚洲中央之帕米尔高原,地势独高于四方,对于四面之水,亦具决之作用也。月球吸引,能使水上升;地球吸引,能使水下降,皆告子之所谓决也。设想既无地球,亦无月球,而独存今日地面之水,试问此水,将就何方,孟子能言之乎?故孟子之难,不中理也。

(二)性有善有恶说　世子等主之。董子谓天两有阴阳之施,人亦两有贪仁之性,盖即是说。孟子载公都子述或人之言,谓:"性可以为善,可以为不善。"盖亦是说。其谓"文、武兴,则民好善;幽、厉兴,则民好恶"。即世子养其善性,则善长;养其恶性,则恶长之说也。扬子善恶混之说,实祖述之。此说必得董子之言,乃为完备。盖善恶乃因其所施之事而见,或为比较上程度问题,实非性质问题。谓善恶有性质之异,而人性之中,含是绝不相同之二物,于理固不可通也。董子说性之善恶,本诸阴阳,而其论阴阳也,则谓为一物而二面,譬诸上下、左右、前后、表里(见《春秋繁露·基义篇》)。则举此固不能无彼,而二元对立之弊免,抑偏主性善性恶之说,亦不待攻而自破矣。夫一物而有两面,谓为有此面而无彼面固不可,谓为有彼面而无此面亦不可。彼此相消而适等于无,则仍是无善无不善耳。故董子之说,与告子不相背也(故董子亦曰:如其生之自然之资谓之性）。盖告子之说，就本体界立言，董子之说，则就现象界立言也。夫就本体方面言之，性之善恶，实无可说，告子之言，最为如实矣。就现象界言之，则（1）有善，（2）有恶，（3）人皆有求善去恶之心，实为无对不争之事实。夫既有善，又有恶，又求善去恶之心，则人之性，果善邪？果不善邪？就其有求善去恶之心而言之，而谓之善，则孟子之说是也。就其恶必待去，善必待求，不能本来无恶言之，而谓之恶，则荀子之说是也。谓善恶为绝对不同之物，人之性中，或则含善之原素，或则含恶之原素（有性善、有性不善说），此为极幼稚之论，谓一人之性，兼含善恶两原素，其幼稚亦与此同。谓善恶实一物而两面，则人性虽兼有善恶，乃吾人就人性而被以二名，而非一人之身，含有善恶不同之两性。矛盾之讥，可以免矣。然此说亦有难于自解者，盖既曰人性有善有恶，而其所谓善恶者，又系一物而两面，则有善有恶，即系无善无恶；既曰无善无恶，何以人人皆有去恶求善之心邪？董子则曰：人之去恶求善之心，与其有善有恶之性，同出于天然而无可说者也。若欲说入实体界，则将成告子之言；若就现象界立言，则但能云人性有善有恶，又皆有去恶求善之心，同为现象界之事实；吾人只能就此事实，加以描写，不能为之说明也。于是董子描写人性之有善有恶曰：天两有阴阳之施，人亦两有贪仁之性，描写人之有求善去恶之心，则曰：天道禁阴，人之道损欲辍情。损欲辍情，亦为生来固有之性，非由外铄。故曰：禁天所禁，非禁天也（即谓禁性所禁，非禁性也。世每有以为恶为率性者，观此可以憬然悟矣，盖不能无恶，因人之性，欲去恶就善，亦人之性也）。夫谓天两有阴阳之施，人亦两有阴阳之性，此以一心而开真如生灭两门也。谓人生来有去恶就善之性质，此则真如之所以能重习无明也。"告子曰：性犹杞柳也，义犹杯棬也，以人性为仁义，犹以杞柳为杯棬。孟子曰：子能顺杞柳之性，而以为杯棬乎？将戕贼杞柳，而后以为杯棬也。如将戕贼杞柳而以为杯棬,则亦将戕贼人以为仁义与?率天下之人而祸仁义者,必子之言夫。"斯难也,以去恶务善,亦出于人之本性之义告之,则难解矣(杞柳杯棬之喻,不如董子茧丝卵雏之善,故来孟子之难也)。

(三)性善说　孟子主之。孟子之所谓性善,与荀子之所谓性恶,与性无善无不善说,及性有善有不善说,实不相背,前已言之。孟子曰:"乃若其情,则可以谓善矣,乃所谓善也。若夫为不善,非才之罪也。恻隐之心,人皆有之;羞恶之心,人皆有之;恭敬之心,人皆有之;是非之心,人皆有之。恻隐之心,仁也;羞恶之心,义也;恭敬之心,礼也;是非之心,智也。仁义礼智,非由外铄我也,我固有之也,弗思耳矣。故曰:求则得之,舍则失之。或相倍蓰而无算者,不能尽其才者也。"孟子之所谓才,即董子之所谓质朴,荀子之所谓材朴,此即告子之所谓性,本无善恶可言,而孟子称为善者,以其情可以为善也。孟子之所谓情,就四端言之,即董子所谓损欲辍情,人生来所有去恶就善之性也。求则得之,舍则失之,则董子待教而后善之说也。就其知求善则谓之善,此孟子之说;就其必待求而后善,而谓其本非善,则荀之说也。陆贾谓天生人以礼义之性,即四端固有之说,谓人能察己所以受命则顺,即求则得之之说,与孟子合。"察"该行为言,仲任之难,不中理也。

(四)性恶说　荀子主之。观前文可明,不更赘说。

(五)有性善有性不善说　《孟子》:"公都子曰:……或曰:有性善,有性不善。是故以尧为君而有象,以瞽瞍为父而有舜,以纣为兄之子,且以为君,而有微子启、王子比干。"王仲任系主此说者。仲任之见解为唯物的,其视精神现象,皆原于生理,故谓性之善恶,犹才有高下,命有贵贱(仲任所谓命,乃就我可以得富贵、贫贱、寿夭之资格而言之,与世俗所谓命者异)。其视先天的原因,重于后天的原因,故谓高不可下，下不可高。譬诸面色白黑，身形长短之至老极死，不可变易。荀悦之论，亦属此派。此派就常识言之，亦可通；就哲学上论，则不可通，以善恶并非异物，亦难定界限也。此派之意，盖尊重先天的势力者也。

中国古代哲学与道德的关系^①

近来人都说，中国的文明比较古代为退化，乍一听得，颇不相信；因为我们现在所住的房屋、着的衣服、吃的食品，以及一切用的东西，都比古时候为精美；怎么倒说退化呢？老实说，物质的文明果真比古时候进步，但是精神的文明，也有不如古人的地方，无论什么事情，总有个哲学上的根据。怎样叫哲学上的根据？就是这件事情，为什么要如此？这句话，似乎是很靠不住的。为什么呢？因为有许多人，他的做事，似乎是漫无思索，并不问其所以然的。然而不然。这等人，在咱们看着他，似乎是漫无思索。其实他的做事，仍旧有他的所以然之故。譬如从前有些人是很顽固的，见了外洋的东西，不问什么，一概拒绝。郭嵩焘第一个带了小轮船回到家乡湖南去，有些人便大动公愤，聚众把它拆掉。吾乡有个老先生，生平是不用洋货。他有个朋友，也是如此。有一天，不知怎样，他这位朋友，忽而照了一张小照，送去给这位老先生看。老先生还不曾看，便正颜厉色地责备道：你也弄这个么？他的朋友大惭。这种人，在咱们看了他，似乎他的举动，是绝无所以然之故的了。其实不然。他正和他"不作无益害有益"、"毋或作为淫巧，以为上

---

① 原载《沈阳高师周刊》1921 年第 31、32 期。

心"、"为机械变诈之巧者，无所用耻焉"、"有机事者必有机心"等等的宗旨相一贯。正惟他的举动，必有一个"所以然"之故，所以他必不能忽然变为开通。倘使一个人的举动，可以无"所以然"之故，那就仁爱之人，可以极端相暴，廉洁的人，可以极端诈欺，天下倒也不怕有什么顽固党了。由此看来，可以见得无论什么人，总有他的一种见解，横亘在胸中。遇有新发生的问题，他便把这种见解，做量是非的尺去量。量下来以为是的就赞成，以为非的就反对（这种尺固然也是逐渐造成的，不是生来就有的；也是随时改变的，不是一成不变的。然而在一定的时间内，总不得有急剧显著的变化）。这便是他的哲学。

一个人如此，一个民族亦然。有甲所视为当然之理，乙绝不能认识的，就有甲民族甲社会人人共喻之理，乙民族乙社会绝不能了解的，这便是一民族一社会的哲学。一个人的哲学，必然要影响于其行为。一民族的哲学，也必然要影响于其民族全体及各分子的行为。

凡人的行为，不是自由的；不是绝无标准，而是可以预测的。现在有一个人，我若晓得他脑子里所怀抱的见解（他的哲学）。我便能决定他对于某事一定赞成，对于某事一定不赞成，譬如专抱着"毋或作为淫巧"思想的人，我便可以预料他，倘然看见了轮船，一定要想拆毁。然则倘能知道一民族所怀抱的见解（哲学），也就可以预测他的行为了。同样，看了一个人或一个民族的行为，也可以测定他的哲学思想了。这便是哲学与道德的关系。所以我看了中国人行为的错误（以道德为不道德，以不道德为道德，想要实践道德，反而做出不道德的事情），我只怪他的哲学（所抱的见解）错误。然则中国古代的哲学，到底怎样呢？倘使古代的哲学，比现在好，古人的道德，就一定比现在好了；若古代的哲学，比现在坏，则古人的道德，就一定比现在坏了。依我看来，我民族现在的哲学，确有不如古人的地方。我现在且谈谈古人的哲学。

现在的所谓学问，是从事于部分的。所谓哲学，也不过把各科学之所得，再行联结起来，以求其共通的原理。至于最后的(最根本的)、最大的(可以包括一切的)原理，在认识论上，已经证明其不可知了(倘使要知，除非是佛家的所谓"证"。在知识上，是决没有这一天的)。然而这一层道理，是古人所不晓得的。既不承认那"最后的"、"最大的"为不可知；则自然想求得那"最后的"、"最大的"，俾其余一切问题，均可不烦言而解。所以古人的求学问，反是从那最高深玄远的地方讲起。如今人开口就说"宇宙观"、"人生观"，其实这两个问题，原是一个。因为咱们(人)是宇宙间的一物，要是晓得了宇宙的真相如何，咱们所以自处之道，自然不烦言而解。所以古代的人生观，都是从他的宇宙观来的。要讲宇宙观，劈头便有一个大问题，便是"万物从何而来"？古人对这一个问题的解答，是以为"凡物是生于阴阳两性的结合的"(这是从人类繁殖上想出来的)。所以说："天地绸缪，万物化醇。男女构精，万物化生"，"有天地，然后有万物，有万物，然后有男女"，"物本乎天，人本乎祖"。

这种思想，总可以算是合理的。但是阴阳还是两个，人的对于事物，所想推求的，总是"最后的"、"惟一的"。一定要是"惟一的"，才能算是"最后的"。然而"阴阳之所从出"，又是一个什么东西呢？这个问题，我敢说是人的知识，决不能知道的(佛家所谓"惟证相应")。因为咱们的意识，所能知道的现象，一定是两相对立的(而亦仅限于两，因为仅限于两，所以无论如何相异的东西，总能求得其中一个共通的原理。因为必须有两，所以最后的一个原理，是无从知道的。这种道理，佛家的唯识论，说得明白)。那"惟一的"(最后的)就永远不能入于吾人意识区域之内。但是"一"虽非吾人所能知，而在理论上，却可承认其有。因为"一"之名是与"非一"相对而立的。固然必有所谓"非一"，乃有所谓"一"。亦必有所谓"一",乃有所谓"非一"。"一"与"非一",是同时承认其一，即不能否认其二的。"非一"是人人所能认识的，那么"一"在理论上，也不能不承认其成立了。这正和有与无的问题一样，真的"无"，是吾人不能想象的。吾人所能想象的，不是佛家所谓"断空"，就是所谓"对色明空"。"断空"和"对色明空"，都不是真空。但是"无"虽非吾人之意识所能知，而在理论上，仍可承认其有。因为"无"之名，对"有"而立，否认"无"，就是否认"有"，"有"是人人认识，不能否认的，所以也就不否认"无"。所以古人在阴阳两性之上，又假设了一个惟一的东西，这个便是所谓"太极"。所以说：易有太极，是生两仪。"两仪"、"阴阳"是人人所能认识的，"太极"却是不能认识，仅从理论上承认其有的。然则两仪是"有"，太极是"无"了。所以说："有"生于"无"。"无"怎样会生出"有"来呢？这便是哲学中最困难的一个问题。而古代的宇宙论，也就以此为中坚了。现在先要问一句话，便是："古代的哲学，到底是唯心论？还是唯物论？"我敢说是唯物论，而且和希腊的唯物论，很为相近的。希腊人说万物的本源是"水"，"水之稀薄的是火和风"，"浓厚的是金和土"。又说："地水火风同是万物的本源"，"因其互相爱憎的关系"，"可就把万物造出来啦"。中国人说：万物的本源是气。《乾凿度》说："夫有形生于无形，则乾坤安从而生？故有太易，有太初，有太始，有太素。太易者，未见气也。太初者，气之始也。太始者，形之始也。太素者，质之始也。气形质具而未相离，谓之浑沌。"（易义疏八论之一）这种说法，和 Democritus 的原子论，很为相像。Democritus 说：宇宙万物，皆原子所构成。中国人亦说：宇宙万有，皆气之所构成。Democritus 说：原子变化而成万物，由于它固有运动的性质。因运动而生冲突，因冲突而变形。中国人说：宇宙的最初，谓之太易，易就是变动不居的意思。一切万有，都是由这动力而生的。这种动力自其本体而言之,谓之"元"。自其变动之状态而言之,则谓之"易"。所以《易经》上说:"大哉乾元,万物资始,乃统天。"《公羊》何《注》也说:"万一为元。元者,气也;无形以起,有形以分;造起天地;天地之始也。"现在普通的意见,总以为中国人是很敬重天地的,把天地就算做万物的本质,其实不然。在古代的哲学上,看了天地,不过是和万物相同的一物。天地的成为天地,正和禽兽草木的成为禽兽草木一样。这是因为古人说万有的本原,只有一种气。无论什么东西,凡可指为有的,都是这一种气之所构成。那么,天地也不过宇宙间的一种气,道循一种定律,而成为天地罢了。和禽兽草木的道循一种定律,而成为禽兽草木,有什么两样呢?(这种说法,和"有天地然后有万物","物本乎天"的说法,仍不相背。因为此物出于彼物,彼物不就是此物的真原因。譬如人,是父母所生,然父母和子女,仍同为宇宙间的一物。天地和万物的关系,正如父母和子女的关系一样)有这种说法,所以才有"齐物论"。因有一种动力,而生所谓气,因气而生形,因形而生质,那就什么东西都有,成为万象森罗的世界了。先有形而后有质,这种思想,在吾人颇难了解。其实这也和希腊人的思想,是一样的。亚里士多德说:形是"原动",质是"被动"。形是"能造",质是"所造"。譬如吾人的造屋,是先有了一间屋的形状在肚子里,然后用砖瓦木石等去实现它,不是有了砖木瓦石,才实现出屋的形状来的。造屋固然是人为的事,然而天然物形质的关系,也正和这个一样。譬如从桃种变成桃树,就是桃种的质,向着桃树的形而起的变化。

这种说法,固然不是彻底的议论(其于华严理事无碍观门,可谓未达一间)。然而中国古人的思想,也正是如此。所以照咱们现在说,液体的东西,总比气体为浓厚。而照古人说,则火比水为显著,所以古人说五行生成的次序是一曰水,二曰火,三曰木,四曰金,五曰土。他的原理是："以微著为渐。……五行之体：水最微，为一。火渐著，为二。木形实，为三。金体固，为四。土质大，为五。"(《尚书·洪范疏》，案此说本于《白虎通》，乃今文家义也)从轻微不可见的气，变成极博大的土，只是由于一种动力，这种动力，也算得伟大而可惊的了。这种动力并不是从无气而有气，从有气而有形，从有形而有质；在形质之中，再由微至著：（一）水、（二）火、（三）木、（四）金、（五）土，到造成了最博大的土，就止息的。它的运动，是终古不息的。一方面，固然由微而至著；一方面，也由著而仍至于微。气固可以成形质，形质亦可以复返于气。大概古人的意思，以为物质凝集的最紧密，就有质可触；次之，就有形可见；再次之，就并形而不可见，而但成为一种气了。所以说：精气为物，游魂为变。古人的所谓"精"，就是物质凝集得极紧密的意思(老子："窈兮冥兮，其中有精，其精甚真。"案"真"与"阗"同训，实也。《礼器》："德产之致也精微"，郑《注》："致，致密也。"即伪致字。《公羊》庄十年，"粗者曰侵，精者曰伐"。粗与精为对词)，只是宇宙间的一种气，凝集而成形质，形质仍分散而为气。这种凝而复散，散而复凝的作用，是无时而或息的。所以说："易不可见，则乾坤或几乎息矣。"用现在的话解释起来，"易"就是"动"，"乾坤"就是"现象"，就是咱们所能认识的，只是动的现象。这种运动，到底会有一天忽然停止么？这是咱们不得而知的。果真到了这一天，实体的世界，也许还存在，然而早已出于吾人认识区域之外了，在吾人认识中的世界，就算是消灭了。古人的世界观如此。总而言之，它彻始彻终，只是把一个"动"字，说明世界的现象。

我们且进而观这种宇宙观，影响于人生观者如何？就可以见得哲学和道德的关系，也就可见得古代的哲学和中国民族道德的关系如何了。

古代哲学，影响于道德上很大，一时也说不尽许多，我现在，且随意说几样：第（一）是自强不息的道理，因为宇宙的彻始彻终，只是一个"动"。所以人得了它，也要自强不息。所以《易经》开宗明义，就说"天行健，君子以自强不息"。第（二）是法自然。这种天然的动力，是很大而无可抵抗的。所以中国古代的哲学，有一特色，便是只想利用自然，不去抵抗自然。这种思想，影响于行上，就成为一种妥协性。梁任公说："最富于妥协性的是中国人"，"凡事皆以柔道行之"。这句话，真可以表明中国人的特色了。第（三）就是循环的道理。因为宇宙之间，是动而不息的，所以没有一件东西能够常住。既然没有一件东西能够常住，自然好的不能终于好，坏的不能终于坏。所以说："祸兮福所倚，福兮祸所伏"；所以要"知白守黑，知雄守雌"。第（四）是慎独的道理：古人所说的"独"，不是"群"的对词。独，训"童"，是"微细"的意思。因为宇宙万物，都是由微而至著，所以要讲慎独，讲谨小，讲慎微。反之，就是要"尚积"。第（五）就是"反本""抱一""贵虚""贵无""中庸"等等道理。这几种道理，是名异而实同的。"一"就是"无"，刚才已经说过了。"无"是"有之所从出"，自然是"可反之本"，也是不待言而可明的。至于儒家的所谓"中庸"，也就是道家之所谓"一"。为什么呢？"不偏之为中，不易之谓庸"这两句话，是人人懂得的。一条线上，自然只有一点是中点。人生在世，总要求得一个自处之道，而这自处之道，是贵乎"中"的。为什么呢？"中"就是"一"，"一"就是"无"，惟其"无"，才能无所不有。倘使偏在一方面，得了这边的利益，就失了那边的利益了。但是这个"中"，仍是时时变动，没有定形的。譬如一条线，它的长短，是终古不变的。那就这条线上的中点，也终古不变。倘使这条线，是时时变动的；忽而这端伸张，忽而那端缩短；那就这条线上的所谓中点，也要时时变动了。一个人在世界上，好比一点在一条线上。因为世界是动而不已，没一息停止的，所以咱们自处之道，也是息息变换，没一息可以固定的，所以执中正是无中可得，执一正是无一可执。所以"一"，就是"中"，"中"就是"无"，只此才是常道，才是"不易之庸"。所以执中又恶无权，因为无权的中，就是线的长短已经变动了，而所谓中点还不曾变动。

在先要有人问我们，什么是"天经地义""万古不变"的道理？恐怕大家都要答不上来？现在明白古代哲学，就可以答复他啦。什么道理万古不变，独有"宇宙物质无一时一刻不变动的"这个道理，是"天经地义""万古不变"的，其余都要变的了！（所以易兼"变易""不易"二义）大概宇宙间的现象，无一时一刻而不变，这个道理，是很容易见得的。比方我现在是三十七岁，再活上几十年，当然是要死的。就是这讲台、火炉，等等，虽然寿命比我长些，也终久得变坏消灭的，但是人死，并不是死的那一天，突然死的。老实说，现在我身上的细胞，无一时一刻，甚至于一秒钟，不在新陈代谢，其余讲台、火炉等等，亦是如此。不过这种变动，不是肉眼所能见罢了。然则天下更有哪一件事，是天经地义、万古不变的呢？"宇宙的现象，是常动不息；咱们所以自处之道，也贵乎变动不居。"这个道理是不错的。后世的哲学，也许讲得比古人精密些。列国的哲学，也有讲得比中国彻底的地方（印度哲学，就讲得比中国精，所以佛教一入中国，举国上下十分欢迎，欧洲现代的哲学，依我看来，也还不及印度。但在有实验的一点，却比中国和印度都胜）。但是这一层道理，却是古今中外讲哲学的人所同认。所以天下事最忌是固执。中国现在一班守旧的人，固执着已不能行的事情，定要保守，一班浅躁的人，又固执了一两件外国的事情，和自己脑子里想出来的主意，硬要推行，不肯仔细思想，这是最大的坏处。其实古人是最善变的，中国这一个国家民族，所以能植立在世界上几千年，步步的发荣滋长，很有许多地方，是得善变的好处。这都是古代的哲学思想，能普及于全民族，因而影响其行为上的良果。这一层道理太长，现在不及详论了，但是我要说一句："这种善变的精神，似乎后世不如古代。"所以中国到了近世，内部并无甚进步，对外则屡次吃人家的亏。这便是我觉得后世的精神文明，不及古人之处。所以今天德育部里，叫我来讲演道德，我却要讲起古代的哲学来。

虽然如此，古代的哲学，也不是只有好处，并无坏处的。即如中国的专制政治，也是由古代哲学造成的；古人信万物一本说，所以认君主专制，为当然的治法。《公羊》何《注》说："故春秋以元之气，正天之端；以天之端，正王之政；以王之政，正诸侯之即位；以诸侯之即位，正竟内之治。诸侯不上奉王之政，则不得即位，故先言正月而后言即位。政不由王出，则不得为政，故先言天而后言正月也。王者不承天以制号令则无法，故先言春而后言王。天不深正其元，则不能成其化，故先言元而后言春。五者同日并见，相须成体；乃天人之大本，万物之所系；不可不喜也。"这正和董子所谓："春秋深探其本，而反自实者始。故为人君者，正心以正朝廷；正朝廷以正百官；正百官以正万民；正万民以正四方。"一鼻孔出气，都替君主专制政体立了一个极深的根据。但照古人说来，就是"王"也要法"天"，"上"也是统于"元"的。所以一方面，虽然看得天下之本，系于人君一人。又一方面，还有"见群龙之首"之义。后人却只取得一方面，也不能全怪古人。

还有其余一切制度，如宗法等等，也都和古代的哲学有甚深的关系，一时也说不尽了。总而言之，人的行动，是不能没有所以然之故的。他这所以然之故，便是他的哲学。一个人如此，一个民族也是如此。考求中国人的道德观念和哲学思想的关系，便可以见得道德和哲学的关系。天下的事情，最贵的是应时变化（就是变化到和环境适合），诸君既然略知道中国人的道德观念，其来源如此之远；

而又略知道古代的哲学思想，就应该深切研究，把它们鉴别一番，哪样合于近代思想，有利益的，把它挑出来，设法发挥；哪一样不合于近代思想，有弊害的，设法铲除，则今人不及古人的地方，可以回复而且可以超过古人了。

古代之印度与佛教[①]

　　东洋诸国开化之早,中国而外,无如印度。印度者海之义也。以印度河流,汪洋似海,故古代之波斯人,以是名之。其后遂移以称其地之人种焉。中国所谓天竺身毒,皆其译音也。

　　印度古代住民,极为复杂。其启文明之端绪者,则阿利安人也。阿利安人,本居锡尔、阿母两河间,其后乃西南徙而入波斯,更自阿富汗入印度。其迁徙也,盖在邃古之世,其开化亦甚早。惜其古史之阙略,在今有史诸国中为最甚。故其邦国之状况,及其与异族战争之事,均未由稽其详。今史家约略分之。自西历纪元一千五百年以前,其事迹皆见于吠陀中,谓之吠陀时代。自此以后,至西元前一千年,谓之叙事诗时代。西元前一千年以后,则谓之哲学时代。

　　印度古代住民,在阿利安人以前者,最著者有三:第一为从西藏及缅甸迁入之黄色人种。次则诃拉力种(Kolaria),从喜马拉雅山东峡路迁入。又次则达罗毗荼种(Dravias)从西北峡路迁入。此三种族中,以达罗毗荼族程度为最高,能立酋长,事农牧,亦粗知贸易建筑。时先入之黄色人种,已为诃拉力种所破。迨达罗毗荼族入,

---

　　① 　此文原载《沈阳高师周刊》,1922 年出版。

而诃拉力种乃复为所破焉。然达罗毗荼族与诃拉力种,仍并居于印度。迨阿利安人迁入,而此两种人者,复悉为所破。其遁居山林者,阿利安人谓之歹腥斯(Dasyns),译言敌人也。被俘者,谓之歹赦斯(Dasas),译音奴隶也。其诸部落,分为三等,全服者为上蕃,面从而非心服者为中蕃,不服者为下蕃。当此时代,阿利安人之踪迹,亦未出恒河流域也。此为吠陀时代。

及叙事诗时代,乃由印度河流域进入于恒河流域,分建许多小国,各国有君长,语言风俗及宗教,均不甚统一。亦时有战争,均散见于当时之叙事诗中。而印度河流域之状况,则绝无可考焉。

哲学时代,阿利安人之势力愈扩张,遂南下而入于半岛部。其时最著之国,在恒河流域,则有摩揭陀(亦作摩揭提)。在尼尔尼达、奇斯得那两河间则有案达罗。摩揭陀频婆沙罗王,与释迦牟尼同时,后为其子阿阇世所弑。阿阇世始筑华子城(亦作华氏城,在今巴得拿)。其后优陀延王,遂自故都王舍城徙都焉(王舍城在今巴哈尔西南)。周烈王时,频婆沙罗之后,为难陀王朝所篡。传九世,其末王名陀难陀,与亚历山大同时,则盗贼蜂起,王室之威灵坠地。西元前三一六年,遂为孔雀朝所灭。

印度之有外寇,盖始于前六世纪之末,波斯王大流士始侵入旁遮普之地,蹂躏印度河以西。迨前三三〇年,马其顿王亚历山大灭波斯,越四年,遂侵印度。北印度霸主波路王(Porrus)起而御之,战败被擒。于是印度西北境,尽入马其顿版图。王欲穷极亚细亚东境,进兵中印度,至恒河士卒疲敝,又苦暑,乃还。前三二三年,亚历山大王卒。其属地遂分裂,部将塞留孤,据叙利亚自立,中国称之为条支。其后东方又分裂为巴克特利亚(Bacteria)及帕提亚(Parthia)两国。巴克特里亚,即中国所谓大夏,其帕提亚,则所谓安息也。

方亚历山大之侵入印度也。毗舍利族（频婆沙罗王之妃，即此族人）有旃陀罗笈多者，来降，隶麾下，旋获罪，亡去。收缉群盗，略取恒河流域地，遂灭难陀朝。是称毛利耶朝，即所谓孔雀朝者也。进略西北二印度，尽逐亚历山大所置戍兵。塞留孤闻之怒，起兵伐印度，旃陀罗笈多与战，胜负略相当，乃议和。塞留孤以女妻旃陀罗笈多，且畀以印度河以东之地，时前三一二年也。于是旃陀罗笈多尽服西北中三印度，国势称盛。

据塞留孤使臣所记，当时印度全境，有国百十八，其小国，均服属于大国为附庸。摩揭陀国，有兵六十万，马三万，大象九千。其东之加里哈国，有兵六万，马千，象七百。案答罗国，有城三十，步兵十万，骑兵二千，象千。其西之苏腊悉得腊国（今古直拉德），有步兵十五万，骑兵五千，象千六百。都城临海，适当海上贸易之冲云。又云：印度人民，大概可分为七种：一士，二农，三牧人，四工，五兵，六王所派巡察各地方之官，七朝臣也。其人民之性质，坚忍而朴诚，夜不闭户，狱讼甚简云。

旃陀罗笈多以前二九一年卒，子频头沙罗立，前二六五年卒。次子阿育（亦称阿输迦）杀兄苏私摩及诸弟，争乱者数年。至前二六○年，始自立。阿育王在位时，威令南抵奇斯得耶河，北越印度河，为孔雀朝盛世。又数传，至汉吕后称制之五年，前一八三年为大臣弗沙密多（亦作富沙密多罗）所篡，是为参迦朝。宣帝本始三年，前七一参迦朝亡。康维阿朝代兴，成帝河平三年，前二六年为案答罗所并。

印度古代，本有阿利安人与非阿利安人之分。阿利安人，多为地主，事战争，服商贾。非阿利安人，则为田奴，服贱役，然未有种姓之分也。其时所崇拜者，为天日风雷水火等自然之神。户别自祀，家长尸之。一部落有祀事，则酋长主祭，为众祈福，未有专司祭祀之人也。迨后祭祀仪式，日益繁缛，恒人不解皆习，始有以明于祭礼世其家者。又部落既大,事战争者与事实业者,亦日益分途,而种姓之别起矣。种姓之别:一曰婆罗门,译言净行,掌祭祀。二曰刹帝利,译言地主,即戎事。三曰毗舍,译言商贾,事农商。四曰首陀,译言奴隶,服贱役。前三者皆阿利安人,首陀则非阿利安人也。婆罗门和刹帝利其部无甚轩轾,后婆罗门人附会古代所传之《吠陀》(婆罗门教之经典,初只有梨具吠陀,后又有嗟马吠陀、耶柔缕吠陀、阿它缕婆吠陀,合称四吠陀),谓己之种姓,由耶罗延天(婆罗门教所尊造化之神)之口而生,故主教民。刹帝利族由其两臂而生,故主执干戈以卫社稷。毗舍族由其腹生,故主力耕以给口实。首陀族由其两足而生,故卑屈,为人所践踏。于是婆罗门之位置,迥出于其他种姓之上矣。

印度学术,至西历纪元前一千年左右,始大发达,所谓哲学时代也。哲学而外,文学、天文、数学、形学、医学等,亦均发达。前七世纪末,数论派兴,是为佛教之先河。后百年,北印度婆罗门乔答摩,创尼夜耶学派,立五分作法,亦为佛学所取资,或谓希腊之三段论法,实窃取诸此云。凡诸学术,皆婆罗门主之。然专私己甚,其所教化,蔽诸阿利安人,而非阿利安人,则摈不得与。又自神种姓,蔑视他族,于是他族浸以不平,而佛教乘之而起矣。

佛教教主释迦牟尼。姓瞿昙氏,名萨婆悉达。亦作乔达摩·悉达多。中印度迦比罗幡窣都国(译言黄城,亦作迦罗维卫。又作劫伐罗伐窣都。在今波罗奈东北,普特罗西北,哥罗克堡附近)白净王(亦译净饭王)太子也。母曰摩耶夫人,以周昭王二十四年四月八日生。睹鸟啄伤虫,念众生可愍,互相吞食,又感人生不能离生老病死四苦,遂有出家之念。年十九,弃国入雪山(今喜马拉雅山)修苦行,已悟其非,弃之。年三十五而成正觉,周历诸国,从事说法者四十五年,然后入般涅槃焉(佛之生卒年岁,未暇细考,姑据最普通之说)。

印度诸国中,首先皈依佛教者,为摩揭陀国之频婆沙罗王。孔雀朝之阿育王,尤崇信之。佛灭度后,五百比丘大会于王舍城南毗婆罗山之七叶窟,结集佛说,是为王舍城结集。后百年,比丘七百,复会于毗舍离城,是为毗舍离结集。于时佛教尚仅行于恒河附近,前二三一年(秦始皇十六年)阿育王大会一千比丘于华氏城,结集佛说。于是北至大夏,南至锡兰缅甸,远暨叙利亚、埃及、希腊,莫不沾被佛教矣。迨参迦朝兴,崇信吠陀,迫害佛教,在中天竺地方,焚烧寺院,杀戮僧尼无数,于是婆罗门教一时复盛。然佛教之在北天竺者,亦尚未衰。至案答罗朝灭康维阿朝,迫害佛教愈甚,婆罗门教益昌。佛教嗣后遂北以大月氏为中心,传天山南路以及于震旦。南以师子国(今锡兰岛)为中心,传后印度群岛,以及南洋群岛焉。

西汉哲学思想①

一、总　　论

吾国哲学可分为七时期：古代宗教与哲学混合不分，为一时期。东周以后，王官之学散为九流，一方面承袭古代之哲学思想，加以经验事实而得之哲理，遂成周秦诸子之学，是为第二期。两汉时代统一于儒术为第三期。第三期之学术，太偏于讲究制度，且与当时社会上种种迷信混合，于是推求原理之哲学起而矫之，是为魏晋时代之玄学，为第四期。玄学与佛学接触后，佛学大昌，是为第五期。佛学太偏于出世，而矫之之宋学兴，是为第六期。宋学太偏于主观，且太重智而轻情，及清代，又有攻驳之者。而自辽、金、元、清入主中原以来，国人屡受异族之压迫，对于秦汉以后之政治制度、社会组织根本怀疑，因此亦推求□□□□□，此是为第七期。自此以后遂与欧洲哲学接触矣。

周秦诸子之后，魏晋玄学之前，从大略言之，可称儒学独盛时代。然细别之，亦当分为三期：秦用商鞅之法，以取天下，始皇任李斯，李斯虽荀卿弟子，然荀卿明礼，其学本近于法；李斯趋时，益弃儒任法为治。燔诗书百家语，若有欲学，以吏为师，正法家之主

　　①　此文作于 1925 年，后收入《吕思勉论学丛稿》。

张也(见《管子·法禁》《韩非子·问辨篇》)。是为法家专行时代。汉初惩秦之失，易干涉为放任，斯时去战国未远，九流之学者，皆有其人，然自盖公教曹参以清静为治，孝惠高后之世，皆沿袭其政策，孝文好刑名家言，其治亦以清净为主，上有窦太后，下有史谈、汲黯等，皆尊黄老之学(陈平，史亦谓其修黄帝老子术)。是为诸学并行，黄老独盛时代。武帝立五经博士，为置弟子员，设科射策，劝以官禄，以文学为官者，超迁亦异等伦(见《史记·儒林传》公孙弘奏)。利禄之路既开，举世之趋向乃渐出于一途矣，自此以后，遂成儒学独盛时代。

世谓武帝之崇儒，乃所以便专制，非也。儒家虽崇君权，而发挥民权之义亦甚切，至后世，此等说皆湮没不彰，而发挥君权之说乃独盛者，则以其学发达变化于专制政体之下故耳。无论何种学术，莫不因其所遭之环境而起变化，决无绵历千祀，仍保其故态者。设使武帝而崇他家之学，至于后世其主张君权亦必与儒家等，或且过之。况九流之学，主张民权之切至，又岂有过于儒家者邪？平心论之，九流之学，实未有主张君主专制者，必为便于专制计，与其提倡学术，不如提倡宗教之为得也。即欲傅合学说，法家之学亦远较儒家为便也。汉文立太子诏曰："朕其不德……天下人民未有慊志，今纵不能博求天下贤圣有德之人，而嬗天天下焉，而曰豫建太子，是重吾不德也。"盖宽饶谓五帝官天下，三王家天下，皆儒家义也，其便于专制之处安在？后世儒家之尊君抑臣，岂汉武所能逆睹哉？然则汉武之崇儒何也？曰：崇儒乃当时自然之趋势，特文景等皆未及行，至武帝乃行之耳。当战国之世，诸侯竞举，兵革不息，欲求安民必先统一，是则秦始皇行之矣。民新脱锋镝，死者未葬，创痍者未起，为治之要首在休息，是则汉文景行之矣。夫既庶而富，既富而教，此非儒家之私言，乃为治者之公论也。故当时贾谊、董仲舒皆以兴礼乐教化为急。文景亦非谓此不当务也，谦让未遑云尔，武帝为多欲而侈大之人，则毅然行之矣。夫欲兴礼乐明教化，九流之中，固维儒家能之，则当此时安得不用儒家哉？此犹楚汉之际，运筹帷幄则由张良，驰说诸侯则用郦生矣。惟秦始皇帝则亦有意于此矣。始皇帝曰："吾前收天下书，不中用者皆去之，悉召文学、方术士甚众，欲以兴太平，方士欲练以求药。"所谓文学士则儒生也，兴太平则制礼乐明教化之谓也。夫始皇岂重儒之人哉，然欲兴礼乐明教化，则固不得不用也，故曰：儒学之行乃当时自然之趋势也。

汉代儒学者有今古文之别，此事与哲学亦颇有关系。今文之学出于汉初，其书即以当时通行之文字书之，其后乃有自谓得古书为据，而訾汉初诸师之所传为误且不备者，此今古文之名所由立也。古文经之来源，见于《汉书·艺文志》、《楚元王传》(刘歆)、《景十三王传》(鲁共王)、许慎《说文解字序》、《论衡》之案书、正说二篇(经典释文等后出，弥不足信，《史记》中涉古文经，事皆后人伪窜，读近人崔氏适《史记探原》可见)。《艺文志》有《尚书古文经》四十六篇，《礼古经》五十六卷，《春秋古经》十二篇，《左氏传》三十卷，《论语》古二十一篇，《孝经古孔氏》一篇，《易》无古经，而志亦云以中《古文易经》校施、孟、梁、邱经者。秦人焚书《易》为卜筮之书，不去，志盖谓中秘自有此经也。《古文尚书》志云："出孔氏壁中……孔安国悉得其书以考二十九篇，得多十六篇。安国献之。遭巫蛊事，未列于学官。"《礼古经》志云："出于鲁淹中，及孔氏学七十篇，文相似。多三十九篇，及《明堂阴阳》《王史氏记》。"(七十当作十七)《论语》《孝经》志亦谓得见孔壁。案《景十三王传》仅言共王于孔壁中得古文经，《楚元王传》载刘歆移让太常博士谓："……共王……得古文于坏壁之中，《逸礼》有三十九(疑当作三十有九)，《书》十六篇。"说与志合，则淹中孔壁非二事，歆不及《论语》《孝经》者，以仅欲立《逸礼》及《古文尚书》，故下文云："及《春秋》左氏邱明所修。"意不蒙上孔壁得书言，则歆亦不谓《春秋》得见自孔壁也。《艺文志》本歆《七略》，其说固宜与歆合。许序谓《春秋》得自孔壁，《左氏传》为张苍所献。《论衡》又谓孔壁所得系《左氏传》其说已龃龉不可通矣。然犹可曰此等传讹古人恒有不足校也。然即不论此，其说亦有不可通者。古书之出，以孔壁为大宗，据《史记·五宗世家》共王卒于武帝元光五年，孔子世家安国为今皇帝博士，迁临淮太守，蚤卒。《汉书·倪宽传》宽诣博士受业，受业孔安国，补廷尉史，廷尉张汤荐之。《百官公卿表》：汤迁廷尉在元朔三年，安国为博士必在三年以前。使其年甫二十，至巫蛊祸作，亦已逾五十，此时尚在，安得云早卒耶。孔壁得书，在汉代实为一大事，鲁共王实为发见之人，果有此事，本传安得不详言之？今乃言之甚略，且上文已云共王好治宫室，下文正可接叙得书事。而初不之及，直至叙其后世事毕，乃补出数语，其为沾缀，痕迹显然。《景十三王传》不足信，则此事见于《汉书》者，惟《艺文志》及《楚元王传》两处耳，移让太常博士固歆之言，即志亦本诸歆之《七略》者也，然则二者皆歆之言也，以如此大事而终前汉之世惟歆一人言之，他人曾不齿及，岂理也哉？《孔子世家》云："孔子葬鲁城北泗上，弟子及鲁人往从冢而家者百有余室，因名曰孔里，鲁世世相传，以岁时奉祀孔子冢，而诸儒亦讲礼、乡饮、大射于孔子冢，孔子冢大一顷，故所居堂，弟子内，后世因庙藏孔子衣冠琴车书，至于汉二百余年不绝。高皇帝过鲁以太牢祠焉，诸侯卿相至尝先谒，然后从政。"声灵赫濯如此，共王安敢遽坏其宫；若坏其宫，岂得刘歆外无一人提及哉。况项籍死，汉高祖攻鲁至城下，犹闻弦诵之声，则当楚汉之际，鲁未尝破坏，诸儒未尝失职也。藏书于壁度必因秦火而然，挟事之律除于惠帝四年，诸儒何不早出之，岂十余年事更无一人能忆耶。若谓藏书之事系一二人所为，则古代简策繁重，一二人之力岂能及此耶,然则孔壁得书殆子虚乌有之谈也。许氏谓《左氏传》献自张苍,《史记·张丞相列传》不言其事,殆因其好书无所不观而托之。又《河间献王传》谓献王所得"皆古文先秦旧书:《周官》《尚书》《礼》《礼记》《孟子》《老子》之属,皆经传、说,记七十子之徒所论"。此三语文义不相属,老子固非七十子之徒所论也,其不足据亦属显然。古文经可疑之处尚多,今始正于此,然其不足信亦已可见矣。

　　古文经之伪既见,则伪经之所由作可推,其与哲学之关系亦可明。盖汉代社会极不平等,富者田连阡陌,又专川泽之利,管山林之饶;贫者无立锥之地,而营煮盐冶铁等大工商业者,亦皆兼并贫民。汉代学者久欲救治之,然皆徒能言之,其实行之者则王莽也。夫以当时之社会而欲实行经济革命,夫非托之于古不可明矣。欲托之于古,而博士之所传势不能尽与吾之理想合。事事而与之争,势且不胜,则莫如一举而毁之;一举而毁之,则莫如訾其所传为误且不备,而以合于吾之理想者别造为伪书,此古文经之所由作也。职是故,今古文之同异重要之点,全在政治制度。古文家言备于《周官》;今文家言要在《王制》,合此二书及许慎之《五经异义》观之,而今古文政见之异同可见,而于其哲学亦思过半矣。虽然《周官》为渎乱不验之书,其说与群经皆不合,即与诸子书亦多不合。以吾之所然为真,而谓举世之所传皆伪,势亦且不胜也,则不得不创六经皆先王旧典,莫备无过于周公之时,孔子特修其残缺。而犹不能备之说,于是六经皆周制之一端,其与《周官》不合,不足以难《周官》矣。今文家视六经皆以为孔子之制作,古文家则以为周之旧典,其说创于刘歆,见《汉书·艺文志》。其后逐步进化,而《周礼》为经礼,《仪礼》为曲礼,《春秋》且多周公之旧例矣。道统之思想成于宋儒,发挥于韩愈,其远源实道自刘歆也。又谶之为物,亦与古文经同时竞起,张衡所谓"通人考核,伪起哀平"也。所以然者,欲篡汉则必托之符令,欲托之符令,则不得不取社会固有之迷信。造作豫言(谶)而杂以经说(纬)以成所谓谶纬者矣。纬说多同今文,即其造作时,古文经说尚未尽出之证也。西汉之世立君所以为民,天下非一人私有之义,时时见于诏令奏议,皆今文家说也。自谶纬起,则有天下者皆受之于冥冥不可之天,其享国之短长一决之于历数,而民视民听之义渐泯矣。

二、贾 谊 晁 错

汉初诸儒之书传于今者,有陆贾《新语》二卷,案《汉志》儒家陆贾二十七篇,《贾传》云:"贾时时前说称诗书,高帝骂之,曰:'乃公居马上得之,安事诗书。'贾曰:'马上得之,宁可以马上治乎,且汤武逆取而以顺守之,文武并用,长久之术也。昔者吴王夫差智伯极武而亡,秦任刑法不变,卒灭赵氏。向使秦以并天下,行仁义,法先圣,陛下安得而有之?'高帝不怿,有惭色,谓贾曰:'试为我著秦所以失天下,吾所以得之者,及古成败之国。'贾凡著十二篇,每奏一篇,高帝未尝不称善,左右呼万岁,称其书曰《新语》。"案《本传》所谓十二篇,当即在《志》之二十七篇中。贾名有口辩,以客从高祖定天下,居左右,常使诸侯,尝两使南越。又为陈平尽吕氏,平用其计,与绛侯深相结,则亦纵横家之流。传载其对高帝之语,颇合儒谊。当天下已平之时,而称说诗书,论顺守之道,亦时务宜然,其书入之儒家固不足怪也。《隋志》有《新语》二卷,今本卷数与之合,篇数亦合贾本传。然《汉书》司九十三事皆与今本合,而是书之文悉不见于《史记》《论衡·本性篇》引陆贾语,今本亦无(说本清《四库书目提要》,案本传高帝命著秦所以失天下,吾所以得之者及古成败之国。而司马迁取之以作《史记》,则其书必多载史事,今本殊不然,亦其非真之一证也)。则其书殆不足信，惟马总《意林》、李善《文选》注所引皆与今本相应，则其伪尚在南北朝以前耳，十二篇中惟首篇陈义稍深，余皆无可观。

陆贾之书既不足信，则《汉志》儒家之书，传于今者当以贾谊《新书》为最早。案《汉志》儒家贾谊五十八篇，《隋书》及《旧唐书》志皆称《贾子》，《新唐书志》始称《贾谊新书》。与今本名同，今本凡五十六篇（卢文绍校本，阙问孝礼容语上）颇与《汉志》复，故昔人疑谊书已亡，后人割裂《汉书》为之。然与《汉书》不复诸篇，皆非后人所能为，且《汉书》所载，亦非直录原文（首云：臣窃惟事执可为痛哭者一，可为流涕者二，可为长太息者六，而下文举可为长太息者仅三，全篇文义不贯之处甚多，细看自见。《赞》曰："凡所著述五十八篇，撮其切于世事者著于传云。"则班氏所著，实撮自谊书，今谊固未必本，然要不得谓后人反取自《汉书》也。李梦阳序云：士夫家传钞一切出吏手，吏苦其烦也，辄减落其字句，久之，眩惑逾行窜其字句，复讹之，此今本桀缺之由，至于编次杂乱无首尾，则古书固多如此也）。不足疑也。

《汉书》本传云："贾谊洛阳人也，年十八，以能诵诗书属文，称于郡中，河南守吴公闻其秀材，召置门下，甚幸爱。文帝初立，闻河南守吴公治平为天下第一，故与李斯同邑，而尝学事焉，征以为廷尉。廷尉乃言谊年少颇通诸家之书，文帝召以为博士。是时谊年二十余，最为少。每诏令议下，诸老先生未能言，谊尽为之对，人人各如其意所出诸生，于是以为能。文帝说之，超迁，岁中至太中大夫。谊以为汉兴二十余年，天下和洽，当改正朔，易服色制度，定官名，兴礼乐，乃草具其仪法，色上黄，数用五，为官，名悉更奏之，文帝谦让未皇也。然诸法令所更定，及列侯就国，其说皆谊发之。于是天子议以谊任公卿之位，绛、灌、东阳侯冯敬之属尽害之，乃毁谊……于是天子疏之，不用其议。以谊为长沙王太傅。谊既以适去，意不自得，及渡湘水为赋，以吊屈原。……后岁余，文帝思谊，征之。至入见，上方受釐，坐宣室。上因感鬼神事，而问鬼神之本，谊具道所以然之故。至夜半，文帝前席，既罢，曰：吾久不见贾生，自以为过之，今不及也。乃拜谊为梁怀王太傅。梁王以坠马死，谊自伤为傅无状，常哭泣。后岁余亦死。……年三十三。"案贾生之学，博适众家而最长于礼。礼、法固近，故最为曾事李斯之吴公所赏也。

《新书·服疑篇》极言贵贱之服不可齐同。《等齐篇》极言诸侯之制不宜与天子齐等。其说曰："人之情，不异面目状貌同类。贵贱之别，非天根著于形容也。所以别贵贱尊卑者，等级、势力、衣服、号令也。"而訾当时之人主恃面形之异。形貌惟近习然后能识，则下恶能不疑其上。此礼家之精言，亦法家之要义也。盖后世专制政体，行之已久，君臣之义，深入于人人之心，除却革命，更无敢觊觎非分者，不待衣服……人为之识别而后尊，所虑者，在上者过于压制，下情无由上达，不在在下者之暗干非分，古代君臣之分，不如后世之悬殊，僭越篡弑，习为固然，苟有僭越篡弑之事，社会之秩序必乱，所虑者与后世不同，故礼家斤斤于等级之间也。《俗激篇》曰："夫立君臣，等上下，使父子有礼，六亲有纪，此非天之所为，人之所设也。……人之所设，弗为不立，不植则僵，不循则坏。"其视之急切如此。此自今古异宜，不得以今人之见妄议古人也。

此等思想，固与法家相近，然贾生极訾商君遗礼义，弃仁恩，并心于进取。又曰："夫礼者，禁于将然之前，而法者，禁于已然之后。……法之所用易见，而礼之所为生者难知。礼云礼云，……贵绝于未盟，而起敬于微眇，使民日迁善远罪而不自知也。"此数语为礼家恒言，而贾生诵之。其论阶级，谓天子如堂，群臣如陛，众庶如地，其意乃欲（一）为主上豫远不敬。（二）礼貌群臣而励其节，冀化成俗定则，"为人臣者，……利不苟就，害不苟去"。以是为圣人之金城，其意亦与法家之专恃形驱势迫者异也（本书中傅职、保傅、佐礼、容经、官人、胎教、立后义八篇，皆纯粹礼家言）。《审微篇》曰："善不可谓小而无益，不善不可谓小而无伤，……轻始于敖微，则其流必至于大乱。"亦绝恶未萌，禁于将善之意也。

《瑰玮篇》谓"黻文绣纂组害女红，……故以文绣衣民而民愈寒，以襦民民必暖，而有余布帛之饶矣。……故曰：苦民而民益乐也"。又谓制度定则，"淫侈不得生，知巧诈谋无为起，则民离罪远矣。……故曰：使愚而民愈不罹法网"。此则殊类法家矣。盖礼法两家，思想虽有不同，实极相近也。

礼法相近，名法则几于同物矣。刑名法术皆原于道，故贾子之说与道家名家相近者极多。如《道术篇》谓"道也者所从接物也，……术也者，所从制物也"。释道术两字极明析。又曰："明主者，南面而正，清虚而静，令名自宣（疑命之误），令物自定"，此则纯然道家名家言矣。《六术》《道德说》两篇以道德性神明令为德之六理，而以道仁义忠信密六德以配之，亦古哲学之精诣，然谓"六理无不生也，生而六理存乎所生之内，……内度成业，……谓之六法，……外遂六术，……谓之六行，……凡人弗能自至"，故有六艺之教，此则道德虽根诸天然，仍必以人为辅成，仍礼家之口吻也。然亦可见百家之学，本无不合矣（《鹏赋》之宇宙观及人生观，殊近庄、列）。

礼家之制节谨度，所以足财用也，法家亦同此意。《孽产子篇》曰："夫一人耕之，十人聚而食之，欲天下之无饥，胡可得也。百人作之，不能衣一人，欲天下之无寒，胡可得也。饥寒切于民之肌肤，欲其无为奸邪盗贼，不可得也。"此即《大学》"生之者众，食之者寡，为之者疾，用之者舒"之意，亦即《孟子》有恒产而后有恒心之说。贾子恒欲驱民归于本业，亦儒法二家之公言也。

《忧民篇》曰："五岁小康，十岁一凶，三十岁而大康，盖曰大数也。"案预测丰凶之说，见于《史记·货殖传》，传此生计学家言，盖古农家言也（见前）。《大政》上下篇畅发民本之义，谓"……灾与祸，……非粹于天，……必在士民，……故夫民者，至愚而不可欺也，至贱而不可简也，……自古至于今，与民为仇者，有迟有速，而民必胜之"。此义儒家恒言之，法家亦恒言之。又欲以三表五饵制匈奴，则纵横家之言也。为汉草具仪法，色尚黄，数用五，则邹子五德终始之说。信乎，贾生之能通诸家之书也。

稍后于贾谊而学与之近者，有晁错。错颍川人，学申韩刑名于轵张恢生所（师古曰：轵县之儒生姓张名恢），与洛阳宋孟及刘带同师，以文学为太常掌故，为太子舍人门大夫（《汉书》云：孝文时天下亡治《尚书》者，独闻齐有伏生，故秦博士治《尚书》，年九十余，老不可征，乃请太常使人受之。太常遣错受《尚书》伏生所，还，因上书称说。诏以为太子舍人门大夫。案晁错受《书》伏生所，《书》之可信与否为一问题，即谓可信，而错之学术，与《尚书》亦了无关系），迁博士。上书言皇太子宜知术数，拜太子家令。举贤良对策高第。迁中大夫，以佑景帝，削七国，衣朝衣斩东市。案错之学术，洞中事情。史称错言宜削诸侯事及法令可更定者，书凡三十篇，惜俱不传。使其犹在，必不让贾生也。今其言之存于本传者，言兵事，论守备边塞，皆深通兵家言（文中屡引兵法，多同《管子》参患、霸形等篇，可知为古兵家言也）。在《食货志》者，论重农贵粟，深得法家农家之意。其论皇太子宜知术数书谓："人主所以尊显功名，扬于万世之后者，以知术数也。故人主知所以临制臣下，而治其众，则群臣畏服矣。知所以听言受事，则不欺蔽矣。"尤名法之要义也。

三、淮 南 王 书

淮南王安，厉王长子。长，高帝少子。母故赵王张敖善人。高帝八年，从东垣过赵，赵王献美人（厉王母），幸有身，及贯高等谋反事觉，并逮治王，尽捕王母兄弟美人系之河内。厉王母亦系，告吏曰：

曰得幸，上有子，吏以闻。上方怒赵，未及理。厉王母弟赵兼，因辟阳侯言吕后，吕后妒，不肯白。辟阳侯不强争。厉王母已生厉王，恚即自杀。吏奉厉王诣上，上悔，令吕后母之。十一年立为淮南王，心怨辟阳侯，孝文三年，自袖金椎椎杀辟阳侯。文帝赦之，后以骄恣不轨，徙蜀严道邛邮，不食死。八年封子安为阜陵侯，子勃为衡山王，赐为庐江王（良前薨无后）。勃景帝四年徙王济北，徙二年薨，而安及勃武帝时皆以谋反诛。

淮南之谋反，史以为武帝无太子有觊觎心，此非事实。王有女陵，慧有口辩，为中诇长安，约结上左右。太子迁取皇太后外修成君女为妃，王畏其知而内泄事，与太子谋，令诈不爱，三月不同席。王阳怒太子，闭使与妃同内，终不近妃。妃求去，王乃上书谢，归之。史又言淮南、衡山初相责望，礼节间不相能，后乃除前隙，约束反具。此亦伪饰以掩人耳目者。父子兄弟一心为反计，所与谋者，伍彼等亦非常人，且淮南反谋觉，王再欲发，太子皆止之，其为谋亦至审慎，断非天下无事时侥幸觊大位者也。史曰其群臣宾客江淮间多轻薄，以厉王迁死，感激安。盖汉时报仇之风气甚盛，安之处心积虑，实欲为父报仇汉朝耳。此以事迹及安为人推较而可知者也。史称安为人好书鼓琴，不喜弋猎狗马驰骋，亦欲以行阴德，拊循百姓，流名誉。又述安言，再自称行仁义，则安实一沉静好学躬行仁义之人，谓为处心积虑谋干大位，毋乃不类。从古真有学问，真好学问之人，无慕世俗之荣利，冒险轻躁以求之者。使淮南王而深谋深计，暗干天位，则此公例破矣，故不得不辩之也。

《汉志》杂家《淮南子·内篇》二十一篇，《外篇》三十三篇。《本传》"招致宾客方术之士数千人，作为《内书》二十一篇，《外书》甚众。又有《中篇》八卷，言神仙黄白之术，亦二十余万言"。今所传《淮南王书》凡二十一篇，其为《内篇》似无疑义。然高诱《序》谓"与苏飞李尚左吴田由雷被毛被伍被晋昌等八人，及诸儒大山小山之徒，共讲论道德，总统仁义，而著此书，其旨近老子淡泊无为，蹈虚守静，出入经道；言其大也，则焘天载地，其细也，则论于无垠，及古今治乱存亡祸福，世间诡异瑰奇之事，其义也著，其文也富，物事之类，无所不载，然其大较归之于道，号曰鸿烈。鸿，大也；烈，明也，以为大明道之言也。故夫学者，不论《淮南》则不知大道之深也。是以先贤、通儒、述作之士，莫不援求以验经传。刘向校定，撰具名之淮南。又有十九篇，谓之《外篇》。"述《外篇》篇数与《汉志》不合。《汉志》天文有《淮南杂子星》十九卷，卷数与诱所述《外篇》篇数却符。然合《汉志》外三十三篇不言顾以其所谓《杂子星》者当外篇，于理终有可疑。案《汉志》易家有淮南王《道训》二篇，《注》曰："淮南王安聘明易者九人，号九师法。"今《淮南要略》为全书自序，其言曰："言道而不言事，则无以与世浮沉，言事而不言道，则无以与化游息。"又曰："今专言道则无不在焉，然而能得本知末者，其惟圣人也。今学者无圣人之才，而不为详说，则终身颠顿乎混溟之中，而不知觉寤乎昭明之术矣。"可见淮南此书，实以道与事对举。今《要略》两称著二十篇云云，盖以本篇为全书自叙，故不数之。若更去其首篇《原道训》，则所余者适十九篇矣。《高注》久非故物，《淮南子》《隋书》及新、旧《唐志》皆作二十一卷，许慎、高诱两注并列。旧《唐志》又有《淮南鸿烈音》二卷，何诱撰《新唐志》亦题高诱，《宋志》仍云二十二卷，高注则云十三卷。晁公武《读书志》据《崇文总目》云亡三篇。李淑《邯郸图志》则云亡二篇，而洪迈《容斋随笔》称所存者二十一卷，与今本同。盖其书自宋以后有佚脱之本，而仍有完本。高似《孙学略》云二十篇者，以《要略》为淮南自序除去计之，四库亦以为非完本，非也。《音》二卷，实出何诱新《唐志》，并题高诱者误。今本篇数仍完，而注则许、高二家删合为一矣。此序词意错乱,必为后人窜改无疑。颇疑高序实以十九篇与《原道训》分论。"言其大也,则焘天载地,说其细也,则论于无垠"等,为论《原道训》之语。"及古今治乱存亡祸福,世间诡异奇瑰之事,其义也著,其文也富,物事之类,无所不载"等,为论其余十九篇之语,本无外篇之名,后人既混其论两者之语而一之,乃忘臆"其余十九篇"不在本书之内,遂又加入"谓之外篇"四字也。《汉志》言安聘明易者九人,高叙所举大山、小山,或亦如《书》之大、小夏侯,《诗》之大、小毛公。一家之学,可作一人论,则合诸苏飞、李尚等适得九人矣。得毋今书首篇之《原道训》,即《汉志》所谓《道训》者?《汉志》虽采此篇入易家,而于杂家仍未省。又或《汉志》本作二十篇,而为后人所改邪? 书阙有间,更无坚证,诚未敢自信,然窃有冀焉者。九流之学,同本于古代之哲学,而古代之哲学,又本于古代之宗教,故其流虽异,其原则同,前已言之。儒家哲学盖备于《易》,《易》亦以古代哲学为本,其杂有术数之谈,固无足怪,然遂以此为《易》义则非也。今所谓汉易者,大抵术数之谈耳。西汉今文之学长于大义,东汉古文之学,则详于训诂名物,今施、孟、梁丘之易皆亡,今文家所传《易》之大义已不可见,《淮南王书》引易之处最多(见缪称、齐俗、泛论、人间、泰族诸篇),皆包举大义,无杂术数之谈者,得毋今文《易》义,转有存于此书中者邪?《淮南》虽号杂家,然道家言实最多,其意亦主于道,故有谓此书实可称道家言者。予则谓儒道二家,哲学之说本无大异同,自《易》之大义亡,而儒家之哲学不可得见。魏晋以后,神仙家又窃儒道二家公有之说,而自附于道,于是儒家哲学之说,与道家相类者,儒家遂不敢自有,悉举而归诸道家,稍一援引,即指为援儒入道矣。其实九流之学,流异源同,凡今所指为道家言者,十九固儒家所有之义也。魏晋间人谈玄者,率以易老并称,即其一证,其时言易者皆弃数而言理,果使汉人言易悉皆数术之谈,当时之人,岂易创通其理,与老相比,其时今文《易》说未亡(施孟、梁丘之易皆亡于东西晋间),其理固与《老子》相通也。河洛图书之存于道家,亦其一证。宋人好以图书言《易》,清儒极攻之,然所能言者,图书在儒家无授受之迹耳。如何与《易》说不合,不能言也(方东树说。方氏攻汉学多过当误会之语,然此说则平情也)。西谚云:算账只怕数目字,图书皆言数之物,果其与《易》无涉,何以能推之而皆合,且又可以之演范乎?然则此物亦儒家所固有,而后为神仙家所窃者耳。明乎此,则知古代儒道两家之哲学,存于神仙家(即后世之所谓道家)。书中者必甚多。果能就后世所谓道家之书广为搜罗,精加别择,或能辑出今文《易》说,使千载湮沉之学,焕然复明,而古代哲学亦因之而益彰者也。臆见所及,辄引其端,愿承学之士共详之。

此书亦如《吕览》,合众书之说而成。其中《天文》《地形》两篇,盖与邹衍一派之说有关。《主术》《泛论》二篇,为法家言。《兵略》为兵家言,余皆儒道二家之说也。苞蕴宏富,词繁不杀,先秦遗说,存于此书者甚多。汉代诸子中第一可宝之书也。

四、董 仲 舒

汉代发挥儒学大义者,莫如董仲舒。仲舒广川人,少治《春秋》。孝景时为博士。武帝即位,以贤良对策为江都易王相。仲舒治国以《春秋》灾异之变,推阴阳所以错行。故求雨闭诸阳纵诸阴,其止雨反是而行之。一国未尝不得所欲,中废为中大夫。先是辽高庙长陵高园殿灾,仲舒居家推让其意,草稿未上,主父偃窃其书而奏焉,上召视诸儒,仲舒弟子吕步舒不知其师书,以为大愚,于是,下仲舒吏当死,诏赦之,仲舒遂不敢复言灾异。相胶西病免。凡相两国,辄事骄王,正身率下,数上疏谏争,教令国中所居而治,及去位归居,终不问家产业,以修学著书为事,年老以寿终于家。

《汉书》云："仲舒所著，皆明经术之意，及上疏条教，凡百二十三篇，而说春秋事得失，闻举《蕃露》《清明》《竹林》之属复数十篇，十余万言，皆传于后世，掇其切当世施朝廷者著于篇。"今存本传所载《贤良策》三篇，《对胶西王问》(《对胶西王问》《繁露》亦载之)及《春秋繁露》一书。据颜注，《玉杯》《繁露》《竹林》皆其所著书名，今以《繁露》为总名，《玉杯》《竹林》为篇名，未解何故。此书盖亦摄拾从识，已非仲舒所著书之全豹，然其中畅发《春秋》之义者甚多，居今日犹可窥见《春秋》之义，以考儒家哲学之条贯者，独赖此书之存，而何君之解诂，尚其次焉者也。

仲舒之学，一言蔽之曰：天人合一而已(其对策，开口即言"臣谨案春秋之中视万世已行之事，以观天人相与之际，甚可畏也")。然所谓天人合一，此乃《春秋》之义，非仲舒所自创也。古代哲学思想，以阴阳二力为万物之源，而推本阴阳所由来，则又假设一不可知之太极，前已言之。儒家之思想，则亦若是而已矣。儒家之哲学思想，言原理者，盖在于《易》，其引而致之于人事者，则《春秋》是也。《易》之大义，今日已无具体之书可考，《春秋》之大义，则见于《繁露》者最多也。

构成世界之原动力，《春秋》命之曰元。所谓"……春秋变一诏之元。元犹原也。其义……随天地终始。……元者……万物之本，……在乎天地之前"也(见《重政篇》)。此种动力为宇宙之所由成，亦即万事万物所必循之原则，人人皆当遵守之，故曰"惟圣人能属万物于一而系之元，……终不及本所从来而遂之，不能成其功"也(见《重政篇》)。故曰："以元之深，正天之端，以天之端，正王之政，以王之政，正诸侯之位。"(见《二端篇》)若具万事万物一切遵守此最初之原理而弗渝，则天下可以大治。故曰："以为人君者，正心以正朝廷，正朝廷以正百官，正百官以正万民，正万民以正四方，四方正，远近莫敢不壹于正，而亡有邪气奸其间者，是以阴阳调而风雨时，群生和而万民殖，五谷熟而草木茂，天地之间被润泽而太丰美，四海之内，闻盛德而皆徕臣，诸福之物，可致之祥，莫不毕至，而王道终矣。"（见《汉书·董仲舒传》中对策）

元存乎天地之前，非人所能致，人之所能知者，则天地而已。因天地之运行有常，而知其受支配于元（即假名支配天地，令不失常之力曰元）。则遵循天地之道，即遵循元之道，所谓正本之义也。故曰："道之大原出于天，天不变，道亦不变。"天地受支配乎元，即天地之运行，无时不循元之原理。人而常遵守天道，亦即遵守元之原理也。元之义既随天地终始，则遵守元之道者，固无往而不合理也。故曰："道者，万世无弊。弊者，道之失也。"

元为浑然之一境，只可从推论之余，假立此名，固非认识之所及。认识之所及，则阴阳而已。《繁露》之论阴阳，其根据有在于天象者。《阴阳出入篇》曰："……初薄大冬，阴阳各从一方来，而移于后，阴由东方来西，阳由西方来东，至于中冬三月，相遇北方，合而为

时辰图

一，谓之日至。别而相去，阴适右，阳适左。适左者，其道顺，适右者，其道逆，逆气左上，顺气右下，故下暖而上寒，以此见天之冬右阴而左阳也。……冬月尽而阴阳俱南还，阳南还出于寅，阴南还入于戌，阴阳所始出地入地之见处也。至于仲春之月，阳在正东，阴在正西，谓之春分。春分者，阴阳相半也。故昼夜均而寒暑平。阴日损而随阳，阳日益而鸿，故为暖熟，初得大夏之月，相遇南方，合而为一，谓之日至。别而相去，阳适右，阴适左，适左由下，适右由上，上暑而下寒，以此见天之夏右阳而左阴也。……夏月尽而阴阳俱北还，而入于申，阴北还而入于辰，此阴阳之所出地入地之见处也。至于中秋之月，阳在正西，阴在正东，谓之秋分。秋分者，阴阳

相半也,故昼夜均而寒暑平。阳日损而随阴,阴日益而鸿,故至于季秋而始霜,至于孟冬而始寒,小雪而物咸成,大寒而物毕藏,天地之功终矣。"《阳尊阴卑篇》曰:"阳行于顺,阴行于逆,逆行而顺,顺行而逆者阴也。是故天以阴为权,以阳为经。阳出而南,阴出而北。经用于盛,权用于末。故阴夏入居下不得任岁事,冬出居上置之空处也。养长之时伏于下,远去之弗使得为阳也,无事之时起之空处,使之备是故……为政而任刑,谓之逆天。"

《循天之道篇》曰:"北方之中用合阴而物始动于下,南方之中用合阳而养始美于上。其动于下者不得东方之和不能生,中春是也;其养于上者,不得西方之和不能成,中秋是也。……中者,天下之终始也,……和者,天地之所生成也。……和者,天之正也,阴阳之平也,其气最良。……中者,天下之太极也,日月之所至而却也。长短之隆,不得过中,天地之制也。"此言大可为《中庸》"致中和,天地位焉,万物育焉"注脚。

《基义篇》曰:"凡物必有合,合必有上,必有下,必有左,必有右,必有前,必有后,必有表,必有里,有美必有恶,有顺必有逆,有喜必有怒,有寒必有暑,有昼必有夜,此皆其合也。阴者阳之合,妻者夫之合,子者父之合,臣者君之合。……阴道无所独行,其始也,不得专起,其终也,不得分功。……"阴阳之说,非儒家所创,乃古代哲学上固有之说也。其最初之思想,盖以男为阳,女为阴,因而推之,则天为阳,地为阴,日为阳,月为阴。……驯致一切反对之现象,为人所认识者,皆以阴阳分之,如《基义篇》所述。此时阴阳之思想,其基本盖在生物之男女性。男女构精,万物化生,然生育之责,则由女子独任之,因此推想,则以为天地之生万物亦如此。于是有阴道无所独行,其始也不得专起,其终也不得分功之说。野蛮时代男权独张,而天上地下又若天尊而地卑也,于是有阳尊阴卑之义。始本因男权之盛,而推想天尊地卑,继乃即本天尊地卑之义,而推之于人事,《顺命篇》云:"天子受命于天,诸所受命者,其尊皆天也,虽谓受命于天亦可"是也。智识渐进,乃本象以言阴阳,则有如《阴阳出入》《循天之道》二篇所说,阳燠而阴寒,人莫不好燠而恶寒,遂有阳为德,阴为刑之说。驯致以"善之属尽为阳,恶之属尽为阴矣"(亦见《阳尊阴卑篇》)。重男轻女,尊君抑臣,不徒非今日社会所宜,亦本非究极之理。儒家之说,亦随顺当时之社会而已,至于任德不任刑,及尚中和二说,则仍为哲学上卓绝之谊。

《繁露》之说阴阳如此,其说五行,见《五行对》。五行之义,五行相生治水,五行求雨止雨诸篇,乃汉儒通常之论,不再赘述。《春秋》之以元统天,及其阴阳五行义,亦当时哲学上普通之说,其所难者,则在将一切人事,根据于一种最高之原理,一一判明其当如何措置,且明示据乱为治,逐渐进步,以至于太平世之理。其中条理完密,包括宏富,所谓万物之聚散皆在《春秋》。而儒家所以尊为治乱世之法程也。《精华篇》曰:"《春秋》之为学也,道往而明来者也。……弗能察寂若无能,察之无物不在,是故为《春秋》者,得一端而多连之,见一空而博贯之,则天下尽矣。"此之谓也。

《春秋》之论事,彻始彻终,故重正本而贵谨小。以重正本之义也,故凡事皆重意志而轻行为。《玉杯篇》曰:"《春秋》之论事,莫重乎志。……礼之所重者在其志,志敬而节具,则君子予之知礼,志和而音雅,则君子予之知乐,志衰而居约,则君子予之知丧。……志为质,物为文,……质文两备,然后其礼成。……不能备而偏行之,宁有质而不文。"可知正本、重志、尚质三义,实相联贯也。《精华篇》曰:"《春秋》之听狱也,必正其事而原其志。"仲舒之《对策》曰:"秦师申商之法,行韩非之说,诛名而不察实,为善者不必免,而犯恶者未必刑也。是以百官皆饰空言虚辞,而不顾实。外有事君之礼，内有背上之心。"于此可见儒法之异点。盖儒法同重正名，然儒之正名，欲以察其实，法家遇名实不能合符处，不免弃实而徇名。司马谈所以讥其专决其名，而失人情也。我国风俗，论事则重"诛心"，断狱则贵"略迹原心"，皆受儒家之学之影响也（董子正名之论，见《深察名号篇》）。

谨小之义，亦与正本相通。《王道篇》曰："制恶讥微，不遗大小。善无细而不举，恶无细而不去，进善诛恶，绝诸本而已矣"是也。盖乱之所由生，恒在细微之处，特常人不及察耳。然精密论之，非绝细微之恶，祸根固终不能绝。祸根不绝，终不免潜滋暗长，至于将寻斧柯也。故《二端篇》曰："览求微细于无端之处。"《仁义篇》曰："观物之动而先觉其萌，绝乱塞害于将然而未行之时，《春秋》之志也。"《对策》曰："……圣人莫不以晻致明，以微致显，是以尧发于诸侯，舜兴乎深山，非一日而显也，盖有渐以致之矣。……积善在身，犹长日加益而人不知也；积恶在身，犹火之销膏而人不见也"，亦此义。

"《春秋》纪纤芥之失，反之王道。"（《王道篇》）夫王道者，天道也，故曰："事各顺于名，名各顺于天，天人之际，合而为一。"（《深察名号篇》）质而言之，则几微之事，皆当求合乎自然而已。人之行为，求合于自然有两难题，一感情问题，一智识问题也。自智识问题言之，则本欲求乎自然，但不知如何为合于自然之问题也。此问题也，大而显著之处，固夫人而不虑其淆惑，所难者，近似之际，细微之处耳。故《春秋》贵别嫌明微。《玉英篇》曰："《春秋》有经礼，有变礼为如（同而）。安性平心者经礼也，至有于性虽不安，心虽不平，于道无以易之，此变礼也。……明乎经变之事，然后知轻重之分，可与适权矣。"此即所谓"义"也。故曰："胁严社而不为不敬灵，出天王而不为不尊上，辞父之命而不为不承亲，绝母之属而不为不孝慈，

义矣夫。"（《精华篇》）

感情问题所难者，即明明合于自然，即顺于理性之事，而为感情所不安，明明不合乎自然，即反乎理性之事，而为感情所甚欲是也。此虽可以义断之，然感情之为物，不可久抑，强制感情而从事焉，终非可长久之道也。儒家于此，乃提出义亦人之所欲（即合理之事，本亦顺于感情，理性与感情相一致）之说，以提撕而警觉之。《身之养重于义篇》曰："天之生人也，使之生义与利。利以养其体，义以养其心，心不得义不能乐，体不得利不能养。体莫贵于心，故养莫重于义。"此之谓也。故逢丑父杀其身以免其君，事至难而《春秋》非之也。

事之是非然否，以感情为最初之标准，即合乎人之感情者，谓之善，反乎人之感情者，谓之恶。然有时顺乎一时之感情，其所得之结果，将大与所欲者相背，顺乎一人之感情，其所得之结果，将贻众人以所大不欲，则不得不以理性抑感情，顺乎人人之所欲，则"仁"之谓，以理性抑一人一时之感情，则义之谓也。故仁者目的，义者手段也。目的无时离手段而可达，故仁与义，亦终不相离焉。夫顺自己之感情，顺一时之感情，此人人所能，所难者，以理性抑感情，以保全远大之利耳。故"《春秋》以仁安人，以义正我"（《仁义篇》）。行背乎义，而终致有害于仁者，则顺一时之感情为之也。此则利之谓也。故曰："凡人之性，莫不善义，然而不能义者，利败之也。"（《玉英》）故曰："仁人者，正其道，不谋其利，修其理，不计其功。"（对胶西王。此据《繁露》。《汉书》作"正其谊，不谋其利，明其道，不计其功"）又曰："万民之从利也，如水之走下，以教化提防之，不能止也。"（《对策》）

《为人者天》及《人副天数》二篇，以人情性、形体皆出于天。《王道通》三篇曰："喜气为暖而当春，怒气为清而当秋，乐气为太阳而当夏，哀气为太阴而当冬。四气者，天与人所共有也，非人所能畜也，故可节而不可止也。节之而顺，止之而乱"，所谓节之者，则《阴阳义篇》所谓"使喜怒必当义乃出"也。所谓止之而乱者，则《天道施篇》所云："民之情不能制，其欲使之度礼，目视正色，耳听正声，口食正味，身行正道，非夺之情也，所以安其性也"是也。汉武之策仲舒曰："性命之情，或夭或寿，或仁或鄙，习闻其道，未烛厥理。"仲舒对曰："命者，天之令也，性者，生之质也，情者，人之欲也。或夭或寿，或仁或鄙，陶冶而成之不能粹美，有治乱之所生，故不齐也。……尧舜行德，则民仁寿，桀纣行暴，则民鄙夭。夫上之化下，下之从上，犹泥之在钧，惟陶者之所为，犹金之在熔，惟冶者之所铸。"又其对策谓："强勉学问，则闻见博而知益明，强勉行道，则德日进而大有功。"此仲舒对修为之宗旨也（仲舒论性之说于后，与汉儒论性之说并述之，可参看）。

仲舒推阴阳五行，其说颇有类乎迷信者，然《暖燠孰多篇》谓禹汤水旱"皆适遭之变，非禹汤之过，毋以适遭之变，疑平生之常，则所守不失，则正道益明"。则亦未尝废人事而任祅祥也。以天为有人格，有喜怒欲恶如人，视人所为之善恶而赏罚之，此自幼稚时代之思想。墨家之说如此，见前。哲学进步之后，已弃此等说勿用，而治乱足以召灾祥之见，犹未尽蠲，则以气之感应说之。《同类相动篇》曰："平地注水，去燥就湿，均薪施火，去湿就燥。百物去其所与异，而从其所与同，故气同则会，声比则应（案"水流湿，火就燥"，"同声相应，同气相求"皆见《易》文言。又董子谓："春秋之道，奉天而法古。""王者有改制之名，无改道之实。"见《楚庄王篇》。《白虎通》谓"王者有改道之文，无改道之实。如君南面，臣北面"，文与实不与，亦《春秋》义，而"君南面，臣北面"，《易》《纬》《乾凿度》论易不易之义，亦以为譬。见《周易正义》八篇之一。此可见《易》《春秋》之说相表里也）。天地之阴气起，而人之阴气应之而起，人之阴气起，天地之阴气亦宜应之而起,明于此,欲致雨则动阴以起阴,欲止雨则动阳以起阳,故致雨非神也,而精其神者,其理微妙也。非独阴阳之气可以类进退也,虽不祥祸福所从生,亦由是也,无非已先起之,而物以类应之而动者也。"即此说也。《天地阴阳篇》曰:"天地之间,有阴阳之气常渐人者,若水若常渐鱼也。"此为汉代变复家之通说。王充尝驳之(见《论衡·变动篇》),以为人主一人之气甚微,何能动天地而致灾变?然此篇又谓"今气化之淳非直木也,而人主以象动之无已时。……世治而民和志平而气正,则天地之化精,而万物之类起,世乱而民乖,志僻而气逆,则天地之化伤灾害起"。则本不谓君主一人所为,仲壬之诤,未为得也。

儒道二家之说,小异大同。今世所认为道家言者,实多儒道二家之公言,前章已言之,证以董生之书而益信也。《正贯篇》曰:"明于情性,乃可与论为政。"《离合根》《天地之行》两篇,皆言君法天,臣法地,而曰:"天高其位而下其施,藏其形而见其光,高其位,所以为尊也,下其施,所以为仁也,藏其形,所以为神,见其光,所以为明。……为人主者,内深藏所以为神,外博观所以为明也,任群贤,……受成不自劳于事,所以为尊也,泛爱群生,不以喜怒赏罚,所以为仁也。故为人主者,以无为道,不私为宝。"皆儒道二家相通之处。《深察名号篇》曰:"欲审曲直莫如引绳,欲审是非莫如引名。事各顺于名,名各顺于天,天人之际,合而为一。"《考功名篇》曰:"不能致功,虽有贤名不予之赏,官职不废,虽有愚名不予之罚。赏罚用于实,不用于名;贤愚在于质,不在于文。"《度制篇》曰:"孔子曰:不患寡而患不均。故有所积重,则有所空虚矣。大富则骄,大贫则忧,忧则为盗,骄则为暴,此众人之情也。圣者则于众人之情,见乱之所从生,故其制人道而差上下也。使富者足于示贵而不至于骄,使贫者足以养生而不至于忧。……凡百乱之源,皆出嫌疑纤微以渐寝稍长至于大。圣人章其疑者,别其微者,绝其纤者",皆足通儒与名法之邮。《王道篇》曰:"故明王视于冥冥,听于无声,天覆地载,天下万国,莫敢不悉靖,共职受命者,不示臣下以知之至也。故道同则不能相先,情同则不能相使。……由此观之,未有去人君之权,能制其势者也。未有贵贱无差,能全其位者也。"此则俨然道法家言矣。此外立元神,保位权,通国身诸篇,亦皆类道法家言,《循天之道篇》,畅论养生之理,则并与世所指为神仙家言者近矣。九流之学,流异源同如此。《汉书》本传曰:"自武帝初立,魏其武安侯为相,而隆儒矣。及仲舒对册,推明孔氏,抑黜百家,立学校之官,州郡举茂才孝廉,皆自仲舒发之。"案谓汉代儒术之独盛,全由汉武一人之力,其误前已辨之。然谓汉武之独崇儒术,与仲舒极有关系,亦确系事实。仲舒之言曰:"春秋大一统者,天地之常经,古今之通谊也。今师异道,人异论,百家殊方,指意不同,是以上亡以持一统,法制数变,下不知所守,臣愚以为诸不在六艺之科,孔子之术者,皆绝其道,勿使并进,邪辟之说灭息,然后统纪可一,而法度可明,民知所从矣。"此汉代学校选举,偏主儒术之所由来也。夫众论当折衷于一是,此本无可非议,特人之知识,大概相同,未有众人皆谬,而一家独能见其至是者。不知听众说并行,互相辩论,分途研究,以求至是,而欲宗一家而黜其余,此则旧时学者之蔽也。然思想恒缘环境而生,后世言论,失之统一,故人思异论之美,古代议论,失之复杂,使人无所适从,故学者多欲立一标准以免逢午耳。前说墨子尚同之义,已论之,兹不赘。

五、桑弘羊

汉至武帝始"罢黜百家,表章六经",自此以后,儒家之学遂独盛,前此则九流之学,仍并行,故宣帝诏:"汉家自有制度,本以霸王道杂之"也。惜当时通诸家之学者,其说多不传于后,幸有《盐铁论》一书,颇有考见汉代治法家之学者之绪论焉。此书为汝南桓宽所记。昭帝时车千秋为丞相,桑弘羊为御史大夫。始元五年,令三辅太常举贤良各二人,郡国文学高第各一人。六年二月,诏有司问郡国所举贤良文学,民所疾苦。罢盐铁、榷酤。秋七月,罢榷酤官。此书所记即当时贤良文学与有司辩论之语也。书凡六十篇,末篇为宽自述意见之语,其余五十九篇,皆两方面辩论之词也。一方为贤良文学凡六十余人,其名见于末篇者,为贤良茂陵唐生、文学鲁万生、中山刘子雍、九江祝生。一方面为御史大夫丞相吏御史,而车丞相括囊不言,亦见于末篇。贤良文学所陈皆儒家之义,有司一方面,御史大夫发言最多,多法家之义。桓宽讥群丞相御史阿意道谀,则有司一方面为辩论之主者,实桑弘羊也。两方之论,桓宽是贤良文学,而非有司,盖宽亦儒家者流也。予以两方之言各有其理,若就纯理立论,则予谓御史大夫之言,理由实较强。盖吾国当部落时代,本为若干自给自足之小共产社会,其后竞争日烈,互相吞并之事日多,又生计进步,商业日渐盛大,而共产制度遂渐破坏,此时发生两问题:(一)狭义农业用之土地当如何分配,此为井田问题。(二)(a)供广义农业用之土地古代本作为公有,人民但依一定之规则,即可使用,如斧斤以时入山林,数罟不入污池,……是也。(b)工业之大者,古由国家设官经营。(c)商业之大者,皆行于国外,行于国内者,国家管理之甚严,故无以工商之业兼并平民者。共产制度既坏,供广义农业用之土地渐次为私人所占,工业之大者,渐次由私人经营,商业与政府及人民之关系亦日密切。此等人遂皆成为兼并之徒。于斯时也,将(1)恢复古者共产社会之制度乎?(2)抑将各种大事业收归国有,既可增加国家之收入,又可抑制豪强之兼并乎?儒家则主前者,法家则主后者。商业之必要,儒家并非不知(观孟子与陈相之辩论可知)。然生计既经进步之后,当合全国而成一大分工合力之规模,不容再域于一地方而谋自给自足,则似见之未莹(《盐铁论·水旱篇》贤良谓:"古者千家之邑,百乘不离畦亩而足乎田器,工人不斩伐而足乎陶冶,不耕田而足乎粟米。")。故从儒者之论,非将社会生计退化数百年,则其想象之社会无从维持,此于事为不可行,从法家之论,则国计民生兼有裨益,颇得近代社会政策之意,故曰:二家之理论,实以法家为长也。惟此系就理论言,若论事实,则桑弘羊之所为确不免借平准之名以行聚敛之实。又官制之器,多不便用(见《盐铁论·水旱篇》)。实系剥削平民,其政治上之罪恶,亦不容为之讳也。

此书两方面互相讥刺之言,皆无足取(人身攻击之辞甚多,甚至有司诋孔子,贤良文学骂商鞅,则更无谓矣),其余则各有理由。但儒家之学,后世盛行,故贤良之学之言,自今观之,多系通常之论,法家之学,则其后终绝,保存于此书中者,实为吉光片羽。汉代法家学说之可考者,几乎独赖此书焉。今故摘其尤要者于下,所谓物稀为贵,非于当时两方辩论有所左右袒也。

大夫曰:管子云,国有沃野之饶,而民不足于食者,器械不备也(《本议》第一)。

大夫曰:王者塞天财,禁关市,执准守时,以轻重御民,丰年岁登,则储积以备乏绝,凶年恶岁,则行币物流有余而调不足也(《力耕》第二)。

大夫曰:贤圣治家非一室,富国非一道。昔管仲以权谲伯而范氏以强大亡,使治家养生必于农,则舜不甄陶而伊尹不为庖。故善为国者,天下之下我高,天下之轻我重,以末易其本,以虚荡其实,……中国一端之缦,得匈奴累金之物,而损敌国之用(《力耕》第二)。

大夫曰：燕之涿蓟，……富冠海内，皆为天下名都，非有助之耕其野而田其地者也。居五诸侯之衢，跨街冲之路也。故物丰者民衍，宅近市者家富。富在术数，不在劳身，利在势居，不在力耕也(《通有》第三)。

大夫曰：今吴、越之竹，隋、唐之材，不可胜用，而曹、卫、梁、宋，采棺转尸。江湖之鱼，莱黄之鲐，不可胜食，而邹、鲁、周、韩藜霍蔬食。天下之利无不淡，而山海之货无不富。然百姓匮乏，财用不足，多寡不调，而天下财不散也(《通有》第三)。

大夫曰：民大富则不可以禄使也。大强则不可以威罚也(《错币》第四)。

大夫曰：夫权利之处，必在深山穷泽之中，非豪民不能通其利。……太公曰：一家害百家，百家害诸侯，诸侯害天下。……今放民于权利，罢盐铁以资暴强，……则强御日以不制，而并兼之徒奸形成也(《禁耕》第五)。

大夫曰：铁器兵刃，天下之大用也，非众庶所宜事也(《复古》第六)。

大夫曰：共其地居是世也，非有灾害疾疫，独以贫穷，非惰则奢也。无奇业旁入而犹以富给，非俭则力也。今日施惠说尔行刑不乐，则是关无行之人，而养惰奢之民也(《授时》第三十五)。

大夫曰：文学言王者立法，旷若大路，今驰道不小也，而民公犯之，以其罚罪之轻也。千仞之高，人不轻凌，千钧之重，人不轻举，商君刑弃灰于道而秦民治(《刑德》第五十五)。

御史曰：明理正法，奸邪之所恶，而良民之福也。……无法势虽贤人不能以为治(《申韩》第五十六)。

大夫曰：射者因势，治者因法。……今欲以敦朴之时，治抗弊之民，是犹迁延而拯溺，揖让而救火也(《大论》第五十九)。

以上仅举其最要者，贤良文学主儒，有司主法，亦仅以宗旨言之，其中征引各家学说者，两方面皆颇多。九流遗说多藉是而可见（如《论邹篇》论邹子盐铁，《针石篇》引公孙龙其一例也），实古书中之瑰宝也。

六、汉儒言灾异者

《汉书》曰："汉兴，推阴阳言灾异者，孝武时有董仲舒、夏侯始昌；昭、宣则眭孟、夏侯胜；元、成则京房、翼奉、刘向、谷永；哀、平则李寻、田终术。"仲舒说，已见前。

眭弘字孟，鲁国蕃人也。……从嬴公受《春秋》，以明经为议郎，至符节令。孝昭元凤三年正月，泰山莱芜山南……有大石自立……是时昌邑有枯社木卧后生；又上林苑院中大柳树断枯卧地，亦自立生，有虫食树叶成文字曰：公孙病已立。孟推《春秋》之意，以为石柳皆阴类，下民之象，泰山者岱宗之岳，王者易姓告代之处，……此当有从匹夫为天子者。枯社木复生，故废之家公孙氏当复兴者也。孟意亦不知其所在，即说曰先师董仲舒有言，虽有继体守文之君，不害圣人之受命……汉帝宜谁差天下，求索贤人，嬗以帝位，而退自封百里，如殷周二王后，以承顺天命，孟使友人内官长赐上此书，……皆伏诛。

夏侯始昌鲁人也，通五经；以齐《诗》《尚书》教授，……明于阴阳，先言柏梁台灾日至期日，果灾。

族子胜……字长公。初鲁共王分鲁西宁乡，以封子节侯别属大河，大河后更名东平，故胜为东平人，从始昌受《尚书》及洪范五行，传说灾异，后事兰卿，又从欧阳氏问，为学精熟，所问非一师也……征为博士光禄大夫……昌邑王……数出，胜当乘舆前，谏曰：天久阴而不雨，臣下有谋上者，陛下出，欲何之。王怒，谓胜为妖言，缚以属吏，吏白大将军霍光……是时光与车骑将军张安世谋,欲废昌邑王,光让安世以为泄语,安世实不言,乃诏问胜,胜对言,在《洪范传》曰:皇之不极厥罚,常阴时,则下人有伐上者,恶察察言,故云臣下有谋,光、安世大惊,以此益重经术士,后十余日,光卒与安世白太后,废昌邑王,尊立宣帝,光以为群臣奏事东宫,太后省政,宜知经术,白令胜用《尚书》授太后,迁长信少府……宣帝初即位,欲褒先帝,诏丞相御史曰……孝武皇帝……庙乐未称……其与列侯二千石博士议。于是群臣大议廷中,皆曰,宜如诏书。……胜独曰:武帝……亡德泽于民,不宜为立庙乐。公卿共难胜曰:此诏书也。胜曰:诏书不可用也。人臣之谊,宜直言正论,非苟阿意顺,指议已出口,虽死不悔。……下狱。……四年夏,关东四十九郡同日地动。……大赦,胜出,为谏大夫。……后为长信少府,迁太子太傅。……年九十卒。

京房字君明,东郡顿丘人也。治《易》,事梁人焦延寿。延寿字赣,赣贫贱以好学得幸梁王,王共其资用,令极意学成,为郡史察举,补小黄令。以候司先知,奸邪盗贼不得发。……赣常曰:得我道以亡身者,京生也。其说长于灾变,分六十卦,更直日用事,以风雨寒温为候,各有占验。房用之尤精。好钟律,知音声。初元四年以孝廉为郎。永光建昭间,西羌反,日蚀,又久青无光,阴雾不精。房数上疏,先言其将然,近数月,远一岁,所言屡中。天子说之。数召见,问房。对曰:古帝王以功举贤,则万化成,瑞应著,末世以毁誉取人,故功业废而致灾异。宜令百官各试其功,灾异可息。诏使房作其事。房奏考功课吏法。上令公卿朝臣与房会议温室,皆以房言烦碎,令上下相司,不可许。上意乡之。时部刺史奏事京师,上召见,诸刺史令房晓以课事,刺史复以为不可行。唯御史大夫郑弘光禄大夫周堪初言不可,后善之。是时中书令石显颛权,显友人五鹿充宗为尚书令,与房同经议论相非。……上令房上弟子晓知考功课吏事者，欲试用之。房上中郎任良姚平，愿以为刺史，试考功法，臣得通籍殿中，为奏事，以防壅塞。石显五鹿充宗皆疾房，欲远之建言宜试房为郡守。元帝于是以房为魏郡太守。……得以考功法治郡。房自请愿无属刺史，得除用他郡人，自第吏千石以下，岁竟乘传奏事。天子许焉。……房去月余，竟征下狱……弃市……房本姓李，推律自定为京氏。……

翼奉字少君，东海下邳人也。治齐诗，与萧望之匡衡同师。……好律历阴阳之占。元帝初即位，诸儒荐之，征待诏宦者署，数言事宴见，天子敬焉。时平昌侯王临以宣帝外属侍中称诏，欲从奉学其术，奉不肯与言，而上封书曰：臣闻之于师，治道要务，在知下之邪正。……知下之术，在于六情，十二律而已。北方之情好也，好行贪狼，甲子主之。东方之情怒也，怒行阴贼，辛卯主之。贪狼必待阴贼而后动，阴贼必待贪狼而后用，二阴并行，是以王者忌子卯也，《礼经》避之，《春秋》讳焉。南方之情恶也，恶也廉贞，寅午主之，西方之情喜也，喜行宽大，己酉主之。二阳并行，是以王者吉午酉也。诗曰：吉日庚午。上方之情乐也，乐行奸邪，辰未主之，下方之情哀也，哀行公正，戌丑主之。辰未属阴，戌丑属阳，万物各以其类应，今陛下明圣，虚静以待物至，万事虽众，何闻而不谕，岂况乎执十二律而御六情，于以知下参实，亦甚优矣，万不失一，自然之道也。乃正月癸未日加申，有暴风从西南来。未主奸邪，申主贪狼，风以大阴，下抵建前，是人主左右邪臣之气也。平昌侯比三来见臣，皆以正辰加邪时，辰为客，时为主人。以律知人情，王者之秘道也，愚臣诚不敢以语邪人。上以奉为中郎，召问奉来者以善日邪时，孰与邪日善时？奉对曰：师法用辰不用日。辰为客，时为主人。见于明主侍者为主人。辰正时邪，见者正，侍者邪。辰邪时正，见者邪，侍者正。忠正之见，侍者虽邪，辰时俱正。大邪之见,侍者虽正,辰时俱邪。即以自知侍者之邪,而时邪辰正,见者反邪,即以自知侍者之正。而时正辰邪,见者反正,辰为常时,时为一行,辰疏而时精,其效同功,必参五观之,然后可知,故曰察其所繇,省其进退,参之六合五行,则可以见人性,知人情难用,外察从中甚明。故诗之为学,情性而已。五性不相害,六情更兴废。观性以历,观情以律,明主所宜独用,难以二人共也。……惟奉能用之,学者莫能行。是岁关东大水,郡国十一饥疫又甚。……明年二月戊午,地震。其夏齐地人相食,七月己酉,地复震。……奉奏封事曰:臣闻之于师曰:天地设位,悬日月,布星辰,分阴阳,定四时,列五行,以视圣人,名之曰道。圣人见道,然后知王治之象。故画州土,建君臣,立律历,陈成败,以视贤者,名之曰经。贤者见经,然后知人道之务,则《诗》《书》《易》《春秋》《礼》《乐》是也。《易》有阴阳,《诗》有五际,《春秋》有灾异,皆列终始,推得失,考天心,以言王道之安危,至秦乃不说,伤之以法,是以大道不通,至于灭亡。……臣奉窃学齐《诗》,闻五际之要,十月之交篇知日蚀地震之效,昭然可明,犹巢居知风,穴处知雨。……臣闻人气内逆,则感动天地,天气见于星气日蚀,地变见于奇物震动。所以然者,阳用其精,阴用其形,犹人之有五脏六体,五藏象天,六体象地,故藏病则气色发于面,体病则欠申动于貌。今年太阴建于甲戌,律以庚寅初用事,历以甲午从春,历中甲庚,律得参阳,性中仁义,情得公正贞廉,百年之精岁也。正以精岁本首王位,日临中时接律,而地大震,其后连月久阴,虽有大令,犹不能复,阴气盛矣。古者朝廷必有同姓,以明亲亲,必有异姓,以明贤贤。……今左右亡同姓,独以舅后之家为亲,异姓之臣又疏,……阴气之盛,不亦宜乎!臣又闻未央、建章、甘泉宫才人各有百数,皆不得天性,若杜陵园,其已御见者,臣子不敢有言。虽然,太皇太后之事也,及诸侯王园与其后宫,宜为设员,出其过制者,此损阴气,应天救邪之道也。今异至不应,灾将随之。其法大水,极阴生阳,反而大旱,甚则为火灾,春秋宋伯姬是矣。……明年夏四月,乙未,孝武园白鹤馆灾。奉以为祭天地于云阳汾阴,及诸寝庙,不以亲疏迭毁,皆烦费违古制。又宫室苑囿,奢泰难供,以故民困国虚,亡累年之畜,所繇来久,不改其本,难以末正。乃上疏曰:……汉德隆盛,在于孝文……如令处于当今,因此制度,必不能成功名。……臣愿陛下徙都于成周……迁都正本,众制皆定。……岁可余一年之畜。……如因丙子之孟夏,顺太阴以东行,到后七年之明岁,必有五年之余畜。然后大行考室之礼,虽周之隆盛,亡以加此。……奉以中郎为博士谏大夫,年老以寿终。……

李寻字子长,平陵人也。治《尚书》与张儒郑宽中同师。宽中等守师法教授,寻独好洪范灾异。又学天文月令阴阳,事丞相翟方进。方进亦善为星历,除寻为吏,数为翟侯言事。帝舅曲阳侯王根为大司马票骑将军,遇厚寻。是时多灾异,根辅政,数虚已问寻。寻见汉家有中衰厄会之象,其意以为且有洪水为灾,乃说根曰:《书》云:天聪明,盖言紫宫极枢通位帝纪,太微四门,广开大道,五经六纬,尊术显士,翼张舒布,烛临四海,少征处士,为比为辅,故次帝廷女宫在后,圣人顺天,贤贤易色,取法于此,天官上相上将皆颛而正朝,忧责甚重,要在得人。……根于是荐寻。哀帝即位,召寻待诏黄门,使侍中卫尉傅喜问寻灾异。……寻对曰;……日者众阳之长……人君之表也。……君不修道,则日失其度,晻昧亡光,各有云为……月者众阴之长……妃后大臣诸侯之象也。……五星者,五行之精,五帝司命,应王者号令,为之节度。……夫以喜怒赏罚,而不顾时禁,虽有尧舜之心,犹不能致和。……故古之王者,尊天地,重阴阳,敬四时,严月令,顺之以善政,则和气可立致。……

今朝廷忽于时月之令。诸侍中尚书近臣,宜皆令通知月令之意。……上虽不从寻言,然采其语,每有非常,辄问寻,寻对屡中,迁黄门侍郎。以寻言且有水灾,故拜寻为骑都尉使护河堤。初,成帝时,齐人甘忠可诈造天官历《包元太平经》十一卷,以言汉家逢天地之大终,当更受命于天,天帝使真人赤精子下教我此道。忠可以教重平夏贺良容丘丁广世东郡郭昌等,中垒校尉刘向奏忠可假鬼神罔上惑众,下狱治服,未断病死。贺良等生挟忠可书,以不敬论。后贺良等复私以相教。哀帝初立,司隶校尉解光亦以明经通灾异,得幸,白贺良等所挟忠可书。事下奉车都尉刘歆,歆以为不合五经,不可施行。而李寻亦好之。……时郭昌为长安令,劝寻宜助贺良等。寻遂白贺良等,皆待诏黄门,数召见,陈说汉历中衰,当更受命。成帝不应天命,故绝嗣。今陛下久疾,变异屡数,天所以谴告人也。宜急改之易号,乃得延年益寿,皇子生,灾异息矣。得道不得行,咎殃且亡,不有洪水将生,灾火且起,涤荡民人。哀帝久寝疾,几其有益,遂从贺良等议。……大赦天下,以建平二年为太初元年,号曰陈圣刘太平皇帝。漏刻以百二十为度。……后月余,上疾自若,贺良等复欲妄变政事,大臣争以为不可许。贺良等奏,言大臣皆不知命,且退丞相御史,以解光李寻辅政。上以其言亡验,遂下贺良等吏……皆伏诛。寻及解光减死一等,徙敦煌郡。

向字子政,本名更生。年十二,以父德任为辇郎,既冠以行修饬擢为谏大夫。是时宣帝循武帝故事,招选名士俊材,置左右,更生以通达能属文辞,与王褒张子侨等并进对,献赋颂凡五十篇。上后兴神仙方术之事,而淮南有枕中鸿宝苑秘书,书言神仙使鬼物为金之术,及邹衍重道延命方,世人莫见。而更生父德,武帝时治淮南狱,得其书,更生幼而读诵,以为奇,献之。言黄金可成。上令典尚方铸作事,费甚多,方不验,上乃下更生吏。吏劾更生铸伪黄金当死。更生兄阳城侯安民上书入国户半，赎更生罪。上亦奇其材，得逾冬减死论。会初立《穀梁》《春秋》，征更生受穀梁讲五经于石渠。后拜为郎中给事黄门，迁散骑谏大夫给事中元帝初即位，太傅萧望之为前将军少傅，周堪为诸吏光禄大夫，皆领尚书事。……荐更生宗室忠直明经有行，擢为散骑宗正给事中，与侍中金敞拾遗于左右……为许史及恭显所潛诉，堪更生下狱及望之皆免官。……其春地震，夏客星见昴卷舌间。上感悟，下诏赐望之爵关内侯奉朝请。秋征堪。向欲以为谏大夫，恭显白皆为中郎。冬，地复震。时恭显许史子弟侍中诸曹皆侧目于望之等，更生惧焉。乃使其外亲上变事……宜退恭显……进望之等……书奏，恭显疑其更生所为，白请考奸诈，辞果服，遂逮更生系狱，……坐免为庶人，而望之亦坐使子上书自冤前事。恭显白令诣狱置对，望之自杀。天子甚悼恨之，乃擢周堪为光禄勋。堪弟子张猛光禄大夫给事中，大见信任。恭显惮之，数潛毁焉。更生见堪猛在位，几已得复进，惧其倾危，乃上封事。……推春秋灾异以救今事……恭显见其书，愈与许史比而怨更生等。……左迁堪为河东太守，猛槐里令。后三岁……征堪……拜为光禄大夫，秩中二千石，领尚书事。猛后为太中大夫给事中。……会堪疾，喑不能言而卒。显诬潛猛，令自杀于公车。更生伤之，乃著疾谗、谪要、救危及世颂凡八篇。依兴古事，悼己及同类也。遂废十余年。成帝即位，显等伏辜，更生乃复进用，更名向。向以故九卿召拜为中郎使领护三辅都水。数奏封事，迁光禄大夫。是时，帝元舅阳平侯王凤为大将军，秉政，依太后专国权，兄弟七人，皆封为列侯。时数有大异。向以为外戚贵盛，凤兄弟用事之咎。而上方精于诗书，观古文。诏向领校中五经秘书。向见《尚书·洪范》箕子为武王陈五行阴阳休咎之应，向乃集合上古以来历春秋六国至秦汉符瑞灾异之记，推迹行事，连传祸福，著其占验，比类相从，各有条目，凡十一篇，号曰洪范五行传论奏之。……久之，营起昌陵，数年不成，复还归延陵，制度泰奢，向上疏谏。……向睹俗弥奢淫，而赵卫之属，起微贱，逾礼制，向以为王教，由内及外，自近者始，故采取诗书所载贤妃贞妇，兴国显家可法则，及孽嬖乱亡者，序次为《列女传》凡八篇，以诫天子，及采传记行事，著《新序》《说苑》凡五十篇，奏之。数上疏言得失，陈法戒，书数十上，以助观览，补遗阙。……时上无继嗣，政由王氏出，灾异寝甚。……向……上封事极谏，……以向为中垒校尉。……元延中，星孛东井，蜀郡岷山崩雍江。向……复上奏。……向自见得信于上，故常显讼宗室，讥刺王氏及在位大臣，……上数欲用向为九卿，辄不为王氏居位者及丞相御史所持，故终不迁，居列大夫官前后三十余年。年七十二卒。……案《汉书·刘向传》词多不实，淮南狱起，刘德甫数岁，安得治之(刘奉世说)。向受《穀梁》，说亦诬妄，见近人崔氏适《春秋复始》。向免为庶人后，犹自上封事，其初何以必使外亲邪？

谷永字子云，长安人也。……少为长安小史，后博学经书。建诏中，御史大夫繁延寿闻其有茂材，除补属举为太常丞，数上疏言得失。建始三年冬，日食地震，同日俱发，诏举方正直言极谏之士，太常阳城侯刘庆忌举永，……对奏，天子异焉，特召见永。其夏，皆令诸方正对策，……永对毕，因曰：臣前幸得条对灾异之效，……陛下委弃不纳，而更使方正对策，背可惧之大异，问不急之常论，……是故皇天勃然发怒，甲已之间，暴风三溙，……上特复问永，永对曰：日食地震，皇后贵妾专宠所致。……是时上……委政元舅大将军王凤，议者都归咎焉。永和凤方见柄用，阴欲自托，乃复曰：……不可归咎诸舅，……时对者数千人，永与杜钦为上第焉。……由是擢为光禄大夫。永奏书谢凤，……凤遂厚之，数年，出为安定太守。时上诸舅皆修经书,任政事。平阿侯谭年次当继大将军凤辅政,尤与永善。阳朔中凤薨。……以音为大司马车骑将军,领尚书事,而平阿侯谭位特进,领城门兵,永闻之,与谭书曰:……宜深辞职,谭得其书,大感,遂辞让……由是谭、音相与不平。永远为郡吏,恐为音所危,病满三月免。音奏请永补营军司马,永数谢罪自陈,得转为长史。……永复说音曰:……音犹不平,荐永为护菀使。音薨,成都侯商代为大司商代为大司马卫将军,永乃迁为凉州刺史。……时有黑龙见东莱上,使尚书问永,……永对曰:……今陛下轻夺民财,不爱民力,听邪臣之计,去高敞祁陵,损十年功绪,改作昌陵,……大兴徭役,重增赋敛,……五年不成,而后反故,……公家无一年之畜,百姓无旬日之储,上下俱匮,无以相救……愿陛下追观夏商周秦所失之,以境考己行。……至上此对,上大怒,……明年征永为大中大夫,迁光禄大夫给事中。元延元年为北地太守。时灾异尤数,……永对曰:……臣闻天生蒸民……不私一姓,明天下乃天下人之天下,非一人之天下也,王者躬行道德,承顺天地,……籍税取民,不过常法,……失道妄行,逆天暴物,……峻刑重赋,百姓愁怨,……上天震怒,灾异屡降,……对奏,天子甚感其言。永于经书泛为疏达,……其于天官,《京氏易》最密,故善言灾异,前后四十余事,略相反覆,专攻上身无后宫而已。党于王氏,上亦知之,不甚亲信也。永所居任职,为北地太守。岁余,卫将军商薨,曲阳侯根为骠骑将军,荐永,征入为大司农。岁余,永病三月,有司奏请免。……数月卒于家。

魏晋玄谈①

　　虚无之风，始于魏之正始中，明帝崩，曹真子爽（字昭伯）录尚书（齐王立，加侍中），与太尉司马宣王并受遗诏，辅幼主。爽用丁谧计，尊宣王为太傅，而实夺之权，宣王遂称疾避爽，爽引南阳何晏（字平叔，进孙，少以才秀知名，好老庄言，作道德论及诸文赋，著作凡数十篇，今存者惟《论语集解》而已）、邓飏（字玄茂）、李胜（字公昭）、沛国丁谧（字彦靖，父斐）、东平毕轨（字昭先）为腹心，后爽败，诸人皆夷三族。夏侯玄字太初，尚子，爽之姑子也，爽诛，尚与中书令李丰谋诛景王，夷三族。案《三国志》注引《魏氏春秋》曰："初，夏侯玄、何晏等，名盛于时，司马景王亦预焉。晏尝曰：惟深也，故能通天下之志，夏侯泰初是也；惟几也，故能成天下之务，司马子元是也；惟神也，不疾而速，不行而至，吾闻其语，未见其人，盖欲以神况诸己也。"可见清谈之风，司马氏亦与焉。今史所传爽等之事，皆政争失败后之诬词，不尽可信也。

　　王弼之事，见《魏志·锺会传》，传云："会弱冠，与山阳王弼并知名，弼好论儒、道，辞才逸辩，注《易》及《老子》，为尚书郎，年二十余卒。"注：弼字辅嗣，何劭为其传曰：弼幼而察惠，年十余，好老

---

　　① 此文作于 1925 年，后收入《吕思勉论学丛稿》。

氏，通辩能言。父业，为尚书郎。时裴徽为吏部郎，弼未弱冠，往造焉。徽一见而异之，问弼曰：夫无者，诚万物之所资也，然圣人莫肯致言，而老子申之无已者何？弼曰：圣人体无，无又不可以训，故不说也，老子是有者也，故恒言无所不足。寻亦为傅嘏所知，于时何晏为吏部尚书，甚奇弼，叹之曰：仲尼谓后生可畏，若斯人者，可与言天人之际乎？……淮南人刘陶善论纵横，为当时所称。每与弼语，尝屈弼。弼天才卓出，当其所得，莫能夺也。性和理乐游宴，解音律，善投壶，其论道附会文辞，不如何晏，自然有所拔得多晏也，颇以所长笑人，故时为士君子所疾。弼与钟会善，会论议以校练为家，然每服弼之高致。何晏以为圣人无喜怒哀乐，其论甚精，钟会等述之，弼与不同，以为圣人茂于人者神明也，同于人者五情也；神明茂，故能体冲和以通无；五情同，故不能无哀乐之应物。然则圣人之情应物，而无累于物者也。今以其无累，便谓不复应物，失之多矣。弼注《易》，颍川人荀融，难弼大衍义，弼答其意白，书以戏之曰：夫明足以寻极幽微，而不能去自然之性，颜子之量孔父之所预在，然遇之不能无乐，丧之不能无哀，又尝挟斯人以为未能以情从理者也。而今乃知自然之不可革，是足下之量，虽已定乎胸怀之内，然而隔逾旬朔，何其相思之多乎？故知尼父之于颜子，可以无大过矣。弼注《老子》，为之指略，致有理统。注《易》，往往有高丽言。太原王济好谈，病老庄，尝云：见弼《易》注，所悟者多……弼之卒也，晋景王闻之，嗟叹者累日。……孙盛曰：《易》之为书，穷神知化，非天下之至精，其孰能与于此，世之注解，殆皆妄也。况弼以附会之辨，而欲笼统玄旨者乎？故其叙浮议，则丽辞溢目；造阴阳，则妙赜无间，至于六爻变化，群象所效，日时岁月，五气相推，弼皆摈落，多所不关，虽有可观者焉，恐将泥夫大道（《博物记》曰：初，王粲与族兄凯俱避地荆州，刘表欲以女妻粲，而嫌其形陋而用率，以凯有风貌，乃以妻凯,凯生业……蔡邕有书近书卷,末年载数车与粲,粲亡后,相国椽魏讽谋反,粲子与焉,既被诛,邕所书,悉入业。业字长绪,位至谒者仆射,子宏,字正宗,司隶校尉。宏,弼之兄也。《魏氏春秋》曰:文帝既诛粲二子,以业嗣粲)。弼所注《易》及《老子》,皆存。弼之《易》注,与何晏之《论语集解》,同为谈玄家所注之经。

晋初以风流著称者,有竹林七贤,七贤者,山涛、阮籍、嵇康、向秀、刘伶、阮咸、王戎也。涛字巨源,河内怀人,性好庄、老,每隐身自晦,与嵇康、吕安善,后遇阮籍,便为竹林之游,著忘言之契,与宣穆后有中表亲,是以见景帝入仕,晚为吏尚典选甚久,称为知人。王戎字濬冲,琅邪临沂人,浑之子也。阮籍与浑为友,戎少籍二十岁,亦相与为竹林之游,仕历司徒尚书,与时舒卷,无謇谔之节,然亦号为知人。戎性好利,天下谓之膏肓之疾。阮籍字嗣宗,陈留尉氏人,瑀之子也。博览群籍,尤好庄、老。曹爽辅政,召为参军,以疾辞,屏于田里,岁余而爽诛,时人服其远识,后乃入仕。籍本有济世志,属魏晋之际,天下多故,名士少有全者,由是不与世事,酣饮为常。籍不拘礼法,然发言玄远,不臧否人物,著《达庄论》《大人先生传》。子浑,字长成,有父风,少慕通达,不饰小节。咸字仲容,任达不拘,与叔父籍,为竹林游,当世礼法之士,讥其所为。山涛举咸典选,武帝以咸沉酒浮虚,遂不用。与从子修特相善,每以得意为欢。二子瞻,字千里,读书不甚研求,而默识其要,遇理而辩,辞不足而旨有余。见司徒王戎,戎问:圣人贵名教,老、庄明自然,其旨同异。瞻曰:将无同。戎咨嗟良久,即命辟之,时人谓之三语椽。孚字遥集,蓬发饮酒,不以王务关怀。修字宣子,好易老,善清言,尝有论鬼神有无者,皆以人死者有鬼;修独以为无。曰:"今见鬼者云,著生时衣服,若人死有鬼,衣服有鬼邪?"(案此论王仲任尝持之)性简任,不修人事,绝不喜见俗人,遇便舍去。王衍当时谈宗,自以论易略尽，然有所未了，研之终莫悟。每云："不知比没当见能通之者否？"衍族子敦，谓衍曰："阮宣子可与言。"衍曰："吾亦闻之，但未知其犷犷之处，定何如耳？"及与修谈，言寡而旨畅，衍乃叹服焉。族弟放，字思度，少与孚齐名，中兴为太子中舍人庶子。尝说：老、庄不及军国。明帝甚友爱之。裕字思旷，放弟，虽不博学，论难甚精。嵇康字叔夜，谯国铚人，好老、庄，常修养性服食之事，著《养生论》。又以为君子无私，所与神交者，惟陈留阮籍、河内山涛，豫其流者，河内向秀、沛国刘伶、籍兄子咸、琅邪王戎，遂为竹林之游，世所谓竹林七贤也。山涛将去选官，举康自代，康乃与涛书告绝。东平吕安，服康高致，每一相思，辄千里命驾，康友而友之。后安为兄所枉诉，以事系狱，辞相证引，遂复收康。初，康居贫，尝与向秀共锻于大树之下以自赡给，锺会径造，康不为之礼而锻不辍，良久，会去，康谓曰："何所闻而来？何所见而去？"会曰："闻所闻而来，见所见而去。"会以此憾之，及是言于文帝，遂并害之。康善谈理，又能属文，作《声无哀乐论》。向秀字子期，河内怀人，清悟有远识，少为山涛所知，雅好老、庄之学，为《庄子注》，郭象又述而广之。嵇康善锻，秀为之佐，相对欣然，傍若无人。又共吕安灌园于山阳。刘伶字伯伦，沛国人也，与阮籍、嵇康相遇，欣然神解，携手入林，未尝措意文翰，惟作《酒德颂》一篇。泰始初，对策盛言无为之化，时辈皆以高第得调，伶独以无用罢。

七贤之后，言风流者以王、乐为称首。王衍，戎从弟，字夷甫，初好论纵横之术。魏正始中，何晏、王弼等祖述老、庄之论，以为天地万物皆以无为本，无也者，开物成务，无往而不存也。阴阳恃以化生，万物恃以成形，贤者恃以成德，不肖恃以免身。故无之为用，无爵而贵矣。衍甚贵之，惟裴頠以为非，著论以讥之，而衍处之自若，妙善玄言，惟谈老、庄为事，选举登朝，皆以为称首，矜高浮诞,遂成风俗焉。仕历三公,东海王越讨石勒,衍在军中,越薨,众推为元帅,军败,为勒所擒,以其名高,夜,排墙杀之。乐广,字彦辅,南阳淯阳人,善谈论,每以约言析理,厌人之心。父方参夏侯玄军事,王戎闻广为玄所贵,举为秀才,卫瓘逮见,正始诸名士亦奇之。是时王澄、胡毋辅之等,亦皆任放为达,或至裸体,广闻而笑曰:"名教内自有乐地,何必乃尔。"成都王颖与长沙王乂构难,以忧卒。

其时务为放达者,尚有谢鲲、胡毋辅之、毕卓、王尼、羊曼等,即温峤、庾亮、桓彝等,以功业节概著称者,亦皆好庄、老,务旷达,盖一时之风气然也。

诸家著述传于今者,除王弼之《易注》《老子注》,郭象之《庄子注》外,又有张湛之《列子注》,此不徒注出张湛,即正文疑亦张氏摭拾旧文,益以己见而成之也。今节录阮籍《达庄论》于下,以见当时务玄谈者之宗旨焉:

> ……天地生于自然,万物生于天地……自然一体,则万物经其常,入谓之幽,出谓之章,一气盛衰变化而不伤,是以重阴雷电,非异出也,天地日月,非殊物也。故曰:自其异者视之,则肝胆楚越也;自其同者视之,则万物一体也。……故以死生为一贯,是非为一条也。……彼六经之言,分处之教也;庄周之云,致意之辞也。……然后世之好异者,不顾其本,如言我而已矣,何待于彼,残生害性,还为仇敌,断割肢体,不以为痛,目视色而不顾耳之所闻,耳所听而不待心之所思,心欲奔而不适性之所安,故疾痛萌则生意尽,祸乱作则万物残矣。至人者,恬于生而静于死,生恬则情不惑,死静则神不离,故能与阴阳化而不易,从天地变而不移,生究其寿,死循其宜,心平气

治，消息不亏……

此即万物毕同毕异，泛爱天地万物一体之说也。

嵇康之《养生论》，殊有理致，今录如下，以见当时养生家之理论，且可窥见其对于物质之思想焉：

> 世或有谓神仙可以学得，不死可以力致者，或云上寿百二十，古今所同，过此以往，莫非妖妄者，此皆两失其情。试粗论之：夫神仙虽不目见，然记籍所载，前史所传，较而论之，其有必矣。似特受异气禀之自然，非积学所能致也。至于导养得理以尽性命，上获千余岁，下可数百年，可有之耳，而世皆不精，故莫能得之。何以言之，夫服药求汗，或有不获，而愧情一集，涣然流离，终朝未餐，则嚣然思食，而曾子衔哀，七日不饥，夜分而坐，则低迷思寝；内怀殷忧，则达旦不暝，劲刷理鬓，醇醴发颜，仅乃得之，壮士之怒，赫然殊观，植发冲冠。由此言之，精神之于形骸，犹国之有君也，神躁于中，而形丧于外，犹君昏于上，国乱于下也。夫为稼于汤，世偏有一溉之功者，虽终归于焦烂，必一溉者后枯，然则一溉之益，固不可诬也。而世常谓一怒不足以侵性，一哀不足以伤身，轻而肆之，是犹不识一溉之益，而望嘉谷于旱苗者也。是以君子知形恃神以立，神须形以存，悟生理之易失，知一过之害生，故修性以保神，安心以全身，爱憎不栖于情，忧喜不留于意，泊然无感，而体气和平。又呼吸吐纳，服食养身，使形神相亲，表里俱济也。夫田种者，一亩十斛，谓之良田，此天下之通称也。不知区种可百余斛，田种一也。至于树养不同，则功败相悬，谓商无十倍之价，农无百斛之望，此守常而不变者也。且豆令人重，榆令人暝，合欢蠲忿，萱草忘忧，愚智所知也。薰辛害目，豚鱼不养，

常世所识也。虱处头而黑，麝食柏而香，颈处险而瘿，齿居晋而黄，推此而言，凡所食之气，蒸性染身，莫不相应，岂惟蒸之使重，而无使轻；害之使暗，而无使明；薰之使黄，而无使坚；芬之使香，而无使延哉？故神农曰：上药养命，中药养性者，诚知性命之理，因辅养以通也。而世人不察，惟五谷是见，声色是耽，目惑元黄，耳务淫哇，滋味煎其腑脏，醴醪煮其肠胃，香芳腐其骨髓，喜怒悖其正气，思虑消其精神，哀乐残其平粹。夫以蕞尔之躯，攻之者非一涂，易竭之身，而内外受敌，身非木石，其能久乎？其自用甚者，饮食不节，以生百病，好色不倦，以致乏绝，风寒所灾，百毒所伤，中道夭于众难，世皆知笑，悼谓之不善持生也。至于措身失理，亡之于微，积微成损，积损成衰，从衰得白，从白得老，从老得终，闷若无端，中智以下，谓之自然，纵少觉悟，咸叹恨于所遇之初，而不知慎众险于未兆，是犹桓侯抱将死之疾，而怒扁鹊之先见，以觉痛之日，为受病之始也。害成于微，而救之于著，故有无功之理，驰骋常人之域，故有一切之寿，仰视俯察，莫不皆然，以多自证，以同自慰，谓天地之理，仅此而已矣。纵闻养生之事，则断以所见，谓之不然，其次，狐疑虽少，庶几莫知所由。其次，自力服药，半年一年，劳而未验，志以厌衰，中路复废。或益之以畎浍，而泄之以尾闾，而欲坐望显报者。或抑情忍欲，割弃荣愿，而嗜好常在耳目之前，所希在数十年之后，又恐两失。内怀犹预，心战于内，物诱于外，交赊相倾，如此复败者。夫至物微妙，可以理知，难以目识，譬犹豫章生七年，然后可觉耳。今以躁竞之心，涉希静之涂，意速而事迟，望近而应远，故莫能相终。夫悠悠者，既以未效求，而求者以不专丧业，偏恃者以不兼无功，追术者以小道自溺。凡若此类，故欲之者，万无一能成也。善养生者，则不然矣，清虚静泰，少私寡欲，知名位之伤德，故忽而不营非欲而强禁也。识厚味之害性，故弃而不顾，非贪而后抑也。外物以累心不存，神气以醇泊独著，旷然无忧患，寂然无思虑，又守之以一，养之以和，和理日济，同乎大顺，然后蒸以灵芝，润以醴泉，晞以朝阳，终以五弦，无为自得，体妙心元，忘欢而后乐足，遗生而后身存。若此以往，庶可与羡门比寿，王乔争年，何为其无有哉。

清谈之风，自正始至南朝之末，迄未尝绝，当时反对之者，亦有其人。今举其著者如下：

傅玄字休奕，北地泥阳人，晋武帝即位，玄以散骑常侍上疏，谓：

> 近者魏武好法术，而天下贵刑名；魏文慕通达，而天下贱守节。其后纲维不摄，而虚无放诞之论，盈于朝野，使天下无复清议。

玄著述甚多，史称其"撰论经国九流，及三史故事，评断得失，各为区例，名为《傅子》，为内外中篇，凡有四部六录，合百四十首，数十万言，并文集百余卷，行于世"。今仅存四库从《永乐大典》辑出之本，残阙已甚。其《贵教篇》谓：

> ……商、韩、孙、吴，知人性之贪得乐进，而不知兼济其善，于是束之以法，要之以功，使天下惟力是恃，惟争是务，恃力务争，至有探汤赴火而忘其身者，好利之心独用也，怀好利之心，则善端没矣。中国所以常制四夷者，礼义之教行也。失其所以教，则同乎夷矣；失其所以同，则同乎禽兽矣。不惟同乎禽兽，乱将甚矣。何者？禽兽保其性然者也，人以智役力也。以

智役力，而无教节，是智巧日用而相残无极也；相残无极，乱孰大焉。

似玄并刑名之学而反对之。然其《通志篇》谓："……有公心，必有公道，有公道，必有公制。""听言必审其本，观事必校其实，观行必考其迹。""夫商贾者……其人甚可贱，而其业不可废，盖众利之所死，而积伪之所生，不可不审察也。"又谓："明君止欲而宽下，急商而缓农，贵本而贱末，朝无蔽贤之臣，市无专利之贾，国无擅山泽之民；一臣蔽贤，则上下之道壅；一商专利，则四方之资困；民擅山泽，则并兼之路开。而上以无常役，下赋物非民所生，而请于商贾，则民财日暴贱，民财暴贱而非常暴贵，非常暴贵则本竭而末盈，末盈本竭而国富民安者，未之有也。"其意实与法家之综核名实为近。《晋书》本传载其上疏欲定制："……通计天下若干人为士，足以副在官之吏；若干人为农，三年足有一年之储；若干人为工，足其器用；若干人为商，足以通货……"尤此等整齐严肃之思想之表现也。其《假言篇》谓："天地至神，不能同道而生万物；圣人至能，不能一检而治百姓。故以异政同者，天地之道也。因物制宜者，圣人之治也。既得其道，虽有诡常之变，相害之物，不伤乎治体矣。"其思想亦与道家合。

订 戴[①]

　　戴东原作《原善》《孟子字义疏证》，以攻宋儒。近人亟称之，谓其足救宋儒之失，而创一新哲学也。予谓戴氏之说，足正宋学末流之弊耳。至其攻宋学之言则多误。宋学末流之弊，亦有创始之人，有以召之者，戴氏又不足以知之也。宋学之弊，在于拘守古人之制度。制度不虚存，必有其所依之时与地。而各时各地，人心不同。行诸此时此地，而犁然有当于人心者，未必其行诸彼时彼地，而仍有当于人心也。欲求其有当于人心，则其制不可不改。是以五帝不袭礼，三王不沿乐。此犹夏葛而冬裘，其所行异，其所以求当同也。宋之世，去古亦远矣。民情风俗，既大异于古矣。古代之制，安能行之而当于人心乎？宋儒不察，执古之制，以为天经地义，以为无论何时何地，此制皆当于理。略加改变，实与未改者等，而欲以施之当时。夫古之社会，其不平等固甚。宋时社会之等级，既不若古之严矣，在下者之尊其上，而自视以为不足与之并，亦不若古之甚矣，宋儒执古之制而行之，遂使等级之焰复炽，与人心格不相入。戴氏之言曰："今之治人者，视古圣贤体民之情，遂民之欲，多出于鄙细隐曲，不屑措诸意，而及其责以理也，不难举旷世之高节，

---

　　① 此文作于 1926 年，后收入《吕思勉论学丛稿》。

著于义而罪之。尊者以理责卑，长者以理责幼，贵者以理责贱，虽失谓之顺；卑者、幼者、贱者以理争之，虽得谓之逆。于是下之人，不能以天下之同情，天下所同欲，达之于上。上以理责其下，而在下之罪，人人不胜指数，人死于法，犹有怜之者。死于理，其谁怜之？"夫使尊者、长者、贵者，威权益增；而卑者、幼者、贱者，无以自处，是诚宋学之弊，势有所必至。由其尊古制，重等级，有以使之然也(东原又谓："今处断一事，责诘一人，莫不曰理者。于是负其气，挟其势位，加以口给者理伸，力弱，气慑，口不能辞者理屈。"此则由人类本有强弱之殊，理特具所借口耳。不能以此为提倡理者之罪也)。至于以理责天下之人，则非创宋学者之所为，而为宋学末流之失。戴氏又谓："理欲之说行，则谗说诬辞，得刻议君子而罪之，使君子无完行。"夫以宋儒克己之严，毫厘不容有歉，因推此以绳君子而失之严，事诚有之。至于小人，则宋儒曷尝谓其欲可不遂，而不为之谋养生送死之道哉？横渠见饿莩，辄咨嗟，对案不食者经日。尝以为欲致太平，必正经界。欲与学者买田一方试之，未果而卒。程子提倡社会，朱子推行社会。凡宋儒讲求农田、水利、赋役之法，勒有成书，欲行之当世者，盖数十百家。其志未尝行，其书亦不尽传，然其事不可诬也。乡曲陋儒，抱《性理大全》，侈然自谓已足，不复知世间有相生相养之道；徒欲以旷世之高节，责之人民，此乃宋学末流之失，安可以咎宋学乎？宋儒所谓理者，即天然至善之名，戴氏所谓必然之则也。戴氏称人之所能为者为"自然"，出于血气。其所当止者为"必然"，出于心知，与宋儒称人之所能为而不必当者为气质，为欲，所当善者为义理，为性，有以异乎？无以异乎？夫特异其名而已。戴氏则曰："吾所谓欲者，出于血气。所谓理义者，出于心知。血气心知，皆天之所以与我，是一本也。宋儒谓理出于天，附著凑泊于形体。形体者气质，适足为性之累。是二之也。"夫宋儒曷尝谓气质非出于天哉？谓："义理气质,同出于天,则气质不应为义理之累。宋儒谓气质为义理之累,是二之也。"然则戴氏所谓血气者,任其自然,遂不足为心知之累欤？谓任血气之自然,不足为心知之累,则戴氏所谓"耳目鼻口之欲,必以限制之命节之"之说,为不可通矣。谓性必限之以命；而声色臭味当然之则,必以心为之君,则宋儒之说,戴氏实未有以易之也。若曰："民之秉彝,好是懿德。心知之自然能好懿德,犹耳目鼻口之自然能好声色臭味。以是见义理之具于吾心,与宋儒谓义理之性原于理,而理出于天者不同。"则宋儒固亦未尝不谓理悬于吾心也,特本之于天耳。即戴氏谓义理之性,天然具于吾之心知,而摧厥由来,亦不能谓其不本之于天也。戴氏谓："饮食能为身之养者,以其所资以养之气,与所受之气同。问学之于德性亦然"是也。安得谓宋儒"更增一本"乎？

戴氏曰："宋儒所谓理,即老氏所谓真宰,释氏所谓真空也。老释自私其身,欲使其身离形体而长存。乃就一身分为二,而以神识为本。推而上之,遂以神为有天地之本。以无形无迹者为有,而视有形有迹者为幻。宋儒以理当其无形无迹者,而以气当其形体。故曰心性之郛廓。"老氏、释氏是否自私其身？是否歧神与形而二之？今不暇及。宋儒之辟释氏也,曰："释氏本心,吾儒本天。"其所谓理,与老、释之所谓神识非同物,则彰彰明矣。宋儒盖病老释以万物为虚,独吾心所知见者为实,则一切皆无定理,猖狂妄行,无所不可,故欲以理正之。宋儒所谓理者,乃事物天然之则,即戴氏所谓"有物必有则",而其所谓义理之性,则吾心之明,能得此天然之则者,即戴氏所谓"能知不易之则之神明"也。安得视为虚而无薄之物乎？

戴氏谓"老、释内其神而外形体。举凡血气之欲,悉起于有形体以后,而神至虚静,无欲无为。宋儒沿其说。故于民之饥寒愁怨、饮食男女，常情隐曲之感。咸视为人欲之甚轻。古之言理也，就人之情欲求之，使之无疵。今之言理也，离人之情欲求之，使之忍而不顾。故用之治人，则祸其人。夫人之生也，莫病于无以遂其生。欲遂其生，亦遂人之生，仁也。欲遂其生，至于戕人之生而不顾，不仁也。不仁实始于欲遂其生之心。无此欲，必无不仁矣。然使无此欲，则于天下之人，生道穷促，亦将漠然视之。己不必遂其生，而遂人之生，无是情也。故欲不可无，节之而已。谓欲有邪正则可，以理为正，以欲为邪，则不可也。"此为戴氏主意所在，自比于孟子不得已而言者。吾闻朱子之言曰："饮食，天理也。要求美味，人欲也。"则朱子所谓天理，亦即欲之出于正者。与戴氏谓"欲其物，理其则"同。未尝谓凡欲皆不当于理也。人之好生，乃其天然不自已之情。自有人类以来，未有能外之者也。世固有杀身以成仁，亦有杀以止杀者。彼以为不杀其身，不杀杀之可以止杀之人，则于生道为有害。其事虽出于杀，其心仍以求夫生也。自有人类以来，未有以死为可歆，生为可厌者。戴氏以为宋学者不欲遂其生为虑，可谓杞人忧天之坠矣。若谓欲遂人之生者，先不能无自遂其生之心，则又有说。世无不肯舍其身而可以救人者，盖小我之与大我，其利害时有不同。于斯时也，而无舍己救人之心，亦如恒人，徒存一欲遂其生之念，则终必至于戕人之生而不顾。此成仁之所以必出于杀身；而行菩萨行者，所以必委身以饲饿虎也。彼行菩萨行者，宁不知论各当其分之义，固不当食肉以自养，亦不必委身以饲虎哉？不有纯于仁之心，固无以行止于义之事。彼行止于义者，其心固纯于仁。所以止于义者，以所能行之仁，止于如此；不如此，则转将成为不仁；故不得已而止于此，而非其心之遂尽于此也。心之量，苟适如其分而已，及其行之，未有能尽乎其分者。而戴氏所谓戕人之生以遂其生之祸作矣。故以纯乎理责恒人，宋儒未尝有此；

其有之,则宋学末流之失也。至于以纯乎理自绳其身,则凡学问,未有不当如此者。抑天下之人,使皆进于高节则不能。诱掖天下之人,使同进于高节,则固讲学问者,所当同具之志愿。而非至天下之人,真能同进于高节,天下亦决无真太平之望也。

戴氏谓"老、释以其所谓真宰真空者为已足,故主去情欲勿害之,而不必问学以扩充之。宋儒之说,犹夫老释之说,故亦主静。以水之清喻性。以其受污浊喻气质。宋儒所谓气质,即老、释所谓情欲也。水澄之则清,故主静,而易其说为主敬存理"云云。主静之说,发自周子。其说曰:"立天之道,曰阴与阳。立地之道,曰柔与刚。立人之道,曰仁与义。"又曰:"圣人定之以中正仁义而主静,立人极焉。"盖以人之所行,不越仁义。而二者名异而实同。义所以行仁,而仁则所以为义立之体。无义固无以行仁,无仁亦无所谓义。当仁而仁,正其所以为义;当义而义,亦所以全夫仁,所谓中也。止于中而不过,则所谓静也。何以能静,必有持守之方焉,则程子所谓主敬也。主敬而事物至当不易之则(宋儒所谓理)。存焉矣。宋儒所谓静,非寂然不动之谓也。戴氏之说,实属误会。

戴氏谓:"宋儒详于论敬,而略于论学。"此亦宋学末流之失。若程、朱,则"涵养须用敬,进学在致知",两端固并重也。抑进学亦必心明而后能之,故反身自勘之学,终不能不稍重于内。戴氏曰:"圣人之言,无非使人求其至当,以见之行。求其至当,即先务于知也。凡去私不求去蔽,重行不先重知,非圣学也。"此说与程、朱初无以异。又曰:"闻见不可不广,而务在能明于心,一事豁然,使无余蕴。更一事而亦如是。久之,心知之明,进于圣知,则虽未学之事,岂足以穷其知哉?"此说亦与朱子一旦豁然贯通之说同。盖天下事物,穷之不可胜穷,论明与蔽者,终不得不反之于心也。然与戴氏力主事物在吾心之外;谓心知之资于事物以益其明,犹血气之资于饮食以益其养者,则未免自相矛盾矣。

戴氏谓:"心之能悦懿德,犹耳目鼻口之能悦声色臭味。接于我之血气,辨之而悦之者,必其尤美者也。接于我之心知,辨之而悦之者,必其至是者也。"夫口之同嗜易牙,目之皆姣子都,耳之皆聪师旷,亦以大致言之耳。鸱枭嗜鼠,即且甘带,人心之异,有不翅其若是者矣。谓义理之尤美者,必能为人所悦,其然,岂其然乎?乃戴氏又曰:"理也者,情之不爽失者也。凡有所施于人,反躬而静思之,人以此施于我,能受之乎?凡有所责于人,反躬而静思之,人以此责于我,能尽之乎?以我絜之人则理明。"故曰:"去私莫如强恕。"夫人心之不同,如其面焉。固有此视为不能受,彼视为无难受;此视为不能尽,彼视为无难尽者矣。若曰:"公则一,私则万殊,人心不同如其面,只是私心。"则非待诸私欲尽去之后不可,因非凡人所能持以为是非之准也。凡人而度其所能受以施诸人,度其所能尽以责诸人,适见其一人一义,十人十义,樊然淆乱而已矣。戴氏曰:"心之所同然,始谓之理,谓之义。未至于同然者,存乎其人之意见,非理也,非义也。凡一人以为然,天下万世皆曰:是不可易也。此之谓同然。"此说安能见之于实?如戴氏之所云,亦适见其自谓义理,而终成其为意见而已矣。

蒙古种族考[①]

　　蒙古自成吉思汗崛起,至忽必烈汗灭宋,先后仅七十年,声威所加,欧亚二洲,无与抗颜行者。当时南北亚美利加尚未发见,非洲则在草昧榛狉之域,蒙古人之势力,几于混一欧亚,即几于混一世界矣,此诚前古所未有也。然蒙古种族所自始,史籍阙焉不详,一翻阅元史,直从太祖叙起,于先世事迹,一语不及,令人茫然不知蒙古部族之所由来,非特不及《北史》特列世纪之精详,即较之《辽史》于契丹部族原始,尚于营卫志中加以考证者,亦觉疏密之相去,不可以道里计矣。是诚读史者之一大缺憾也。

　　蒙古二字,自宋以前,史无闻焉。《秘史》为元人自作之书,号称最可信据,然亦但自称其种族曰忙豁勒,而不详其所由来。惟《松漠纪闻》云盲骨子,契丹事迹谓之朦古国,即唐书所纪之蒙兀部,溯源为最远矣。案《旧唐书》云:"室韦,契丹之别类也。其北大山之北,有大室韦,傍望建河,源出突厥东北界俱轮泊,屈曲东流,经西室韦界,又东,经大室韦界,又东,经蒙兀室韦之北,落俎室韦之南,又东流,与那河忽汗河合,又东,经南黑水靺鞨之北,北黑水靺鞨之南,东流注于海。"洪文卿侍郎云:《唐书·地理志》:回鹘有

---

　　① 此文原载《大中华》第1卷第11期,1915年中华书局出版。

延袤伽水,一曰特延勒泊,泊东北千余里,有俱轮泊,泊之四面皆室韦。所谓北大山,必是大兴安岭,俱轮泊当即呼伦淖尔,为黑龙江南源。《水道提纲》称曰枯轮泊,此外湖泊,更无同音。又以唐时回鹘地望证之,故知是也。据此以考元之先世,在黑龙江南,即所谓望建河。唐后西南从克鲁伦河斡难河。蒙兀《新唐书》作蒙瓦。尤与《秘史》忙豁音类。蒙兀、忙豁二音,一敛一纵,《秘史》于忙豁字旁皆注"中"字,明宜敛音口中,不宜纵音口外。忙豁敛音,即蒙兀矣。元时西域人拉施特而哀丁奉敕修史,亦称蒙兀勒,不称蒙古勒,谓蒙兀人自言部族得名,由来已久,与《松漠纪闻》之说,不谋而合。至今波斯人仍称蒙古为蒙兀儿。明时波斯书称天山以北曰蒙兀里斯单。尝面询波斯使臣,详审语音,实非古字。《瀛环志略》云:"明嘉靖间,撒马儿罕别莫卧尔,攻取中印度立国,势张甚。谓莫卧儿即蒙古,实即蒙兀儿。萃中外之见闻以相印证,其为蒙兀而不当作蒙古明甚。"案侍郎此说,考证蒙古之即蒙兀室韦,可谓精确详尽,且犹有一至坚之证据,室韦出于鲜卑,鲜卑与靺鞨同族,靺鞨即满洲人之祖也。今满蒙语言固多相同者。此又可为蒙古出于室韦之确证矣。然独何以解于蒙古人自著之书?案《元秘史》云:"当初元朝人的祖,是天生一个苍色的狼,与一个惨白色的鹿相配了,同渡过腾吉思名字的水,来到斡难名字的河源头,不儿罕名字的山前住著,产了一个人,名字唤作巴塔赤罕。"狼鹿生人,语近荒诞,然玩其语气,既指其播迁之所自,复详其奠居之山川,此岂指兽类语耶?及一翻蒙文《秘史》原本,乃知所谓苍色狼者,当译音曰孛儿帖赤那,所谓惨白色鹿者,当译音曰豁埃马阑勒,盖皆人名非畜类也。北人以狼为猛兽,故以名男,鹿性驯,故以名女,犹中国人之以虎为名矣。其开卷数语,当译云"自天而生之孛儿帖赤那,及其妻豁埃马阑勒,渡腾吉思海,营于斡难河之源不而罕山"则合矣。所谓自天而生者,犹中国古以天子为感天而生也。明人之译《秘史》,意在藉此考证蒙古语言,而不在于考其史事(别有考)。故于人姓地名之旁,往往附释其语意,传写者不察,遂误以人名为狼鹿耳。据此,则蒙古先世,当以孛儿帖赤那为始祖,而其种族,实来自腾吉思海地方。所谓腾吉思海者,果何地乎?案《蒙古源流考》云:"土伯特智固木赞博汗,为奸臣隆纳木篡弑,其三子皆出亡。第三子布尔纳齐诺,逃往恭博地方,即娶恭博地方之女。地方人众,尊为君长,生子必塔赤罕。"布尔纳齐诺即孛儿帖赤那,必塔赤罕亦即巴塔赤罕也。然则蒙古先世,为吐蕃王室之裔,所谓腾吉思海子者,即今西藏拉萨西北之腾吉里池,不而罕山即今外蒙古车臣土谢图汗境上之布尔罕哈勒那都岭。孛儿帖赤那盖即吐蕃可汗之季子,因遭家国之变,自拉萨出奔,越腾吉里池而至今外蒙古地方者也。

夫蒙古先世出于吐蕃王室之说,据蒙古人所自述,章章如此,而其出于室韦分部之说,按之中国载籍,又确凿如彼,果孰为是而孰为非耶。曰:皆是也。按蒙文《秘史》云:"巴塔赤罕生塔马察,塔马察生豁里察儿蔑儿干,豁里察儿蔑儿干生阿兀站孛罗,阿兀站孛罗生撒里合察兀,撒里合察兀生也客尔敦,也客尔敦生挦锁赤,挦锁赤生合儿出,合儿出生孛儿只吉歹蔑儿干。孛儿只吉歹蔑儿干妻曰忙豁勒真豁阿。"忙豁勒即蒙古二字之正译,已见前。忙豁勒真,犹言蒙古部人。豁阿,蒙古语美女之称,忙豁勒真豁阿,犹言蒙古部之美女,盖游牧人种男统未立,得姓之由,多从女系,孛儿只吉歹蔑儿干始娶蒙古部女,故其子孙皆以蒙古为姓,犹金始祖函普娶靺鞨完颜部女,而其子孙遂以完颜为姓也。

此外汉人记录,又有谓蒙古先世,出自靺鞨者。宋黄震《古今纪要逸编》云:"靺鞨与女真同种,皆靺鞨之后,其居混同江者曰女真,居阴山北者曰靺鞨,靺鞨之近汉者曰熟靺鞨,远汉者曰生靺鞨。

鞑靼有二,曰黑曰白,皆事女真。黑鞑靼至忒没真叛之,自称成吉思皇帝。又有蒙古国者,在女真东北,我嘉定四年,鞑靼始并其名,号称大蒙古国。"孟琪《蒙鞑备录》云:"鞑靼始起,地处契丹西北,族出于沙陀别种,故历代无闻。其种有三,曰黑,曰白,曰生。所谓白鞑靼者,颜貌稍细,所谓生鞑靼者,甚贫且拙,且无能为。今成吉思皇帝及将相大臣,皆黑鞑靼也。"案此二书,俱以为鞑靼有黑白二种(生熟乃近塞之称,非种族之别,犹女真系辽籍者称熟,不系辽籍者称生也。《蒙鞑备录》与黑白并列为三种,误)。而成吉思汗则出于黑鞑靼,特一以鞑靼为女真同族,一以为沙陀别种,一则但言成吉思汗出于鞑靼,而不更言蒙古,一似鞑靼即蒙古,一则谓蒙古别为女真东北之一国,成吉思汗特并其名以自号,一若毫无血统上之关系者然,为相异耳。果如《古今纪要》之说,则蒙古与鞑靼渺不相涉,成吉思汗何缘忽以其名自号?况循览《秘史》,记载蒙古先世事迹甚详,曾未有于成吉思汗一族之外,别有所谓蒙古国者,至嘉定四年乃并其名以自号之说乎,此其说之谬误,殆无俟辨(案铁木真称成吉思汗号事在宋开禧二年,黄氏盖误以称汗为改定国号而又误后五年也)。特所谓鞑靼者,不特孟琪、黄震皆以为蒙古所自出,即蒙古人亦恒以之自称,《秘史》中所谓达达者是也。然则鞑靼之与蒙古,亦必有种族上之关系可知矣。案《唐书》云,鞑靼者,靺鞨别部之居阴山者也。李克用叛唐兵败,奔其部。及讨黄巢,乃将鞑靼万余人南。又《蒙鞑备录》云:"鞑人在本国时,金虏大定间,燕京及契丹地有谣言云,鞑靼去,赶得官家没处去。葛酋雍宛转闻之,惊曰:必是鞑人为我国患,乃下令,极于穷荒,出兵剿之。每三岁,遣兵向北剿杀,谓之减丁。迄今中原尽能记之。鞑人逃遁漠北,怨入骨髓,至伪章宗立,明昌年间,不令杀戮,以此鞑人稍稍还本国云。"据此参稽,则鞑靼之所由来,又可瞭然矣。鞑靼者,本靺鞨别部,自唐中叶后,始徙居阴山者也(故孟琪云历代无闻)。

其时西突厥别部沙陀，亦适以遭吐蕃之难，来居是土，因所处之地相近，二种人遂相亲交，故李克用兵败，得往依之，及讨黄巢，且能用其人。夫二种族既相亲交，则婚姻互通，遂生新种，所谓白鞑靼也。其距塞较远之鞑靼，不与沙陀通婚媾者，则仍为单纯之血系，所谓黑鞑靼也。生熟鞑靼，史虽不言其孰为黑白，然大抵近塞者多白，远塞者多黑，此可推测而知矣。鞑靼种人，本处漠南，无由与室韦分部之蒙兀相接(孟琪所谓鞑人在本国时也)，自金人下减丁之令，岁岁出兵，向北剿杀，此种人遁逃奔走，不得安其居，乃有播迁漠北，与蒙兀相遇者。种族既同，联结自易，故迄于金之季世，蒙古人复以达达自号也。盖至此而蒙兀之与鞑靼，亦已不复可分析矣。然则宋时之所谓蒙兀者尚非单纯之室韦种人也。

又按《秘史》载元世系，始于孛儿帖赤那，而拉施特所作《蒙古史》，则所记载尚在其前，其言曰："相传古时，蒙兀与他族战，全军覆没，仅遗男女各二人。遁入一山，斗绝险巘，惟一径通出入。而山中壤地宽平，水草茂美，乃携牲畜辎重往居，名其山曰阿儿格乃兖。二男，一名脑古，一名乞颜。乞颜义为奔瀑急流，以其膂力迈众，一往无前，故以称名。乞颜后裔繁盛，称之曰乞要特。乞颜变音为乞要，曰特者，统类之词也。后世地狭人稠，乃谋出山，而旧径芜塞，且苦艰险，继得铁矿，洞穴深邃，爰伐木炽炭，篝火穴中，宰七十牛，剖革为筒，鼓风助火，铁石尽熔，衢路遂辟。后裔于元旦锻铁于炉，君与宗亲，次第捶之，著为典礼。"(《元史译文证补》一)化铁成路，语涉不经，然拉施特身仕宗藩之朝，亲见捶铁之典，其所记载，断不能指为虚诬。且乞要特即元史之奇渥温。拉施特所载，实为有元帝室得氏之由，更不能指为无据。然《秘史》为元人自述先世事迹，最可信据之书，初无此一段文字，而《蒙古源流考》且明言布尔纳齐诺为吐蕃可汗之子，此何故欤？岂此一段事实，固智固木赞博汗先世之事耶？非也。案《隋书·突厥传》云："其先国于西海之上，为邻国所灭，男女无少长尽杀之。有一儿，年且十岁，以其小，不忍杀。刖足断臂，弃大泽中。有牝狼每衔肉至其所，此儿固得不死。其后遂与狼交，狼有孕焉。负至于西海之东，止于山上。其山在高昌西北，有洞，牝狼入其中，遇得平壤茂草，地方二百余里。后狼生十男，其后各为一姓，阿史那其一也。子孙蕃育，渐至数百家，经数代，相与穴处，而臣于蠕蠕。"案此所传，与拉施特所纪蒙古事，语殊相类。洪侍郎因谓蒙古袭突厥语以叙先德，又谓《秘史》谓狼鹿生人为蒙古鼻祖，亦显拾突厥唾余。夫蒙古当拉施特作史时，正声威昌炽之际，突厥虽大族，在蒙人视之，亦奔亡之余，藩属之列耳。窃其传说，岂足自重？况拉施特修史时，西域宗王，尽出先时卷牒，资其考核，复命蒙古大臣谙掌故者，襄理其事，视之何等慎重，而肯剿窃异族荒诞无稽之说，以自乱其史实乎？且吐蕃赞普，固亦泱泱大国之君，蒙古先世果其胄裔，秉笔直书，岂尚不足为荣，而自托于败亡俘虏之余耶？然此二事，实绝相类，虽欲不指为一事之传讹而不得也。此又何故？吾知之矣。此盖由蒙古部族与鞑靼混合而生也。鞑靼种族与沙陀相混淆。其说既具于前矣。沙陀者，其先本名处月，为西突厥别部，处月异译，则为朱邪。西突厥亡，是族人居金娑山之阳，蒲类海之阴，地有大碛曰沙陀，因号为沙陀突厥（见《唐书》。蒲类海今巴里坤湖也）。所谓沙陀者，以地望称之，非其种族之名，其种族则固突厥也。惟其为突厥也，故其先世之事迹，部族中必有能记之者，观于元旦捶铁之著为典礼可知矣。此种传说，此种典礼，当沙陀突厥与阴山以北之鞑靼混合时，尚能守之，及其既与鞑靼混合为白鞑靼，再与蒙古种族混合后，尚相承而勿替，故蒙兀人亦遂视为本族之古史也。且成吉思汗一族，既同为奇渥温氏，则亦不能谓其血统与沙陀突厥无关系，而拉施特列此一段事实于蒙古全史之首，正不能诮其谓他人父矣。洪氏不知蒙兀与鞑靼之关系，故读此一段历史，而辗转生疑，既疑拉施特为袭人成说以自叙先德，并疑《秘史》为拾人唾余，而不知茫昧传说之古史，虽或难明，断无虚构，苟能精心读之，正见其字字皆宝也。

又案成吉思汗之兴，得力于汪古部之协助者不少。当礼木合王罕先后败亡时，漠南北部族，足与蒙古抗者，惟一乃蛮。乃蛮部长太阳罕，使约汪古部长阿剌忽失的吉惕忽里（名见《秘史》即《元史》之阿剌兀思剔吉忽里，本纪作白达达部主）。伐蒙古，阿剌忽失的吉惕忽里以告，成吉思汗因得先举灭乃蛮，乃蛮亡而漠南北尽平，乃得专力以图中原。嘉定四年，誓师伐金，四月，至大水泺（今察哈尔正蓝旗牧地之大水淖尔）。是夏，休士众于汪古部。及秋，乃进兵。阿剌忽失的吉惕忽里亲为之向导，尽得边地险要形胜，而金事遂不可支矣。夫金所恃以为险者，外堡也，所谓外堡者，金大定间所筑，东起长春达里带石堡子（今嫩江西岸布特哈境），西抵鹤五河（在科尔沁右翼中旗北二百里见《蒙古游牧记》），属东北路招讨司。起鹤五河堡子，西南至撒里乃（《金史·地理志》临潢路下总管府有撒里乃之地，有行宫。临潢故城在今巴林旗博罗和屯，撒里乃当在其北）。属临潢路总管府。又西起坦舌（山西武川厅北，有塔集呼都克塔集，即坦舌异文，呼都克井也），东至胡烈么（即《元史·太祖纪》之乌月营地，在抚州）。几六百里，属西北招讨司，至明昌间，塞外之防益急，先后遣使缮加女墙副堤（以上皆见《金史·地理志》及《独吉思忠传》）。而净州斗入天山，当外堡西头，为北族进路，形势尤要。汪古部以一军守其冲（净州今归化城北），其责任不可谓不重。使阿剌忽失的吉惕忽里知蒙古之强，入告金廷，豫为戒备，则章宗一代，于北方经略，未尝懈怠，固可豫为之计，何至如后此之仓卒防秋？即当成吉思汗南伐时，汪古部长若不假以水草，恣其休牧，且躬为之向导，以入长城，则蒙古兵远来疲敝，且主客异形，亦安能得志若是之易？拉施特以汪古部归顺为金亡之由,可谓有识矣。夫蒙古部族虽强,然当成吉思汗灭塔塔儿时,犹受金廷札兀忽里之职(见《秘史》)。而金当承安泰和之际,亦尚席中原全盛之余,必谓逆料蒙古之可以灭金,恐无论何人,无此先识也。然则阿剌忽失的吉惕忽里之倾心于成吉思汗,果何为哉?盖汪古亦白鞑靼部族,蒙兀部众,既与北徙之鞑靼混合,则二者有种族之亲焉,较之乃蛮之天各一方者,其疏戚自不可同日而语,而减丁之令,汪古部虽力不能报,未尝不心焉痛之,故亟思假手于成吉思汗,以复同种被戮之仇也。然则燕京大定之谣,卒非减丁剿杀所能解免,而适以启诸部族仇视之心,亦可见杀戮之不足以弭患矣。然蒙古与鞑靼关系之密,则于此而益可见也。

　　如上所述,则蒙古盖室韦、突厥、吐蕃三种人相混合之种族也。室韦出于鲜卑,鲜卑出于东胡,其入据中夏者,有慕容氏,有跖跋氏,有耶律氏,即女真满洲高丽日本,亦皆与鲜卑同族(女真满洲皆出靺鞨,靺鞨在两汉时曰挹娄,周以前曰肃慎。高丽出于夫余,夫余出于涉。日本人自称其种族曰大和,盖亦自亚洲大陆东北方播迁而入三岛者。今满蒙、朝鲜、日本语系概相同,可为种族相同之铁证)。东洋史上,善模效汉族之文明者莫此族人若也(如匈奴、突厥皆与汉族交涉甚多,然沐浴其文明较少)。突厥与回纥同种。回纥为铁勒十五部之一,铁勒,亦曰敕勒,乃汉时丁令二字之音转,为东洋史上最强武之种族(突厥之强,远在匈奴契丹之上,女贞满洲无论矣,余别有说)。吐蕃,《唐书》以为秃发氏之后,则亦出于鲜卑,然据今西藏学家之言,则此说殊为无据。今西藏学家言,藏人种族之由来,当以其古代经典所自述者,为最可信据。据此,则藏人实印度阿利安人之分支,自希马拉雅山之陉入藏者也。夫印度人,固亦世界史上之优等人种也,蒙人混合此三者之血统而一之,而别生新种,其为优强,固无俟言矣。然今竟何如哉!一追怀成吉思汗之伟烈,而感不绝于予心也。

历史上之民兵与募兵[①]

予既撰《非攻寝兵平议》,难者或曰:如子言,则兵终不可得而弭;兵终不可得而弭,则中国终不能不恃兵以自存。而欲恃兵以自存,则中国其危矣。何也?人才非一时所能造就也;国民怯战之心,非一时所可变也;粮饷之储,交通之具,非一时所能备也;现今战事,最重器械;器械之精,端资学术,尤非一时所能深造也。此等即皆勿论,但养兵数十万,已非今日财力所能堪矣;况于一船一炮之费,动累巨万乎?夫不富强则不能战,而非战胜又不能富强,则中国其将沦胥及溺矣乎?应之曰:是不然。吾之所以非攻寝兵者?谓以理言之,兵终不可尽弭。今之作弭兵之论者,于理已不甚圆,而尤不合目前之情势,故辞而辟之,以见持论之不可偏于感情,走入极端耳(今人持论,人人知以偏任感情为戒,其实皆躬蹈之而不自知),非谓中国当恃兵以自存也。中国素不主侵略;海通以来,兵事之窳,且不敌欧洲一小国;其所以不亡者,亦自有故,而非必恃兵。然以立国百年之计言之,则兵终不可尽去。吾谓今后欲有兵之利而无其害,则莫如行民兵之制。行民兵之制,则国无养兵之费,可专力讲求学术,发展交通,改良制造。此等事皆战陈之本,而亦可以生利,

---

① 此文原载《天籁报》沪江大学建校 20 周年纪念特刊,1926 年出版。

非如养兵之纯为消耗也。此固不虑财力之不能胜矣。近今持民兵之论者甚多。其详细规划，自非兵学专家不能道。予少好读史，近尝反覆史事而深思其故，乃知民兵有利无害；民不能执兵，而别有所谓兵者，则害多利少。征诸往史，固已昭然，而惜乎知此义者太少，乃有昔时之张皇练兵，致铸成今日之大错也。爰敢论其大略，以告世之留心国是者焉。

自来读史之人，有一谬见，即谓三代以前，皆兵民不分，至后世乃渐坏是也。吾则谓兵民合一之制，实始成于战国之时，至后汉乃大坏。而兵民合一之时，即我国最强盛之时也。何以言之？案吾国古书言治制者，莫详于儒家。儒家言有今古文之异；而政治制度，则其异同焦点之所在也。古文家之言兵：以"五人为伍，五伍为两，四两为卒，五卒为旅，五旅为师，五师为军"。"王六军，大国三军，次国二军，小国一军。"今文家则以"师为一军"。"天子六师，方伯二师，诸侯一师。"虽其众寡不同，然相去尚不甚远。至于出军之法，则古今文家言，皆有龃龉不可通者。古书言出兵之制，以《司马法》及《春秋繁露》为最备。《繁露》今文家言；《司马法》《汉书·刑法志》采之，盖古文家言也。今案其法：《司马法》以"四井为邑，四邑为丘，四丘为甸。甸出戎马四匹，兵车一乘，牛十二头，甲士三人，步卒七十二人。井十为通，通十为成，成方十里。成十为终，终十为同，同方百里。同十为封，封十为畿，畿方千里。一同之地，提封万井，定出赋六千四百井；戎马四百匹，兵车百乘；此卿大夫采地之大者也，是为百乘之家。一封三百一十六里，提封十万井，定出赋六万四千井；兵车四千乘，戎马四千匹；此诸侯之大者也，是谓千乘之国。天子畿方千里，提封百万井，定出赋六十四万井；戎马四万匹，兵车万乘，故称万乘之主"。如此法，诸侯之国，有甲士三千，步卒七万二千，凡七万五千人，恰倍三军三万七千五百人之数。天子之国,有甲士三万,卒七十二万,而六军不过七万五千人(《司马法》又有一说:以井十为通,通为匹马;三十家,士一人,徒二人。通十为成,成百井,三百家,革车一乘,士十人,徒二十人。十成为终;终千井,三千家,革车十乘,士百人,徒二百人。十终为同;同方百里,万井,三万家,革车百乘,士千人,徒二千人。照此法计算,天子之国,亦有车万乘,士十万,徒三十万)。《繁露》之法:以百亩三口为率,方里而二十四口。亦三分而除其一。故方百里之地,得十六万口。凡出三军七千五百人,加一军以奉公家,适得万人,则十六人出一人,而天子地方千里,当得千六百万口,凡出九军,更加三军以奉王家,凡三万人,则五百三十三人乃出一人。兵役之重轻,相去未免太远。若谓诸书所言兵额皆误,人民股役轻重实同。则如《司马法》之说,天子之国,当得三十七万五千人;如《繁露》之说,当得百万;春秋以前,又未见其事也(古人言语,有看似说出确数,而其实但以代总括之辞者。如《尚书大传》:"受命于周,退见文武之尸者千七百七十三诸侯。"一似真知此时天下诸侯之数矣。其实所谓千七百七十三者,乃即用如王制所设之法计算而得,其意自以代天下诸侯四字用,犹今言万国耳。《史记》谓纣发兵七十万以距武王,亦同此例。盖即据《司马法》所设之法计算,以代倾国之兵四字用,犹《孙子》言忌于道路者七十万家也。不可径认作实事)。予谓言古代兵制者,皆为兵民合一之说所误。善夫,江慎修之言曰:"说者谓古者寓兵于农,井田既废,兵农始分,考其实不然。管仲参国伍鄙之法:制国以为二十一乡;工商之乡六,士乡十五。公帅五乡,国子、高子各帅五乡。是齐之三军,悉出近国都之十五乡,而野鄙之农不与也。五家为轨,故五人为伍。积而至于一乡二千家,旅二千人,十五乡三万人为三军。是此十五乡者,家必有一人为兵。其中有贤能者,五乡大夫,有升选之法,故谓之士乡,所以别于农也。其为农者,处之野鄙,别为五鄙之法。三十家为邑,十邑为卒,十卒为乡,三乡为县,十县为属。五属各有大夫治之。专令治田供税,更不使之为兵。他国兵制,亦大略可考。如晋之始惟一军;既而作二军,作三军;又作三行,作五军;既舍二军,旋作六军;后以新军无帅,复从三军。意其为兵者,必有素定之兵籍,素隶之军帅。军之以渐而增也,固以地广人多;其既增而复损也,当是除其军籍,使之归农。随武子云:楚国刑尸而举。商农工贾,不败其业,是农不从军也。鲁之作三军也:季氏取其乘之父兄子弟尽征之;孟氏以父兄及子弟之半归公,而取其子弟之半;叔孙氏尽取子弟,而以其父兄归公。所谓子弟者,兵之壮者也;父兄者,兵之老者也;皆其素在兵籍,隶之卒乘者,非通国之父兄子弟也。其后舍中军,季氏择二,二子各一,皆尽征之而贡于公。谓民之为兵者尽属三家,听其贡献于公也。若民之为农者出田税,自是归之于君。故哀公云二吾犹不足。三家之采邑,固各有兵,而二军之士卒车乘,皆近国都。故阳虎欲作乱,壬辰戒都车,令癸巳至。可知兵常近国都,其野处之农,固不为兵也。"予案《周官》大司徒:"令五家为比,五比为闾,四闾为族,五族为党,五党为州,五州为乡。"而小司徒云:"乃会万民之卒伍而用之。五人为伍,五伍为两,四两为卒,五卒为旅,五旅为师,五师为军。以起军旅,以作田役,以比追胥,以令贡赋。"则伍两卒旅师军之众,即出于比闾族党州乡之人。至其职又云:"九夫为井,四井为邑,四邑为邱,四邱为甸,四甸为县,四县为都。"则但云"以任地事而令贡赋,凡税敛之事",初不以之为兵。则《周官》与《司马法》,邱甸之制虽同,而所以用之者绝异。杜预注《春秋》作邱甲,以两者并为一谈,非也。盖古代所谓国家者,其重心在国(与今国字异义)。国者,择中央山险之地,建立一城,凡战胜之族,皆聚居焉;而国以外则为农人所居之地(此由古代之民,有征服及被征服之阶级而然。其事甚长,当别论。予昔《辨胡适之论井田之误》,尝略引其端。原文见《建设杂志》第二卷第六期)。《周官》王城之外为乡,乡之外为遂,遂之外为甸。乡之比闾,遂之邻里。皆以五起数,合于军队什伍之制。邱甸则以九起数,与井田之制相附丽。农不为兵,即此可见。故天子之封地，虽百倍于诸侯，而其出兵亦不过数倍而止也。然则《司马法》等书所言，皆凿空之谈乎？是又不然。盖充兵与出赋有别。乡之人，充兵而不出赋，甸之法，则出赋而不充兵。汉世民年二十三为正卒，五十六乃免，则古人充兵之遗。出口钱以补车骑马，则古代出赋之制。二者本判然相离。其举全国之民，既责之以充兵，复责之以出赋者，盖起于战国之世。故苏秦说六国之辞，于燕、齐、韩、赵，皆云带甲数十万，于楚则云百万。于魏，则云苍头二十万，奋击二十万，厮徒十万。是时战事，坑降斩级，动以万计；苏秦之说，断非虚诬。盖前此乡以外之民，虽非必不能执兵，然特以之守卫本土而止，略如后世之乡兵，至此乃皆令其出征，故其数大相悬殊也（鞌之战，齐侯见保者曰：勉之，齐师败矣。可见出战之兵虽败，境内守御之众仍在。苏秦说赵之辞曰：韩魏战而胜秦，则兵半折，四境不守。张仪说齐之辞曰：四战之后，赵之亡卒数十万，邯郸仅存。皆可见其倾国出斗也）。《周官》《司马法》，虽同为战国时书，然《周官》所述多古制，故乡以外之民，尚不充兵。《司马法》则专就六国制度立说，以向者乡人所服之兵役，均摊之于全国人。《繁露》盖孔子改定之制？孔子亦主全国皆充兵，不主限于乡以内，故其计算之法，亦与《司马法》同。按之古制，遂觉其龃龉而不可通也，然则兵民合一之制，实至战国时始大成，固昭然明矣。

此等兵民合一之风，至后世犹有存者。汉制：郡国有材官车骑楼船。尉佐郡守，以立秋后讲肄都试（《后汉书·光武纪注》引《汉官仪》）。民年二十三为正卒，一岁为卫士，一岁为材官骑士，习射御骑驰战阵，至五十六乃免（《汉书·高祖纪》引《汉官仪》）。当时京师南北军，皆由人民调发（见《通考》）。戍边之责，亦人人有之（《汉书·昭帝纪》注引如淳说）。景帝以前，兵多调自郡国。武帝以后，乃多用谪发。据晁错上兵事书所言，谪发之制，盖始于秦，而汉人因之。综《汉书》纪传所载，所发者或为"罪人"，或为"亡命"，或为"郡国恶少年"，或为"贾人""赘婿"，或则身及父母太父母尝"有市籍"者。此等在后世，皆不能执兵之人。而当时欲发即发，初不待更加教练，则其人能执兵可知。秦皇、汉武，世多并称。其实始皇用兵，颇有为中国开疆土绝外患之意。其用人亦能持法，所任皆宿将（章太炎说）。至汉武则徒动于侈心，欲贵其椒房之亲耳，卫青和柔自媚，天下无称；霍去病少而侍中，贵不省士。所任如此，犹能累奏克捷，则以其兵固强，投之所向，无不如志也。中国兵威之盛，无过汉、唐。然汉代用兵，多以实力取胜。唐代则多乘人之弊。试以汉武深入击匈奴，悬师征大宛，与太宗擒颉利、平西域比较可知。故汉武之时，虽举国疲敝，而宣、元以后，遂安坐而致单于之朝。唐初虽形势甚张，然高宗以后，突厥再张于北，吐蕃构衅于西，契丹小丑，亦且跳梁东北，中国竟无如之何矣。君子读杜陵《兵车行》，更观《汉志》述天水、陇西、安定、北地、上郡、西河之俗，而知中国内完统一之业，外奏开拓之功，必始于战国而成于秦、汉，为有由也。故曰：兵民合一之时，即中国最强盛之时也。

兵民合一之制之坏，实自后汉始。光武建武六年，罢郡国都尉官，并职太守，无都试之役。七年，遂罢轻车、骑士、材官、楼船。其后边郡及冲要之处，虽或复置尉官，然全国人民皆习兵事之风，则自此大坏矣。晋武平吴，亦袭光武之政。兵民合一之制，益荡焉无存。自此以后，藩镇跋扈于南，异族恣睢于北，皆熟视而无如何。则以举国之民皆弱，不能制异族之跳梁，不得不别有所谓兵者以防之；而所谓兵者，则握于强藩之手故也。故藩镇之跋扈，异族之恣睢，皆民兵之亡为之也。斯时也，胡、羯、鲜卑、氐、羌，纷纷割据北方，皆用其本族或他族之人为兵，不用汉人（魏太武《遗臧质书》："吾今所遣斗兵，尽非我国人。城东北是丁零与胡，南是氐羌。"可见五胡除本种人外，兼用他族人为兵。高欢语鲜卑则曰：汉民是汝奴；夫为汝耕，妇为汝织，致汝粟帛，令汝温饱，汝何为陵之？其语华人则曰：鲜卑是汝作客，得汝一斛粟，一匹绢，为汝击贼，令汝安宁，汝何为疾之？可见此时以汉人任耕，鲜卑人任战）。汉人乃益俯首帖耳受制于他族之下。其时亦有偶发汉人为兵者，然每出辄败北（如石虎伐燕，司、冀、青、徐、幽、并、雍之民，五丁取三，四丁取二；符坚伐晋，民每十丁遣一兵是也。宋文帝之攻魏，亦以江南民丁，轻进易退致败。使在秦、汉，则此等皆强兵矣）。观其每出辄败，即可知其受制他族之由，君子读两晋南北朝之史，未尝不叹息于铜马帝，以一时厌乱之情，遽坏秦、汉以来相传之兵制也。虽然，兵之为物，不可偏废，而亦不可过恃者也。当时之中国，以人不知兵，见侮于异族；而当时之异族，亦以恃其虓阚，狂噬无已，终至不戢自焚。盖自东西魏纷争以来，五胡皆死亡略尽（当时五胡：胡、羯、氐、羌，皆居今内地；鲜卑则散处北边。氐、羌居腹心之地而较寡弱，鲜卑众盛而所处较偏，故胡、羯最先肆暴。冉闵亡石氏，大肆屠戮，几无孑遗，而胡羯不复振矣。踞辽东西之鲜卑，乘机侵入中原；氐、羌亦起而割据，与之相抗；则前后燕、前后秦之对立是也。前后秦亡，氐、羌亦不复振。惟鲜卑种落散布甚广，故前后燕亡，拓跋魏又继之。案当时鲜卑种落，可大别为四部：居东北方者为慕容氏，居西北方者为乞伏氏及秃发氏，在正北方者为宇文氏及拓跋氏。慕容氏既以侵入中原而亡。乞伏氏居西陇，秃发氏居河西，皆山岭崎岖，种族错杂之地，故仅能建一小国。宇文氏先为慕容氏所破，北走为后来之契丹。斯时在北边者，惟一拓跋氏耳。拓跋氏部落，本亦不甚大。然是时小部散居，东起濡源，西至贺兰，数实不少。魏道武乃悉收率之，故其势遂不可御。然太武虽并北方，其根本之地，仍在平城。自孝文南迁，乃分其众之半入中国。至方镇乱后，尔朱氏、宇文氏等纷纷南下，而鲜卑之留居平城者亦尽矣，故周齐之分争，为五胡之乱之结局也）。乃不得不用汉人为兵。夫充兵之人，既非当时异族之人所能给；而养兵之费，又非当时凋敝之局所克任；则不得不藉汉人为兵，而令其耕以自养；而府兵之制出焉。府兵之制，肇自后周，而沿于隋唐，论者又多美为兵农合一。然所贵乎民兵者，乃民皆能为兵，且民之外，别无所谓兵之谓；非兵亦能为农之谓。当时之府兵，固别有其籍。且后周府兵，总数不满五万；唐十道设府六百三十四，而在关中者二百六十一；则民之不能为兵者实甚多；去战国、秦、汉之制，固已远矣。夫民既不能为兵，而强籍其若干人以为兵，则虽令其耕以自养，其实仍与募兵无异（自有无养兵之费言之固不同，自民之外别有所谓兵者言之，则无不同也）。故凡募兵之弊，唐室亦旋即蹈之。高宗而后，府兵之制，日以废坏。玄宗时，至不能给宿卫。此即募兵名存实亡之弊也。府兵既名存实亡，则四裔之侵扰，不得不重边兵以制之，而安史之乱起，中叶以后藩镇割据之局成矣。宋有天下，鉴于唐室之弊，集兵权于中央。禁兵百万，悉隶三衙，倾天下之财以养之。此特易其统率号令之权，其屯聚不散，与唐等耳。其弊也，拥兵虽多，而不可一战。财力既尽，国亦随之。故无兵则有西晋之祸，屯兵太多，则有晚唐之乱，北宋之弊。民兵既亡，兵制之无一而可如此。

中国以兵民分离而弱，而斯时之异族，则正以兵民合一而强。案辽之兵，以部族为主干。史称"契丹旧俗，其富以马，其强以兵。纵马于野，弛兵于民。有事而战，骷骑介夫，卯命辰集；糗粮刍茭，道在是矣"。又述其部族军之制，谓"胜兵甲者，即著军籍。番居内地者，岁时田牧平莽间；边防之户，生生之资，仰给畜牧。绩毛饮湩，以为衣食。各安旧风，狃习劳事；不见纷华异物而迁，故能家给人足，戎备整完。卒之虎视四方。强朝弱附。部族实为之爪牙"焉。金初用兵，亦出部族。史称"金之初年，诸部之兵，无他徭役，壮者皆兵。平居则听以佃渔射猎，习为劳事；有警则下令部内及遣使诣诸道字董征兵。凡步骑之仗糗，皆取给焉。"又云："原其成功之速：俗本鸷劲，人多沉雄。兄弟子侄，才皆良将；部族余伍，技皆锐兵。加之地狭产薄；无事苦耕，可给衣食；有事苦战，可致俘获。劳其筋骨，以能寒暑；征发调遣，事同一家。是故将勇而志一，兵精而力齐。一旦奋起，变弱为强，以寡制众，用是道也。"及其得志之后，尽迁猛安谋克户于中原，既失其强武之风，而又不能如汉人之勤事生产。博弈饮酒，悉成游民。南迁以后，遂至一败涂地矣。元初之兵，大别为二：一曰蒙古军，其本部族人；一曰探马赤军，则诸部族人也。其制：民年十五以上，七十以下，尽隶兵籍。孩幼稍长，又籍之为渐丁军，亦通国皆兵之制也。迨入中原后，兵制渐变，而其强弱亦迥殊矣，夫金、元入主中国后，未尝不令其民为兵也，抑且欲长令其民为兵，以制汉人也；然其强弱遂一变者，何哉？兵与民杂居，则已于民之外别有所谓兵；兵民相对立，已失其民兵之性质矣。此更征之明清之事而可明者也。

元、明两朝之兵制，大略相承。元制：总亲兵者曰五卫，外有百千户府，官皆世袭。此明内立五都督府，外立卫所之所由来也。元制，兵皆有籍，其法极严。明制亦然。元世祖既定中国，命宗王将兵镇边徼襟喉之地。河、洛、山东，据天下心腹，则以蒙古及探马赤军戍焉。此亦明制全国遍设卫所之所由来。抑元以蒙古族入主中原，所猜防者为汉人；明以汉人驱逐胡元，所严防者为北族。故明人北边设防之密，犹之元人中原驻兵之多也（明于北边，设防最密。今之长城，殆皆明所造，读《明史·兵志》可见）。元人于兵器极讲究，故其兵有以技名者，如炮手军、弩军、水手军是也。明代亦然，征安南得火器，特立神机营以肄习之。终明之世，视火器最重。诸边皆不多发。又禁在外制造，以防漏泄。末年与清交战，且藉欧洲教士之力，以制大炮焉。其沿江、沿海诸卫，造船规制，亦极详密也。元、明两代兵制之相承如此，即清代兵制，亦多模仿元、明，清之用旗兵驻防，即元世祖分兵镇戍之意；其绿营之规制，则沿袭自明者也。综观历代兵制，统驭之详，兵籍之严，设防之密，械器之饬，无如元、明、清者。夫统驭详，则将帅无自专之患；兵籍严，则行伍无缺额之虞;设防密,则不虑猝然之变;械器饬,则常有可恃之资。宜乎元、明、清三代,可以兵出而常胜;即以无道行之,亦必为天下之所畏矣。夷考其实,则大不然。统驭之制虽详,不免于上下相蒙,初不能收指臂相使之效也。名籍之制虽严,不免于名实不符,而明世之勾军,且大为民厉也。镇戍之制虽密,然元不足以戢群盗,明不能以御外侮,而清末武昌起义,戡定全国,不逾二时,尤非前古之所有也。而区区械器之末,更无论矣。夫无兵之失,易见也,东汉、西晋是也。有兵而屯聚于一处,其失亦易见也,晚唐、北宋是也。有兵矣,兵散布于各处,而不易为一人所擅矣;且令其耕以自养,而无縻饷之患矣;然而名存实亡,其失犹易见也,唐之府兵是也。若明之卫所,可谓尽得唐府兵之善,且终始能维持之,未至于名存而实亡者,然而卒亦未见其利,而徒见其弊者,何哉?君子观于此,而知民兵既亡,兵制无一而可也。

盖民兵之善,在其民皆为兵,而民之外别无所谓兵者;而其能耕以自食,则尚其次焉者也。天下之事,喜新鲜而恶陈腐。新鲜,则兵家所谓朝气者也,陈腐,则兵家所谓暮气者也。朝气暮气,不独决机两阵之时有之,即平时亦然。使军队发生暮气者,莫如屯聚而不散。夫事,大积焉则必苑,苑则百弊生焉。集若干人而名之曰兵,而使之久久屯聚,则苑之谓也。其弊也,就事务言之,则所谓军营积弊者是也。就精神言之,则所谓军营习气者是也。军营积弊者,如兵有其额而无其人;或虽有其人,而实未尝加以训练,与白徒等;粮饷器械之资,则为将校所刻扣,所中饱,以致百事废弛,而将亦无以令其下是也。军营习气者,兵之自视,画然不同于凡人,而又无救民卫国之意。夫自视不同于凡人,则有自怙其力之心,仓卒将至于不可使令,有不复与齐民齿之意,约束之力稍懈,将至于无所不为。无救民卫国之诚,则视战事初非其责,遇敌之强者,将逗挠而不进，望风而自溃。兵而至于如此，则已不可用矣。而推原其故，则皆由屯聚之久为之。盖世间无论何项弊窦，皆须经历若干时日，乃能发生。军营积弊，中于其事，将校必任事稍久，乃能得作弊方法，乃能相勾结以行之。军营习气，生于其心，亦必在屯聚稍久之后。凡人之初任一事也，必视其事为可乐，谓由此诚可以建立功名，而竭诚以赴之。及其任之既久，则厌倦之情生；厌倦之情生，则视其事无复意味；于是矜奋自强之心息，偷安求乐之念起；而种种不正当之事作，所谓习气者成矣。然推原其朔，则皆由屯聚之久为之。故善治兵者，当使其兵散而弗聚；且得时时更执他业，而不专于为兵。散时多，聚时少，则一切弊窦不及生。得时时更执他业，则厌倦之情不萌，而习气无由成也。此则非行民兵之制不可矣。世之致疑于民兵者，多谓其教练不如募兵之久，其技艺将不如募兵之精。然就已往之事观之，则技之精，初不足偿其气之暮。自昔著名军队，往往其军虽旧，其人则新。每战之后，必加淘汰，即无战事，亦必时时招取新兵，渐易其旧，非真恃数十年之老兵以赴敌也。美国参与欧战，兵多临时编成，而亦能制胜疆场，此即兵重气而不重技之明验矣。且战斗之技，必须在军中教练者甚少。苟能奖率有方，寓军令于内政，人人皆精兵之资格，未始不可于民间养成之。而不然者，即终岁屯聚不散，亦未必其技之遂精也，向之募兵是也。

独是欲行民兵，必须推之以渐；且须先试之于若干地方，而后可及于全国。盖天下之事，由人民自办者，必能名实相符，且亦无他弊窦。若以官力强迫，则往往名不副实，或且至于骚扰。以中国土地之大，五方风气之不齐，各阶级人好恶之互异，断非一时所能骤变。此而不论实际，但立一法，藉手于官吏或地方之豪健以行之，人民初不知为何事，绝无鼓舞奋发之心，徒以征召诛求为苦；将不见其利，而适以召祸矣。故创办之先，宜择一二处利于推行之地先行之。试举其例。如东三省之民，积以胡匪为苦，未尝不欲团结以自卫也；当道者顾靳不给以枪支，使盗贼有所资，而良民不能抗，甚无谓也。诚能因其所欲，加以奖劝，予之援助；则数年之后，人人皆娴于技；稍加训练，即可成军。不独匪盗可绝，即论外患，亦有猛虎在山之势矣。又如江浙两省，长江以南浙江以北之民，实脆弱不可用，而淮北浙东之民，勇健剽悍，一宜于海，一宜于陆，诚能因势而利导之，其功亦必较胜强行之于民风脆弱之地者万万也。语曰：善者因之，此之谓也。而尤要者，则政府只可奖率倡导，而必不可操刀代斫。最好详立计划，凡当兵之技，除必须在军营中教练者外，一切皆但悬其目，听人民自习之，政府但加以考验奖赏而已。万勿遽立章制，藉手于官吏或地方豪健者以行之。待其悬格既久，人民之娴于技者日多，乃就其地征兵，而以短期集而训练之焉，此则无弊之术也。后世善言民兵之利者，莫如王荆公。荆公之于保甲，可谓推行极力。然其成效如何，则固无人敢言。民兵之制，元祐之后，固已废坏，然即不坏，亦未必能复燕云而御女真，此则读史者皆无异辞者也。然一观当时人民所自为之事，如河北弓箭社者，则其成效可谓卓著。此何哉？一由人民自为，一由政府强迫也。盖人民自为之事，非其所愿欲，则必诚有所不得已。故其所立约束，皆能必行，而事不至于有名无实也。近今凡百事务，恒觉其弊多利少，即由皆非人民自为之故。凡事无益则有损，名实之间，不可不察也。

难者曰：民兵者，足以资守御，而不利于攻战者也。今之言非攻者，固亦未尝谓守御当废。子之言，所主者，亦与时贤等耳；而又非非攻寝兵。何也？应之曰：吾之言，所以异于时贤者若有二：一则时贤持论偏者，几谓用兵为今日不得已之举；若世界太平，则兵竟可以不用。吾则谓世界进化，止有彼善于此，无至善之可言，故谓将来之用兵,少于今日,可也;较今日为文明,可也;谓兵竟可以不用,则不敢作此说。夫持论须顾情实,不可徒作高论以自慰。谓世界可以太平,人类可止于至善,皆属自欺之谈;徒使人狂荡而失其所守。谓兵竟可以不用,亦此类也。又其一,则持论不可胶固。非攻主守,固亦自有其理,然亦不可执之太过。墨子之非攻,特就事实立论,谓如当时之所谓攻者则不可耳,非谓一涉于攻,即为非理,前篇已言之,若执此二字为天经地义,但以攻守为是非之准,而其他一切不论,则又谬矣。此两篇之作,所以使当世之人,知兵终不能尽去,现今世界,去去兵之日尤远;然以兵不能去,遂尤中国之将亡,办属过计之海。俾谈国是者,知目前所当趋向之鹄也。

古史纪年考[①]

上　篇

《史记·三代世表》："太史公曰：'五帝三代之记，尚矣。自殷以前，诸侯不可得而谱，周以来乃颇可著。孔子因史文，次《春秋》，纪元年，正时日月，盖其详哉！至于序《尚书》，则略，无年月。或颇有，然多阙，不可录。故疑则传疑，盖其慎也。余读《谍》《记》，黄帝以来，皆有年数。稽其《历》《谱》《谍》《终始五德之传》，古文咸不同，乖异。夫子之弗论次其年月，岂虚哉？于是以《五帝系谍》《尚书》，集世纪黄帝以来讫共和，为《世表》。'"此节所称古书，凡有五种，记一也。盖史籍之通名。谱二也。《十二诸侯年表》云："于是谱十二诸侯。"《索隐》引刘杳云："三代系表，旁行斜上，并效周谱。"(此语本于桓谭。见《南史·王僧孺传》，《史通表历篇》亦引之)则谱者表之旧体，表者谱之新名。郑康成作《诗谱》，亦用旁行斜上之体；后世所讲家谱者，虽非《周官》小史所职，然其体例，固当沿自先秦；而皆以谱名可证也。谍三也。《说文·言部》："谍，军中反间也。"义无所取。段懋堂《注》谓《太史公书》假谍为牒。案《片部》"牒，札也"。亦书籍之通名，非谱录之专号。窃疑牒与叶同从叶声，故亦同可假

———————————

① 此文原载《古史辨》第七册中编，1939 年 4 月改定。

为世字。太史公言《系谍》正犹《周官》言《系世》也。"余读《谍记》",盖言读《世本》及《史记》。"于是以《五帝系谍》《尚书》,集世纪黄帝以来讫共和为《世表》","集世纪"之世字,盖系衍文。观《索隐》释此句云:"按《大戴礼》有《五帝德》及《帝系篇》,盖太史公取此二篇之《谍》及《尚书》,集而纪黄帝以来为《系表》"可见。《吕不韦列传》云:"使其客人人著所闻,集论以为八览,六论,十二纪",集论集纪,语法正同也。历四也。《十二诸侯年表》云:"太史公读《春秋》《历》《谱》《谍》。"又曰:"汉相张苍,历谱五德。"又曰:"历人取其年月。"盖以历法考古史之年月,即张寿王、刘歆等所用之法也。终始五德之传,五也。此即《十二诸侯年表》所谓"数家隆于神运"者。《汉书·律历志》言安陵梧育治《终始》,言黄帝以来三千六百二十九岁。盖治《终始》者必言帝王嬗代,因亦考究及其年数矣。五家所说,盖俱不足凭,故孔子序《尚书》,弃而弗取,而史公亦守其法,纪年断自共和也。

《韩非·说难》云:"《记》曰:'周宣王以来,亡国数十,其臣弑君而取国者众矣。'"独言宣王以来,知厉王以前,史记存者已少也。故共和当为古史存亡一大界（《诗谱》云:"夷,厉以上,岁数不明",则据《太史公书》为说也）。

《自序》云:"维三代尚矣,年纪不可考。盖取之《谱》《谍》旧闻。本于兹,于是略推,作《三代世表》第一。幽厉之后周室衰微,诸侯专政。《春秋》有所不纪,而《谱》《谍》经略。五霸更盛衰。欲睹周室相先后之意,作《十二诸侯年表》第二。"可见《世表》《年表》之成,有资于《谱》《谍》者甚多;而共和以前,年代无考,亦愈可见矣。

《晋世家》云:"靖侯以来,年纪可推。自唐叔至靖侯五世,无其年数。"《汉书·律历志》言:"《春秋》殷历,皆以殷鲁自周昭王以下无年数,故据周公、伯禽以下为纪。"此即所谓"自殷以前,诸侯不可得而谱,周以来乃颇可著"者。其年代,亦或出共和以前。然史公不为之表者,盖以可著之国大少;抑《秦本纪》与《年表》,既已不同,而《始皇本纪》后重叙秦先君立年,又相乖异;即一国所传,其牴牾不可合如此,况众国哉？史公不为之表,亦所谓疑则传疑也。

中　篇

史家年纪,虽始共和,然自尧舜以降,历年大略,儒家固犹能言之。《孟子·公孙丑下篇》曰:"五百年,必有王者兴。""由周而来,七百有余岁矣。"《尽心下篇》曰:"由尧舜至于汤,五百有余岁。""由汤至于文王,五百有余岁。""由文王至于孔子,五百有余岁。""由孔子而来,至于今,百有余岁。"二说相合。上溯止于尧舜,盖《尚书》之传也。《韩非子·显学篇》云:"殷周七百余岁,虞夏二千余岁。而不能定儒墨之真,今乃欲审尧舜之道于三千岁之前,意者其不可必乎?"七百余岁,实但指周,而兼言殷者,古人足句圆文之例。先言虞夏二千余岁,后言尧舜在三千岁前者,余二千即言三千,亦古人语法如是;抑三当为二,字之误也。其言尧舜至周,历年较孟子少长,然上溯同止于尧舜,则知年代可知,略始于此。删书断自唐虞,固非无因而然也。

刘歆以历法推古年岁:唐七十,虞五十,夏四百三十二,殷六百二十九,周八百六十七,凡二千有四十八岁。后汉安帝时,尚书令忠訾其"横断年数,损夏益周,考之表纪,差缪数百"(见《续汉书·律历志》)。杜预、何承天亦皆议其术之疏(见《续汉书·注》)。然其数与孟子所言,相去初不甚远。由其所据皆儒家言也。张寿王、李信治黄帝调历,言黄帝至元凤三年六千余岁;宝长安、单安国、栖育治终始,言黄帝以来三千六百二十九岁;则相去甚远,不可合矣。《汉·志》言寿王移帝王录,舜、禹年岁不合人年。又言化益为天子,代禹。骊山女亦为天子，在殷、周间。盖其所据，乃史公所谓言不雅驯者，无怪其与儒书不可合也。然所谓"古文咸不同乖异"者，则可见一斑矣。

以儒家言与百家言相较，儒家所言，似近信史。然如孟子所言，亦辜较之辞耳，其详不可得而闻也。帝王年代，散见《尚书》者：《尧典》言尧在位七十载而咨四岳。举舜之后，二十八载乃殂落。又言"舜生三十征庸，二十在位，五十载陟方乃死"。《无逸》言殷中宗之享国，七十有五年。高宗五十有九年。祖甲三十有三年。自时厥后，罔或克寿，或十年，或七八年，或五六年，或四三年。文王受命惟中身，厥享国五十年。《洛诰》言"惟周公诞保，文武受命，惟七年"。《吕刑》言穆王享国百年。皆史公所谓"或颇有"者也。《史记》言尧立七十年得舜。二十年而老，令舜摄行天子之政，荐之于天。尧辟位凡二十八年而崩。舜年二十以孝闻。年三十，尧举之。年五十，摄行天子事。年五十八，尧崩。年六十一，代尧践帝位。践帝位二十九年，南巡狩，崩于苍梧之野《五帝本纪》。西伯盖即位五十年。诗人道西伯：盖受命之年，称王而断虞芮之讼；后七年而崩。周公行政七年，反政成王《周本纪》。皆与《尚书》合，故知史公全用《书》说。

《史记》言武王即位，修文王绪业。九年，上祭于毕。东观兵，至于盟津。还师归。居二年，东伐纣，克殷。后二年，问箕子。此即《洪范》所谓"惟十有三祀，王访于箕子"者。下云："武王病，天下未集，群公惧，穆卜。周公乃祓齐，自为质，欲代武王。武王有瘳。后而崩。"此后字，盖指十四年。则与《书》"文武受命惟七年"合，与《管子·小问》："武王伐殷，克之，七年而崩"亦合。《封禅书》曰："武王克殷二年，天下未宁而崩"，乃约略之辞。正不必如疏家曲解，谓武王之七年，乃并文王崩之岁计之也。

古人言语，多举成数。非必不知其确数，盖当时语法然也。高宗享国五十有九年，《史记·鲁世家》作五十五，二者必有一误。若《汉石经》残碑作百年，则以成数言之。盖汉师传经，于此等处，犹不甚计较也（《后汉书·郎颙传注》引《帝王世纪》曰："高宗飨国五十有九年，年百岁也"，则强合二说为一）。《生民诗疏》云："《中候握河纪》云：'尧即政七十年受《河图》。'《注》云'或云七十二年。'"纬书多用今说，盖七十年为经文，七十二年则经说也。

《吕览·制乐篇》云："文王在位五十一年。"《韩诗外传》卷三云："文王即位八年而地动，已动之后四十三年，凡莅国五十一年而终。"说亦必有所本。

古人于帝王年寿，与其在位年数，似不甚分别。《书》言文王受命惟中身，盖以其享国年数言之；为西伯七年而受命，受命七年而崩。厥享国五十年，则以其年寿言之。武王既克殷，西归，至于周，告周公曰："自发未生，于今六十年。"（《史记·周本纪集解》："徐广曰：此事出《周书》及《随巢子》。"案见今《周书·度邑篇》）盖自文王生时起数，然则文王年不过五十左右；武王伐殷，当年三十余；其崩，亦不过四十。《中庸》言"武王末受命"，亦据其在位之年言之，其据其年寿言也。周公摄政时，年亦不满四十。如是，则于殪戎殷及东征，情事皆合。若信《大戴礼记》文王十五生武王；《小戴礼记》文王九十七而终（《毛诗》亦云文王九十七而终），武王九十三而终之说，则文王崩时，武王年八十三，克殷时年八十七；周公为武王同母弟，武王年九十三而崩，周公极少亦当余七十，而犹能诛纣伐奄，有是理乎？《无逸》历举殷先哲王之寿考者，以歆动成王，而于武王之克享遐龄，顾不之及，有是理乎？《无逸》历举大王、王季、文王，而惟言文王享国五十年，于武王则不之及，明大王、王季，并寿命不长，武王运祚尤促也。

尧立七十年得舜，盖亦以其年寿言之，辟位凡二十八年而崩，则尧年九十八。若如《中候握河纪》之说，言七十实七十二，则尧年适百岁。舜年六十一践帝位，践帝位三十九年而崩，三十九年，盖自践帝位之翼年起计，古人自有此除本计法。如是，舜年亦适百岁。《绎史》引皇甫谧言伏羲、黄帝、少昊在位皆百年，神农百二十，颛顼七十八，帝喾七十。未知何据。羲、农、黄帝、少昊皆成数，帝喾亦可云成数，颛顼独不然。然《史记·五帝本纪集解》、《艺文类聚》九、《太平御览》七十九引《世纪》并同。帝喾、《集解》、《类聚》引亦同。《御览》八十引作七十五，又引陶弘景云六十三，《路史》后记亦作六十三。七十八加六十三，更加挚九年，凡百五十，盖合三人为成数也。《大戴记·五帝德》："宰我问于孔子曰：'昔者予闻诸荣伊，黄帝三百年。请问黄帝者，人邪？抑非人邪？何以至于三百年乎？'孔子曰：'生而民得其利百年，死而民畏其神百年，亡而民用其教百年，故曰三百年。'"《文王世子》："文王谓武王曰：'我百，尔九十，吾与尔三焉。'"皆以其年为本百岁。然则古者帝王在位久者，皆以百年为言，仍是举成数之习；特其所谓成数者，乃百而非十，在后世语言中少见，人遂从而怪之耳。《尚书》之言尧舜，盖先亿定其年为百岁，然后以事迹分隶之。古者三十而有室，四十曰强仕，过三十即可言四十，故舜以三十登庸。相尧亦历一世，中苫居丧二年，则践位必六十一。除本计之，则在位三十九年；自摄政之初数之则五十；而尧之举舜，不得不在七十时矣。然如此，则尧年止九十八，故又有如《中候》之说，以七十为七十二也。

说虽纷歧，董理之，固可微窥其本（《尚书余论》云："《太平御览·皇王部》引《帝王世纪》：'舜年八十一即真，八十三而荐禹，九十五而使禹摄政。摄五年，有苗氏叛，南征，崩于鸣条。'"马氏《绎史》引《世纪》："'舜以尧之二十一年甲子生，三十一年甲午征用，七十九年壬午即真，百岁。'诞妄无足辨。"案其以某事隶年不可信，其百岁之说，仍有所据也）。然则尧舜以前，帝王年岁，盖全不足据。惟运祚短促者,亦必无百岁之名,则凡有百岁之说者,仍可以是而决其运祚之非促耳。

殷中宗享国年数,恐亦据其寿命言。何者?中宗雍己弟,雍己小甲弟,兄弟三人更王,即令两兄皆短祚,中宗践位时,亦必非甚少,更阅七十五年,年必将近百岁。此固非人所无,然古言帝王年寿,与其在位年数,既多相混,则中宗享国年数,谓系据其年寿,究较近情。祖甲、高宗享国年数,皆近情实,或真系在位之数也(祖甲,今文以为大甲,此与年岁无关,可以勿论)。

《周本纪》言“穆王即位,春秋已五十矣”,又言“穆王立五十五年崩”,则穆王之年,当百有五。此亦非人所无。《伪孔传》云:“穆王即位,过四十矣。”《疏》云:“不知出何书。”案《伪传》多同王肃,肃说或用今文,此言亦必有本。然则穆王之年,仅九十余耳(《吕刑》言幼子童孙,亦可见穆王之老寿)。又厉王立三十年用荣夷公,三十四年,告召公能弭谤。三年而国人相与叛袭王。此三年,不知并三十四年计之?抑自三十五年起计?然相差不过一年,总可云有确实年纪者。史事固弥近弥详也。

文王受命七年而崩,经师无异说也。刘歆凿空以为九年。贾逵、马融、王肃、韦昭、皇甫谧皆从之(见《诗·文王疏》)。盖以《周书·文传》有“文王受命之九年,在鄗召大子发”之语云然。此因文王崩时,武王秘丧伐纣,后复自讳其事,致后人误将文王之死,移后二年也。别见《惟周公诞保文武受命惟七年》条。

《论衡·年寿》曰:“儒者说曰:‘太平之时,人民侗长,百岁左右,气和之所生也。’《尧典》曰:‘朕在位七十载,’求禅得舜。舜征三十岁。在位,尧退而老,八岁而终。至殂落,九十八载。未在位之时,必已成人。今计数百有余矣。又曰:‘舜生三十征用,二十在位,五十载陟方乃死’,适百岁矣。文王谓武王曰:‘我百,尔九十,

吾与尔三焉。'文王九十七而薨，武王九十三而崩。周公，武王之弟
也。兄弟相差，不过十年。武王崩，周公居摄七年，复政退老，出入
百岁矣。召公，周公之兄。至康王之时，尚为大保，出入百有余
岁矣。圣人禀和气，故年命得正数。气和为治平，故大平之世多长
寿人。百岁之寿，盖人年之正数也。犹物至秋而死，物命之正期
也。物先秋后秋，则亦如人死或增百岁，或减百也。先秋后秋为
期，增百减百为数。物或出地而死，犹人始生而夭也。物或逾秋不
死，亦如人年多度百至于三百也。传称老子二百余岁。召公百八
十。高宗享国百年，周穆王享国百年，并未享国之时，皆出百三十
四十岁矣。"此节推论，殊未得古代传说真相，仲任固多野言。然古
人论事，多杂己意，而不求其真，则于此可见。其于人寿，挟一百年
为正数之成见，亦于此可见也。

<h1 style="text-align:center">下　篇</h1>

古人言数，虽不审谛，未有矫诬夸诞之说也。自谶纬兴，乃自
历元以后，悉妄造古帝王年代以实之，而不合人年之弊大起矣；然
其说又相抵牾；不可不一理而董之也。

《广雅·释天》云："天地辟设，人皇已来，至鲁哀公十有四年，
积二百七十六万岁。分为十纪：曰九头、五龙、摄提、合雒、连通、
序命、循蜚、因提、禅通、流讫。"(《书序疏》云：《广雅》云：自开辟至获麟，二百
七十六万岁，分为十纪，则大率一纪二十七万六千年。十纪者：九头一也，五龙二也，摄
提三也，合雒四也，连通五也，序命六也，循蜚七也，因提八也，禅通九也，流讫十也。"《校
勘记》云："流讫，《毛本》改疏仡。"案《广雅》作流记，王念孙校改为疏讫。《广雅注》引《帝
王世纪》曰："自天地辟设，人皇以来，迄魏咸熙二年，凡二百七十二代，积二百七十六万
七百四十五年。"案七百四十五，为自获麟之翼年至咸熙二年年数)司马贞补《三皇
本纪》云："《春秋纬》称自开辟至于获麟，凡三百二十七万六千岁。

分为十纪：凡世七万六百年（当作纪卅七万七千六百年）。一曰九头纪，二曰五龙纪，三曰摄提纪，四曰合雒纪，五曰连通纪，六曰序命纪，七曰修飞纪，八曰因提纪，九曰禅通纪，十曰流讫纪。"二说十纪之名相同，而年数互异。案《续汉书·律历志》，载灵帝熹平四年，蔡邕议历法，谓"《元命苞》《乾凿度》皆以为开辟至获麟二百七十六万岁"，《诗·文王疏》引《乾凿度》，谓"入天元二百七十五万九千二百八十岁"，文王以西伯受命，则《广雅》实据《元命苞》《乾凿度》以立言。《路史余论》引《命历序》，谓"自开辟至获麟，三百二十七万六千岁"，则《三皇本纪》所本也。《汉书·王莽传》："莽改元地皇，从三万六千岁历号也。"莽子临死，莽赐之谥，策书曰："符命文：'立临为统义阳王。'此言新室即位三万六千岁后，为临之后者，乃当龙阳而起"，《后汉书·隗嚣传》："移檄郡国，言莽'矫托天命，伪作符书，下三万六千岁之历，言身当尽此度。'"即指此。三百二十七万六千者，三万六千与九十一相因之数，则《命历序》实据莽所下历。《三皇本纪》又云："天地初立，有天皇氏，十二头，立各一万八千岁。地皇十一头，亦各万八千岁。人皇九头，凡一百五十世，合四万五千六百年。"《注》云："出《河图》及《三五历》。"案三统历以十九年为章，四章七十六年为蔀，二十蔀千五百二十年为纪，三纪四千五百六十年为元。两"万八千"，合为三万六千；四万五千六百，则一元十倍之数；盖一据三统历，一据莽所下历。人皇兄弟九头，而《广雅·年纪》，始自人皇；十纪之名，一曰九头；明司马氏所称天皇、地皇，与其所称人皇，原本非一。《绎史》引《三五历记》云："天地混沌如鸡子，盘古生其中。万八千岁。天地开辟，阳清为天，阴浊为地。盘古在其中，一日九变。神于天，圣于地。天日高一丈，地日厚一丈，盘古日长一丈。如此万八千岁，天数极高，地数极深，盘古极长。"亦合两"万八千岁"为三万六千，盖小司马所称天皇、地皇出

《三五历》，人皇本《河图》也。参看《纬书三皇之说》条。

《绎史》又引《春秋元命苞》云："天地开辟，至《春秋》获麟之岁，凡二百二十六万七千年。分为十纪：其一曰九头纪，二曰五龙纪，三曰摄提纪，四曰合雒纪，五曰连通纪，六曰叙命纪，七曰循蜚纪，八曰因提纪，九曰禅通纪，十曰疏仡纪。"纪名与《广雅》《三皇本纪》同，而年数又异，与《续志》所载《元命苞》之言不符，恐不足据。

《三皇本纪》云："盖流讫当黄帝时，制九纪之间。"案《礼记·祭法正义》云：《春秋命历序》：'炎帝号曰大庭氏，传八世，合五百二十岁。黄帝，一曰帝轩辕，传十世，二千五百二十岁。次曰帝宣，曰少昊，一曰金天氏，则穷桑氏，传八世，五百岁。次曰颛顼，则高阳氏，传二十世，三百五十岁。次是帝喾，传十世，四百岁。'"（《诗·生民疏》云："郑信谶纬，以《命历序》云：'少昊传八世，颛顼传九世，帝喾传十世。'"《左氏》文公十八年疏云："颛顼传九世，帝喾传八世。"均与《祭法正义》不同，未知孰是）合仅四千二百九十年（黄帝传二千五百二十岁，《校勘记》云："二千，《闽本》《宋本》作一千"，则更少千岁），加以帝尧至获麟，安能盈一纪之数？《列子·杨朱篇》云："大古至于今日，年数固不可胜纪，但伏羲以来三十余万岁"，其言似有所本。疑《命历序》之流仡纪，当以伏羲为始也。

《礼记》标题下《正义》云："《易纬·通卦验》云：'天皇之先，与乾曜合元。君有五期，辅有三名。'"《注》云："君之用事，五行代王（代字从今本《通卦验》），亦有五期，辅有三名，公卿大夫也。"又云："遂皇始出握机矩。"《注》云："遂人，在伏羲前，始王天下也。"则郑以天皇为上帝，五期之君为五帝，继天立治，实始人皇，与《广雅》同。《三五历》天皇地皇之说，非其所有也。《正义》又云："《六艺论》云'遂皇之后，历六纪九十一代至伏羲'；谯周《古史考》：'燧人次有三姓至伏羲'；其文不同，未知孰是。或于三姓而为九十一代也。方叔玑《注六艺论》云：'六纪者：九头纪、五龙纪、摄提纪、合洛纪、连通纪、序命纪,凡六纪也。九十一代者:九头一,五龙五,摄提七十二,合洛三,连通六,序命四,凡九十一代也。'但伏羲之前,及伏羲之后,年代参差,所说不一。纬候纷纭,各相乖背;且复烦而无用;今并略之。"如《六艺论》之说,则自伏羲至获麟,尚有四纪,凡百十万四千年,较列子之说更长矣。谯周之说,见于《曲礼正义》,云:"伏羲以次有三姓,始至女娲。女娲之后五十姓至神农。神农至炎帝,一百三十三姓。"(《曲礼正义》又引《六艺论》云:"燧人至伏羲一百八十七代",又与标题下所引不同。又引宋均注《文耀钩》曰:"女娲以下至神农七十二姓。")

《书疏》引《雒师谋注》云:"数文王受命至鲁公末年,三百六十五岁。"又云:"本唯云三百六十耳。学者多闻周天三百六十五度,因误而加。遍校诸本,则无五字也。"案《乾凿度》谓"入天元二百七十五万九千二百八十岁而文王受命",若益三百六十岁;更益春秋二百四十二年,仅得二百七十五万九千八百八十二年,较二百七十六万年,尚少百十八,则《雒师谋注》与《乾凿度》不同。依《乾凿度》,文王受命,当在春秋前四百七十八岁也。若依《世经》,则文王受命九年而崩;武王即位十一年;周公摄政七年;其明年,为成王元年,命伯禽俾侯于鲁;伯禽至春秋,三百八十六年;文王受命,在春秋前四百十三年也。

《史记·十二诸侯年表集解》引徐广曰:"自共和元年,岁在庚申,讫敬王四十三年,凡三百六十五年。共和在春秋前一百十九年。"又《周本纪集解》引徐广曰:"自周乙巳至元鼎四年戊辰,一百四十四年,汉之九十四年也,汉武帝元鼎四年封周后也。"案《六国表》,起周元王,讫秦二世,凡二百七十年,元王元年,至赧王五十九年乙巳,凡二百二十一年。依《史记·年表》,共和至赧王,凡五百八十六年;至汉武帝天汉四年,则七百四十五年也。张守节《正义论史例》云:"太史公作《史记》,起黄帝、高阳、高辛、唐尧、虞舜、夏、殷、周、秦；迄于汉武帝天汉四年，合二千四百一十三年。"张氏此言，自共和以后，当以《史记》本书为据。共和以前，除舜在位三十九年，见于本书外，《集解》引皇甫谧："黄帝百，颛顼七十八，喾七十，挚九，尧九十八。"又引《竹书纪年》：谓"夏有王与无王，用岁四百七十一年。""自汤灭夏，以至于受，用岁四百九十六年。"（《正义》引《竹书》曰："自盘庚徙殷，至纣之灭，七百七十三年"，七百之七，当系误字）周"自武王灭殷，以至幽王，凡二百五十七年"。《正义》皆无异说，亦未尝别有征引，似当同之。若依此计算：则自黄帝至周幽王，合一千六百十八年；东周以下，依《史记》本书计算，至天汉四年，共六百七十四年；合共二千二百九十二年，校二千四百一十三，尚少一百二十一，未知张氏何所依据也。又《水经·瓠子河注》：谓"成阳尧妃祠，有汉建宁五年成阳令管遵所立碑，记尧即位至永嘉三年，二千七百二十有一载"。《北史·张彝传》，言"彝上《历帝图》。起元庖牺，终于晋末，凡十六代，一百二十八帝，历三千二百七十年"。亦未知其何据。

《竹书》出于汲冢，所记即未必信，究为先秦古书也。然此书真本，恐无传于后；唐人所据，已为伪物，更无论明人所造矣。何也？魏史必出于晋，晋史于靖侯以前，已不能具其年数，顾能详三代之历年，岂理也哉？况晋又何所受之与？受之周与？周何为秘之，虽鲁号称秉周礼者，亦不得闻，而独以畀之唐叔也？且韩亦三晋之一也，何以韩非言唐虞以来年数，其不审谛，亦与孟子同也？岂魏又独得之晋与？然魏人亦未有能详言古代年数者。岂晋史又阅之生人，而独以藏诸王之冢中与？于情于理，无一可通。故《竹书》以有共和以前之纪年，即知其不可信，更不必问其所纪者如何也。

即就其所纪者论之；其伪仍有显然可见者。《路史》引《易纬稽览图》曰："夏年四百三十一，殷年四百九十六"，此为造《竹书》者所本。其改夏年为四百七十一者，亿谓羿之代夏，凡四十年，故云有王与无王也。云"西周二百五十七年"者，《汉书·律历志》云："春秋殷历，皆以殷鲁自周昭王以下亡年数，故据周公、伯禽为纪。"《律历志》谓伯禽四十六年。自此以下，依《史记·鲁世家》：考公四，炀公六，幽公十四，魏公五十，厉公三十七，献公三十二，慎公三十，武公九，懿公九，伯御十一，至孝公之二十五年，而犬戎杀幽王，凡二百七十三年。作《竹书》者，谓启杀益，大甲杀伊尹，盖抹去周公摄政之七年。更益武王二年，则二百七十五。今本作五十七，盖七五二字互讹也。辗转推寻，皆可得其所本，尚可信为真古物哉？

汉人訾产杂论①

一、论古人日食之率及汉代訾产利率顾直

《史记·货殖列传》引计然之言曰："夫粜，二十病农，九十病末。上不过八十，下不过三十，则农末俱利。"《汉书·食货志》载李悝尽地力之教曰："今一夫挟五口，治田百亩，岁收亩一石半，为粟百五十石；除十一之税十五石，余百三十五石。食，人月一石半，五人终岁为粟九十石，余有四十五石，石三十，为钱千三百五十。除社闾尝新春秋之祠，用钱三百，余千五十。衣，人率用钱三百，五人终岁用千五百。不足四百五十。不幸疾病死丧之费，及上赋敛，又未与此。此农夫所以常困，有不劝耕之心，而令籴至于甚贵者也。"案计然言粜，以三十为最下之价。而李悝言农家之入，以石三十为率。盖籴粜之利尽归商贾，农夫所得，廑此区区而已。假使取三十、八十之中，石得五十，则四十五石之粜，可多得九百钱，反赢四百五十，足勉支疾病死丧之费矣。故知农夫之困，商贾实为之也。

李悝言食人月一石半，是日五升也。赵充国《屯田奏》："愿留万二百八十一人，用谷月二万七千三百六十三斛。"则日八升八合余（严尤谏王莽伐匈奴，计一人三百日食，用糒十八斛。则日六升）。盖屯田者皆

———————

① 此文原载《齐鲁学报》第1期，1941年1月出版。

壮男，而一家五口，兼有妇女老弱，故其数不同。《三国志·管宁传注》引《魏略》：官廪焦先屡累寒贫，皆日五升。盖自战国至后汉，计人日食之率如此。屡累以五升不足食，颇佣作以裨粮。寒贫则颇行乞。盖官给廪或不足，或兼以粟易他物，故然。非老弱者五升犹不得饱也。庄周述宋钘、尹文之言曰："五升之饭足矣。先生不得饱，弟子虽饥，不忘天下。"亦指壮者言之，非老弱也（见《天下篇》。《三国魏志·邓艾传》：艾言：淮南北屯田，六七年间，可积三千万斛。此则十万之众五年食也。则人日得升许耳，军粮原不专恃屯田也）。

如李悝所计，一夫五口之家，终岁之用，不足四百五十。粟石三十，是当更得十五石，乃可足其用也。疾病死丧之费，岁以四百五十计，亦至觳矣。然则五口之家，必得粟百八十石，乃可勉支。以一人言之，养生送死之费，当岁得粟三十六石。秦汉一石，约当今之二斗，则以今之量言之，当得七石二斗也。《后汉书·伏湛传注》引《九章算术》曰："粟五十，粝率三十。一斛粟得六斗米为粝。"然则一人养生送死之费，当得今粗米四石三斗二升。石以五元计，不过二十一元六角。一家五口，仅百有八元而已。亦云俭矣。

粟价自六国至两汉，似无大差。观《后汉书·明帝纪》，书永平十二年，粟斛三十。又《刘虞传》言："虞为幽州牧，民悦年登，谷石三十。"皆以三十为下粜可见。两汉之钱，当远多于六国时，然其流通，亦当远在六国时上。姑以币贾无甚升降言之，则自战国至汉末，人民生计，可谓未曾大变也。如此，则可推论汉人之訾产焉。如计然说，取其中价，粟石五十计之，则汉时有訾千者，等于有粟二十石，即等于今之粟四石。石以五圜计，犹今有訾二十圜也。黄金一斤直钱万，汉世亦似无大变，则有一金者，等于有粟二百石，犹今有訾二百圜矣。文帝言："百金中人十家之产。"是一中人之家，其訾产，等于今之二千圜也。《汉书·景帝纪》：后二年五月诏："今訾算十以上乃得官。"服虔曰:"十算,十万也。"《哀帝纪》:绥和二年,"水所伤县邑及他郡国灾害什四以上,民訾不满十万,皆无出今年租赋"。《平帝纪》:元始二年,"天下民訾不满二万,及被灾之郡不满十万,勿租税"。扬雄自谓家产不过十金。《后汉书·梁统传》:统曾祖桥,以訾十万徙茂陵。盖皆以中人之家为率。

《汉书·伍被传》:被为淮南王画策,诈为丞相御史请书,徙家产五十万以上者朔方。此犹今之有訾产万圜者也。《酷吏传》:尹齐病死,家直不满五十金。以是为俭,知汉世官吏,訾产多在今万圜以上矣。刘德家产过百万,则以振昆弟宾客食饮,曰:"富,民之怨也。"此以今之二万圜为率也。卓王孙分与文君钱百万,亦犹今分与二万圜矣。《平当传》:祖父以訾百万,自下邑徙平陵。此在民间已为高訾。汉世诸陵,所以多斗鸡走狗之徒也。多于百万者,《武帝纪》:元朔二年,"徙郡国豪杰及訾三百万以上于茂陵。"《王章传》:"妻子徙合浦,以采珠致产数百万。"《后汉书·刘盆子传》:"吕母家素丰,訾产数百万。"《樊宏传》:族曾孙准,以先父产业数百万让孤兄子。《前书·张汤传》:"汤死,家产直不过五百金。"(又云:"皆所得奉赐,无他赢。"足见汉时奉赐之厚。)《后书·和帝阴皇后纪》:永初四年,邓大后诏赦阴氏徙者归故郡,还其訾财五百余万。《前书·杨敞传》:子恽,"初受父财五百万,及身封侯,皆以分宗族。后母无子,财亦数百万,死皆予恽;恽尽复分后母昆弟;再受訾千余万,皆以分施"。《王嘉传》:嘉奏封事言,"孝元皇帝时,外戚訾千万者少"。又言:"成帝时,史育家訾不满千万。"《酷吏传》:王温舒死,家累千金。《货殖传》:"成都罗裒贾京师;随身数十百万,为平陵石氏持钱,往来巴蜀,数年间,致千余万。"《叙传》:班况訾累千金,徙昌陵。《后书·梁冀传》:"客到门不得通,皆请谢门者,门者累千金。"周燮等《传》:荀恁訾财千万,父越卒,悉散与九族。《独行传》：李元訾财千万（见《李善传》）。《种暠传》：父为定陶令，有财三千万。《前书·窦婴传》：灌夫家累数千万。《杜周传》：子延年，居九卿位十余年，赏赐赂遗，訾数千万。《酷吏传》：宁成称"仕不至二千石，贾不至千万，安可比人乎！乃贯贷陂田千余顷，假贫民，役使数千家。数年，致产数千万"。《货殖传》：宛孔氏家致数千金。刁间起数千万。临淄姓伟訾五千万。《后汉书·樊宏传》：父重，年八十余终。"素所假贷人间数百万。"贷于人者至数百万，其所有者亦必数千万矣。《前书·张良传》：良自言"不爱万金之訾，为韩报仇强秦"。《货殖传》："师史能致十千万（师古曰："十千万，即万万也。"）王莽时，雒阳张长叔薛子仲，訾亦十千万。"又曰："自元成迄王莽，京师富人，杜陵樊嘉、茂陵挚网、平陵如氏苴氏、长安丹王君房、豉樊少翁、王孙大卿，为天下高訾。嘉五千万，其余皆巨万矣。"《楚元王传》："功费大万百余。"《注》引应劭曰："大万，亿也。大，巨也。"案《诗·伐檀》毛《传》，以万万为亿。郑《笺》以十万为亿。《疏》云："今数万万为亿，古十万为亿。"盖毛《传》虽自名古学，实为时人所伪托，故不觉露出马脚也。《后汉书·鲜卑传》，言："青徐二州，给岁钱二亿七千万。"此语当本汉时计账，知汉世以万万为亿，巨万即万万矣。《游侠传》言："石显訾巨万。"《佞幸传》言："其赏赐赂遗，訾一万万。"亦巨万即万万之征也。《梁冀传》言："扶风人士孙奋，居富而性吝啬，冀因以马乘遗之，从贷钱五千万。奋以三千万与之。冀大怒，乃告郡县，讦奋母为其守臧婢，云盗白珠十斛，紫金千斤以叛。遂收考奋兄弟，死于狱中，悉没訾财亿七千余万。"《方术传》：折像父国，有訾财二亿。此又逾于万万。梁冀之诛也，收其财货，县官斥卖，合三十余万万。董贤之诛也，县官斥卖其财，凡四十三万万。则合今六千余万、八千余万矣。

家訾之少者：《汉书·元帝纪》：初元元年，"以三辅大常郡国公田及苑可省者振业贫民,訾不满千钱者,赋贷种食"。《贡禹传》:禹自言"家訾不满万钱"是也。案《枚乘传》言:"乘在梁时,取皋母为小妻。乘之东归也,皋母不肯随。乘怒,分皋数千钱,留与母居。"枚皋分訾不过数千,贫民家訾之不及千宜矣。然贡禹又自言有田百三十亩,则汉时计訾者,田亩不与焉。盖距井授之世犹近,未以土田为人所私有也。《游侠传》言:"石显当去,留床席器物数百万直欲以与万章。"《后书·和帝纪》:永元五年诏,言"郡国上贫民,以衣履釜鬵为訾。"亦汉世计訾以财物而不以田亩之证。衣履釜鬵,虽云琐屑,然较之后世之并计田宅,甚或专计丁粮者,则其取民为已宽矣。故知政之流失,久而愈甚也。

《货殖列传》言:"封者食租税,岁率户二百。千户之君,则二十万。"又言:"子贷金钱千贯者,比千乘之家。"则汉世利率通行者为什二。故曰:"他杂业不中什二,则非吾财。"言其不足事也(又曰:"贪贾三之,廉贾五之。"此三五即参伍,乃动字。《汉书音义》谓"贪贾未当卖而卖,未可买而买,故得利少而什得三。廉贾贵而卖,贱乃买,故十得五",非也。未当卖而卖,未可买而买,此乃拙,非贪也。又曰:"吴楚七国兵起时,长安中列侯封君行从军旅,赍贷子钱。子钱家以为侯邑国在关东,关东成败未决,莫肯与。惟无盐氏出捐千金贷,其息什之。三月,吴楚平,一岁之中,则无盐氏之息什倍",此什倍乃子母相伴。《索隐》云:"出一得十倍",非也)。如李悝所计,谷石三十,农民之家,终岁所费,为百五十石,不足四百五十,都计钱四千九百五十耳。是訾二万四千七百五十之息也。更益以疾病死丧及上赋敛之所费,亦以四百五十计,是訾二千二百二十之息也。然则农夫五口百亩之入,等于事末业者二万六千九百四十之訾耳。农夫安得不困,末业安得不抒。中人之产十金,以什二计,岁得息二万,四倍于农夫终岁之入而有余矣。但所谓訾者,衣履釜鬵床席器物之类,不皆可以生息耳。

《汉书·王贡两龚鲍传》云:"严君平卜筮于成都,裁日阅数人,得百钱，足以自养，则闭肆下帘而授《老子》。"夫日得百钱，则岁三万六千矣。是八农夫终岁之所入，犹得为俭乎？《诗》言："握粟出卜。"《三国志·陶谦传注》引谢承书，言："赵昱年十三，母病，握粟出卜。"一似袭用成语者。然《盐铁论·散不足篇》，訾当时饮食之侈曰："负粟而往，易肉而归。"盖时钱贾贵，所费不能及一钱也，亦曷怪出卜者之握粟乎？君平日阅数人而得百钱，则来卜者人必出钱二三十，侔于下粲一石之贾矣，犹得曰居贫乎？然则君平江湖术士之豪耳。不然，何山不可居，而必于成都之市邪！

《史记·萧相国世家》："高祖以吏繇咸阳，吏皆送奉钱三。何独以五。"《集解》引李奇曰："或三百，或五百也。"颜师古注《汉书》亦曰："他人皆三百，何独五百。"案下文又言高祖益封何二千户，以帝尝繇咸阳时，何送我独赢奉钱二也。曰二，曰三，曰五，文甚明白，何以知三谓三百，五谓五百？《索隐》引刘氏曰："时钱有重者一当百"，何所据邪？或曰，《高祖纪》："吕公善沛令，避仇从之客，因家沛焉。沛中豪杰吏闻令有重客，皆往贺。萧何为主吏，令诸大夫曰：'进不满千钱，坐之堂下。'"夫令有重客，贺钱犹及千，岂有故人馈赆，乃以钱三五者欤？不知本纪述高祖微时事，皆怪异之谈，非故为是以惑人，则传者所增饰耳，安可据为典要邪！不独《高祖纪》，凡古书所谓百金千金云者，固有实事，亦未尝无恢侈之谈，要当分别观之，不可尽信为实然也。

《汉书·昭帝纪注》引如淳曰："更有三品：有卒更，有践更，有过更。古者正卒无常，人皆当迭为之，一月一更，是谓卒更也。贫者欲得顾更钱者，次直者出钱顾之，月二千是谓践更也。天下人皆直戍边三日，亦名为更，律所谓繇戍也；不可人人自行三日戍，又行者当自戍三日，不可往便还，因便往，一岁一更，诸不行者出钱三百入官，官以给戍者，是谓过更也。"《沟洫志》："治河卒非受平贾者，为著外繇六月。”苏林曰："平贾,以钱取人作卒,顾其时庸之平贾也。"如淳曰："律说,平贾一月得钱二千。"《卜式传》:"乃赐式外繇四百人。"苏林曰："外繇,谓戍边也,一人出三百钱,谓之过更,式岁得十二万钱也。"《平帝纪》:元始元年,"天下女徒已论归家,顾山钱月三百。"如淳曰："令甲,女子犯罪,作如徒六月。顾山遣归,一说以为当于山伐木,听使入钱顾功直,故谓之顾山。"盖准过更之直。然则汉世顾功,平贾月二千,惟戍边及山伐者,月三千也。君平居肆之人,侔于远行作苦者矣。此江湖游食之士所以多欤?

《后汉书·和熹邓皇后纪》:"旧大官汤官经用,岁且二万万。大后敕止,日杀省珍费,自是裁数千万。"《宦者传》:吕强上疏,言"后宫采女,数千余人,衣食之费,日数百金"。夫岁二万万,则是下枲六百六十六万六千六百六十六余石之贾也。家致百五十石,四十四万四千四百四十四家,乃足奉之矣。数人而食一金,是人食数千钱,若以为三千,则是日食下枲百石之价也,亦云侈矣!

《后汉书·循吏传》:刘宠为会稽大守,"征为将作大匠。山阴县有五六老叟,自若邪山谷间出,人赍百钱以送宠。宠为人选一大钱受之。"《吴志·刘繇传注》引《续汉书》云:"为选受一大钱,故会稽号宠为取一钱太守。"案《续书》之说是也。《后书》盖措语偶误。若人选受一大钱,则当云取五六钱太守矣。送太守不过百钱,安得送一亭长,乃人人三百钱邪? 或曰:送刘宠者,山谷间叟也;送高祖者,豪吏也。多少县殊,又何足怪? 不知秦汉间吏民之所以赠遗官吏者甚厚,竟有借之以定产业者(《汉书·游侠传》:"原涉,父哀帝时为南阳太守。天下殷富,大郡二千石死,官赋敛送葬,皆千万以上。妻子通共受之,以定产业。"又《后汉书·张禹传》:父歆,终于汲令。"汲名人赠送,前后数百万,悉无所受。"县令如此,况于太守邪? 又《田叔传》:"为鲁相,卒。鲁以百金祠,少子仁不受。"百金,亦百万矣),安得与寻常赠遗比。《后汉书·朱晖传》:"为郡吏。太守阮况，尝欲市晖婢，晖不从。及况卒，晖乃厚赠送其家。人或讥焉。晖曰：'前阮府君有求于我，所以不敢闻命，诚恐以财货污君。今而相送，明吾非有爱也。'"《注》引《东观记》曰："晖为督邮，况当归女，欲买晖婢。晖不敢与。后况卒，晖送其家金三斤。"夫金三斤，亦不过三万钱耳，而人以为厚，晖亦自谓不薄矣。安得送一亭长，人人致钱三百邪？或曰：郭解徙茂陵，诸公送者出千余万，明当时豪杰致馈赆颇厚，高祖固亦其伦也。然高祖虽曰豪杰，其交游似尚非郭解之比。且解之致千余万，亦以赠送者多，非必人人所遗皆厚。又解所与往还，必多长者，亦非如高祖，所狎者不过刀笔吏之类也。

二、论前汉赏赐

汉世金钱，准诸谷贾，实较后世为贵。故其馈遗赏赐所用之数亦微。如前辩高帝繇咸阳，吏皆送奉钱三，萧何独以五，为三钱五钱是也。《景帝纪》：遗诏赐吏二千石黄金二斤，吏民户百钱。当下粜之贾三又三分石之一。此已为厚惠。《武帝纪》：大始三年，"赐行所过户五千钱"。则必以供亿劳费特甚耳。随苏武还者六人，以老归家，不过人赐钱十万。征大宛者，士卒赐仅直四万钱。然则韩信王楚，召下乡亭长赐百钱，亦不为菲矣。而哀帝赐董贤家苍头奴婢，至人十万，何其侈也。《丙吉传》："掖庭宫婢则令民夫上书，自陈尝有阿保之功。诏免则为庶人，赐钱十万。"《王嘉传》："嘉奏封事，言元帝尝幸上林，后宫冯贵人从，临兽圈，猛兽惊出；贵人前当之。元帝嘉美其义，赐钱五万。"然则董贤家苍头奴婢之功，倖于微时之阿保，而倍于冒死以免其君者邪！此淫侈之主，所以无可与语也。

韩信予下乡亭长钱百，而赐所从食漂母千金。此等厚意，固不可以尺度量，其报之，自亦不可以多寡计也。元帝赐冯贵人钱五万耳。而《外戚传》言："赵飞燕谮许皇后、班婕妤挟媚道，咒诅后宫，詈及主上。考问婕妤。婕妤对曰：'妾闻死生有命，富贵在天，修正尚未蒙福，为邪欲以何望？使鬼神有知，不受不臣之诉；如其无知，诉之何益？故不为也。'上善其对，怜闵之，赐黄金百斤。"成帝之淫侈，固非元帝之恭俭，然亦岂有善妾媵一言，而赐以百金者。使其爱怜之如此，亦不终弃之长信宫矣。此殆班氏自夸之辞，非其实也。古人言语，好举成数，而传述故事者，又多好张大其辞，所谓百金千金，未必皆系实数。武帝欲褒卜式以讽示天下，不过赐金四十斤（见《食货志》。本传同）。桑弘羊亦不过黄金再百（亦见《食货志》）。赵食其、常惠、遂成赐金百斤（见《卫青传》），以有军功。昭帝时，隽不疑赐钱百万，则以发觉刘泽之叛耳（见本纪始元元年及本传）。苏武著节老臣，赐钱不过百万（见本纪始元六年及本传）。其后尹翁归、朱邑子皆赐黄金百斤，以奉祭祀。黄霸亦赐黄金百斤（见本纪元康四年、神爵元年、四年及本传。元康四年，又赐功臣适后黄金人二十斤）。则以宣帝特重循良故也。召信臣循声侔于霸，裁赐黄金四十斤。赵充国有平羌之功，及乞骸骨，赐黄金六十斤。陈汤建不世之勋，累遭挫折，亦仅赐黄金百斤（《元帝纪》竟宁元年及本传）。段会宗即诛乌孙番丘，赏与汤同。刘常为大常，病免，赐金百斤（《百官公卿表》绥和四年）。王延世以治河功、赐黄金再百（《沟洫志》）。杜延年为北地大守，玺书赐黄金二十斤，征入为御史大夫，赐黄金百斤。疏广受青宫师傅，乞骸骨，加赐黄金二十斤。皇大子赠以五十斤。薛广德与于定国、史高俱乞骸骨，皆赐黄金六十斤。彭宣之免，赐黄金五十斤。贡禹为御史大夫，数月卒，赐钱百万。韦贤乞骸骨，赐黄金百斤。夏侯胜迁大子大傅，赐黄金百斤。卒官，大后赐钱二百万。以师傅之恩故也。张敞征拜胶东相，孙宝拜广汉大守，皆以绥靖地方，皆赐黄金三十斤。萧育（望之子）。以江中多盗贼，拜南郡大守，加赐黄金二十斤。冯奉世平羌，赐黄金六十斤。子野王，以王舅不宜备九卿，出为上郡太守，加赐黄金百斤。张禹成帝师，与王凤并领尚书，乞骸骨，不许，赐黄金百斤。及罢，又赐黄金百斤。孔霸，元帝师，征为给事中，加赐黄金二百斤。子光为尚书，以周密谨慎，赐黄金百斤。史丹病乞骸骨，赐黄金五十斤。傅喜上将军印绶，以光禄大夫养病，赐黄金百斤。严延年为涿郡太守，三岁，迁河南太守，赐黄金三十斤。陈立徙天水太守，劝民农桑，为天下最，赐黄金四十斤《西南夷传》。许嘉为车骑将军，辅政，策免，赐黄金二百斤《外戚传》。王商乞骸骨，赐钱百万《元后传》。和亲侯王歙使匈奴，购求得陈良、终带，赐钱二百万《匈奴传》。是知汉世，无论有勋劳，抑系亲戚师友，赏赐罕逾百金者。王莽乞骸骨，哀帝赐黄金五百斤，已非常典矣。其以一时应对之善而受赐者：袁盎引却慎夫人坐，慎夫人赐金五十斤。虞丘寿王对汾阴得宝鼎，赐黄金十斤。东方朔谏起上林苑，赐黄金百斤。谏内董偃宣室，赐金三十斤。王闳数奏昌陵不可成，为天下除大害，成帝借以侯淳于长，赐黄金百斤《成帝纪》永始二年。郅都谏景帝毋自持兵救贾姬。上与太后亦不过各赐金百斤而已。乃《高帝纪》，田肯说非亲子弟莫可使王齐者，赐金五百斤。太公家令说太公，上朝，拥彗迎门却行，上赐黄金五百斤。《荆燕吴传》：刘泽用金二百斤为田生寿。太后赐张卿千金，张卿又以其半奉田生。《邹阳传》：梁孝王赍以千金，令求方略解罪于上。而《高帝纪》及《项籍传》《陈平传》且谓帝出黄金四万斤与平以间疏楚君臣。以口舌得金，何其易也，曷怪士之竞骛于游说哉！窃谓此等皆古人言语，好举成数，游士喜以多金相夸耀。传说者又从而侈之，非其实也（其稍稍赐与，以致积多，自然不在此例。如《张禹传》言："天子数加赏赐，前后数千万"是也。韩安国解梁王于上，太后更赐直千金，亦非一时事。《东方朔传》言："朔之诙谐逢占射覆，其事浮浅，行于众庶，童儿牧竖，莫不眩耀。而后世好事者，因取奇言怪语，附著之朔。"窃谓正非独朔如此也）。

《汉书·武帝纪》："元狩六年，赐丞相以下至吏二千石百金。"宋祁曰："新本无百字。"案无之者是也。自丞相至二千石不得无差等。

汉世赏赐，亦有甚多者，皆非常典也。高后崩，遗诏赐诸侯王各千金。文帝元年，赐大尉勃金五千斤（本传同）。丞相平、将军婴金二千斤（各千斤，见本传。本纪云："邑各三千户，金二千斤。"各字但指邑言）。朱虚侯章、襄平侯通金千斤（《高五王传》云："益封朱虚侯、东牟侯各二千户，黄金千斤。"案此亦当各五百斤也），典客揭金千斤。昭帝时，燕刺王旦赐钱三千万，广陵王钱二千万，黄金二百斤（纪元凤五年。本传同）。宣帝地节元年赐广陵王黄金千斤（本传云："赐胥黄金前后五千斤。"）诸侯王十五人，黄金各百斤。列侯在国八十七人，黄金各二十斤。盖直人心摇动之时，厚赐以事要结也。其时霍光赏赐，前后黄金七千斤，钱六千万，杂缯三万匹。蔡义为丞相，亦以定策功，加赐黄金二百斤。案平帝时，中山卫姬拜为中山孝皇后，上书谢恩，因陈丁、傅旧恶。是时人心亦动摇殊甚；王莽秉政，岂不可厚赐以事要结？然莽裁以太后诏加赐中山王及太后黄金各百斤而已。制节谨度之君，究非不学无术者比也。

《外戚传》："武帝赐异母姊钱千万，奴婢三百人，公田一顷。"此以其起自贫贱，为立产业，与寻常横赐，小有不同。宣帝赐舅无故、武，旬月间以巨万计，亦然。昭帝时外祖顺成侯姊君姁赐钱才二百万，视此则甚薄矣，可见霍光之专也。窦婴，吴楚反时拜大将军，赐金千斤。此亦非常典。又苏武兄嘉，为奉车都尉，从至棫阳宫，扶辇下除，触柱折辕，劾大不敬，伏剑自刎。赐钱二百万以葬。盖以死非其罪，故有此厚赐也。

嬖幸之赏赐，有不可以常格论者。文帝赏赐邓通，巨万者以十数。武帝宠韩嫣,赏赐拟邓通。新垣平赏赐累千金。栾大妻卫长公主,赉金十万斤。公孙诡初见梁孝王赐千金。皆嬖幸,非术士也。卫青以母昆弟贵,数日间赏赐累千金。此时之青,特外嬖耳。后虽为大将军,而史称其以和柔自媚,盖仍以嬖幸自居。定襄之役,功不多不益封,犹赐千金,亦以嬖幸视之,非以军法论也。张放赏赐以千万数,征为侍中光禄大夫,为丞相翟方进所奏。成帝不得已,遣就国,赐钱五百万。亦凡诸侯所无。然帝崩,放思慕哭泣,遂至于死。犬马恋主之诚,贤于卫青之猥琐,霍去病之骄纵者远矣。霍光奏昌邑王罪状,谓其使中御府令赐昌邑侍中君卿金千斤,取十妻,恐转失之诬也。

《高帝纪》:"帝疾甚,吕后迎良医,赐黄金五十斤,罢之。"《外戚传》:傅太后诬冯太后,谓冯太后女弟习、寡弟妇君之谓医徐遂成曰:"武帝时,医修氏刺治武帝,得二千万耳。今愈上,不得封侯,不如杀上,令中山王代,可得封。"案吕后所迎医,高帝未尝令治疾。修氏虽治武帝获愈,赏赐亦不能至二千万。此等传说,疑亦不足信也。

汉时国家有事赏赐臣下者:惠帝即位,外郎不满二岁,赐钱万。谒者、执楯、执戟、武士、驺比外郎。赐给丧事者,二千石钱二万,六百石以上万,五百石二百石以下至佐史五千。视作斥土者,将军四十金,二千石二十金,六百石以上六金,五百石以下至佐史二金。昭帝自建章宫徙未央宫,大置酒,赐郎从官帛及宗室子钱,人二十万。元帝初元二年,立皇太子,赐列侯钱各二十万,五大夫十万。其加惠功臣后嗣者:元康四年,蒯成制侯周缘、赤泉严侯杨喜、猗氏敬侯陈遫、吴武严侯杨武、昌圉侯旅卿之后,各赐黄金十斤,复家(《高惠高后文功臣表》)。惟卫青之孙,赐钱五十万(《外戚恩泽侯表》)。

《汉书·陆贾传》言：贾使南越，赵佗赐贾橐中装直千金。它送六千金。贾有五男，乃出所使越橐中装卖千金，分其子，子二百金，令为生产。盖时重南方之物，故贾能以立产业。佗所赠者，在南中未必甚贵也。传又言贾为陈平画吕氏数事，平用其计，乃以五百金为绛侯寿。厚具乐饮太尉，太尉亦报如之。平乃以奴婢百人，车马五十乘，钱五百万遗贾，为食饮费。太尉是时，未必贪平金，平遗贾亦不能如此之厚，此皆策士传说，不足信也。

三、论后汉三国禄赐及赐人民

读史者率言两汉之世，黄金多于后世。其实后汉与先汉不同，先汉之世，赏赐多用黄金。后汉则仅建武五年，赐窦融玺书，赐黄金二百斤（《融传》载王莽时汉兵长驱入关，王邑荐融，拜波水将军，赐金千斤。是时光武以融为凉州牧，所赐反载及莽时五之一）。朱祐破延岑，赐黄金三十斤。肃宗即位，诸贵人当徙居南宫，明德马后各赐白越三千端，杂帛二千匹，黄金十斤。太后崩，肃宗所生母贾氏策书加贵人，御府奉杂帛二万匹，大司农黄金千斤，钱二千万。建和二年，桓帝加元服，赐河间、渤海二王黄金各百斤，彭城诸国王各五十斤（公主、大将军、三公、特进、侯、中二千石、二千石、将、大夫、郎、吏、从官四姓及梁邓小侯、诸夫人以下帛各有差）。朱俊为交趾刺史，定梁龙之乱，赐黄金五十斤而已。余赐皆用钱谷布帛。《三国魏志·文帝纪注》引《魏书》：延康元年二月辛亥，赐诸侯王将相以下，大将粟万斛，帛千匹，金银各有差等。黄初三年，黄龙见邺西漳水，其时中山恭王衮为北海王，上书赞颂。诏赐黄金十斤。齐王芳嘉平五年，赐刺费祎之郭修子银千饼，绢千匹。《蜀志·张飞传》：益州既平，赐诸葛亮、法正、飞及关羽金各五百斤，银千斤，钱五千万，锦千匹。《吴志·吕蒙传》：破关羽，赐钱一亿，黄金五百斤。诸葛恪东兴之捷，赐金一百斤，缯布各万匹。

余亦多以钱谷布帛。盖金银以聚而见其多，散而见其少。每经一次丧乱，府藏金银，必散之民间，不易复聚也。

士大夫禄赐，经制可考者：《续汉书·百官志》百官受奉例：大将军三公奉月三百五十斛，中二千石奉月百八十斛，二千石奉月百二十斛，比二千石奉月百斛，千石奉月八十斛，六百石奉月七十斛，比六百石奉月五十斛，四百石奉月四十五斛，比四百石奉月四十斛，三百石奉月四十斛，比三百石奉月三十七斛，二百石奉月三十斛，比二百石奉月二十七斛，一百石奉月十六斛，斗食奉月十一斛，佐史奉月八斛：凡诸受奉者皆半钱半谷。《注》引荀绰《百官表注》曰："汉延平中，二千石奉钱九千，米七十二斛，真二千石月钱六千五百，米三十六斛，比二千石月钱五千，米三十四斛，千石月钱四千，米三十斛，六百石月钱三千五百，米二十一斛，四百石月钱二千五百，米十五斛，三百石月钱二千，米十二斛，二百石月钱一千，米九斛，百石月钱八百，米四斛八斗。"《礼仪志》："立春，遣使者赍束帛以赐文官。"《注》引《汉官名秩》曰："赐司徒司空帛四十匹，九卿十五匹。"又引《古今注》曰："建武八年立春，赐公十五匹，卿十匹。"又引《汉官名秩》述腊赐之制曰："大将军三公腊赐钱各三十万，特侯十五万，卿十万，校尉五万，尚书丞郎各万五千，千石六百石各七千，侍御史谒者议郎尚书令五千，郎官兰台令史三千，中黄门羽林虎贲士二人共三千。"《何敞传注》述腊赐之制则曰："大将军三公钱各二十万，特进侯十五万，卿十万，校尉五万，尚书三万，侍中将大夫各二万，千石六百石各七千，虎贲羽林郎二人共三千：以为祀门户直。见《汉官仪》也。"《百官志注》引蔡质《汉仪》曰："侍郎迁县令，诏书赐钱三万。"《光武十王传》曰："自中兴至和帝时，皇子始封薨者，皆赙钱三千万，布三万匹。嗣王薨，赙钱千万，布万匹。"《章帝八王传》曰："自永初以后，戎、狄叛乱，国用不足。始封王薨，减赙钱为千万，布万匹。嗣王翥，五百万，布五千匹。"《羊续传》云："旧典，二千石卒官赙百万。"布帛贾难审知。谷，汉世斛石相近，斗食岁百三十二斛，佐史岁九十六斛，不足农夫一家五口之入。百石岁百九十二斛。如前所计，农家岁得百八十斛，可足衣食社间尝新疾病死丧之费。然居城市者，所费不能无稍多，则下吏之禄颇薄。大将军三公岁奉四千二百斛，当农夫二十八家之入。一家五口，足食百四十人。

后汉特赐，宗室最厚。东平宪王永平五年上疏归职，加赐钱五千万，布十万匹。六年，帝幸鲁，征苍，从还京师。明年，皇太后崩，既葬，苍乃归国，特赐布二十五万匹。十五年，行幸东平，赐钱千五百万，布四万匹。建初元年，地震，苍上便宜。报书，赐钱五百万。六年，求朝，特赐装钱千五百万。其余诸王悉千万。及归，车驾祖送，赐钱布以亿万计。翥，赐钱前后一亿，布九万匹。阜陵质王延，建初中以逆谋贬为侯。章和元年，复为王，加赐钱千万，布万匹。中山简王焉之翥，以窦太后为东海出，而焉与东海恭王强同母，加赙钱一亿。又《明德马皇后纪》："广平、巨鹿、乐成王车骑朴素，无金银之饰。帝以白太后，太后即赐钱各五百万。"

其赏赐群臣，唯军功为稍褒，余则谷罕逾千斛，钱罕及百万者。吴汉平蜀，振旅，还至宛，诏令过家上冢，赐谷二万斛。冯绲平荆州，诏书赐钱一亿。度尚破朱盖、胡兰，赐钱百万。张纲定广陵之乱而卒，拜子赎为侍郎，赐钱百万。陈球斩朱盖，段颎破太山、琅邪贼，皆赐钱五十万。张奂督幽、并、凉三州，三州清定，论功当封。奂不事宦官，故赏不行，惟赐钱二十万。董卓以六郡良家子为羽林郎，从中郎将张奂为军司马，共击汉阳叛羌，破之，拜郎中，赐缣九千匹（《后汉书》、《三国志》本传同）。其死事者：温序为隗嚣别将苟宇所拘劫，伏剑死，赙谷千斛，缣五百匹。马贤及二子皆战殁，赐布三千匹,谷三千斛《西羌传》。九真太守儿式战死,赐钱六十万《南蛮传》。

开国之初,割据之国来降者,窦融赐金二百斤,已见前。卢芳降,赐缯二万匹。

《明帝纪》:永平六年,王雒山出宝鼎,赐三公帛五十匹,九卿二千石半之。《章帝纪》:建初七年,饮酎高庙,禘祭光武皇帝、孝明皇帝,赐公钱四十万,卿半之。此为国有庆典行赏者。

以勤劳而赐者:《韩棱传》:窦氏败,棱典其事,深竟党与,数月不休沐(棱时为尚书令)。帝以为忧国忘家,赐布三百匹。《文苑传》:黄香出为东郡太守,复留为尚书令,赐钱三十万。

以清廉赐者:祭肜在辽东几二十年,衣无兼副。永平十二年,征为太仆。显宗既嘉其功,又美肜清约,拜日,赐钱百万,马三匹,衣被刀剑,下至居室什物,大小无不悉备。此亦以军功,非但以清廉也。《张堪传》:"帝尝召见诸郡计吏,问其风土及前后守令能否。蜀郡计掾樊显进曰:'渔阳太守张堪,昔在蜀汉,仁以惠下,威能讨奸。前公孙述破时,珍宝山积,卷握之物,足富十世。而堪去职之日,乘折辕车,布被囊而已。'帝闻,良久叹息,方征堪,会病卒。帝深悼惜之。下诏褒扬,赐帛百匹。"《贾逵传》:"逵母尝有疾。帝欲加赐,以校书例多,特以钱二十万,使颍阳侯马防与之。谓防曰:'贾逵母病,此子无人事于外,屡空,则从孤竹之子于首阳山矣。'"则纯以清廉被赐者也。

以循良赐者:祭肜迁襄贲令,政清,增秩一等,赐缣百匹。《循良传》:卫飒为桂阳太守,征还。光武欲以为少府,会飒被疾,不能拜起。敕以桂阳太守归家,须后诏书。居二岁,载病诣阙自陈困笃,乃收印绶,赐钱十万。《南蛮传》:武陵太守李进,在郡九年,得其情和。梁太后临朝,赐钱二十万。《酷吏传》:樊晔,永平中,显宗追思晔在天水时政能,以为后人莫之及,诏赐家钱百万。此则恩及其身后者已。

湖阳公主奴杀人，董宣治之。光武初欲棰杀之，后乃赐钱三十万（《酷吏传》）。而明帝时，馆陶公主为子求郎，不许，赐钱千万。强项令冒死以存国法，不如妇人一言，如何不令志士气短也。光武解略阳围，置酒高会，赐来歙妻缣千匹。歙守略阳诚有功，然不曰赐歙而曰赐其妻，则知此非军赏也。樊宏卒，子倏嗣。倏弟及从昆弟七人赐钱合五千万。元和三年，肃宗北巡，过真定，会诸郭，赐粟万斛，钱五十万。知汉于姻戚亦至厚。

以谏诤及启沃赐者：光武时，郅恽上书谏猎，赐布百匹。又贾逵条奏《左氏》大义长于二传者，赐布五百匹。桓荣以说《尚书》，赐钱十万。刘毅上《汉德论》《宪论》，赐钱三万，拜议郎。《钟离意传》：显宗即位征为尚书。时交阯太守张恢，坐臧千金征，遂伏法，以资物簿入大司农，诏班赐群臣。意得珠玑，悉以委地，而不拜赐。帝嗟叹，更以库钱三十万赐意。此虽非直谏，亦以口舌蒙赏者也。

以隐逸廉退赐者：郑均不应辟举。建初六年，公车特征，再迁尚书。后以病乞骸骨，拜议郎，告归，因称疾笃。时前安邑令毛义，比征辞病。元和元年，诏告庐江太守东平相，赐谷各千斛（见《均传》，亦见刘平等《传》首）。淳于恭不应辟举，隐黔陬山数十年。建初元年，肃宗下诏美恭素行，告郡赐帛二十匹，遣诣公车，除为议郎。后迁侍中骑都尉，卒官，亦赐谷千斛。江革为谏议大夫，病归，诏齐相，县以见谷千斛赐巨孝。及卒，诏复赐谷千斛。刘般以束脩至行，建武十九年，赐钱百万，缯二百匹。索卢放，建武末征不起，光武使人舆之，见于南宫云台，赐谷二千斛，遣归。樊英拜五官中郎将，数日，称疾笃。诏以为光禄大夫，赐告归，令所在送谷千斛（《方术传》）。周党，建武中征为议郎，以病去职。复被征，着短布单衣谷皮绡头，待见尚书。及引见，伏而不谒，自陈愿守所志；许之，赐帛四十匹。

时博士范升奏毁党。诏曰："自古明王圣主，必有不宾之士。伯夷叔齐，不食周粟；大原周党，不受朕禄，亦各有志焉。"夫隐逸之士，其行诚高，然此乃乡党所宜矜式；政事则当食功，不当以虚名滥廪禄也。且虚誉隆洽之士，往往非行之至者；行之至者，必其悃愊无华，名不出于乡里者也。本欲以砥砺廉隅，或反至崇奖虚伪，故风声所树，不可以不慎。

以忠义见赐者：永初二年，剧贼毕豪等入平原界，县令刘雄讨之，战败。贼执雄，以矛刺之。小吏所辅，以身代雄。赐钱二十万。又肃宗赐朱勃子谷二千斛，亦以其能终于伏波也。

免官时赐者：韦彪为大鸿胪，策免，令中臧府赐钱二十万。刘恺以司徒致仕，加赐钱三十万。第五伦罢司空，加赐钱五十万。邓彪、张酺以大尉乞骸骨，皆赐钱三十万。

赐装钱者：张酺以侍中虎贲中郎将出为东郡太守，意不自得，上疏辞，诏赐装钱三十万；才及建初中东平王装钱五十之一耳。太守与国王尊等，此何理也。

诸王赙典已见前。安帝永初四年，新野君薨，赙钱三千万，布三万匹（《皇后纪》及《安帝纪注》引《东观记》同）。桓帝母（孝崇匽皇后）崩，赙钱四千万，布四万匹。楚王英母许太后薨，赐钱五百万。樊宏卒，赙钱千万，布万匹。邓弘卒，遗言悉以常服，不得用锦衣玉簧。太后追思弘意，不加赠位衣服，但赐钱千万，布万匹。梁商薨，赐钱二百万，布三千匹；皇后钱五百万，布万匹。其非宗戚，则钱无满百万者。宋弘为大中大夫卒，赐钱十万。郭贺以河南尹卒，赐车一乘，钱四十万。韦彪卒，赐钱二十万，布百匹，谷三千斛。承宫以侍中祭酒卒，肃宗赐以冢地。妻上书乞归葬乡里，复赐钱三十万。杜诗为南阳太守征，会病卒。司隶校尉鲍永上书，言诗贫困无田宅，丧无所归，诏使治丧郡邸，赙绢千匹。刘恺以太尉乞骸骨卒家，赐钱五十万,布万匹。钟离意以尚书仆射卒,赐钱二十万。宋均欲以为司徒而病笃,赐钱三十万。周荣为山阳太守,以老病乞身,卒于家,诏特赐钱二十万。周举以光禄大夫卒,加赐钱十万。戴凭以侍中领虎贲中郎将卒,赐钱二十万。其杨震,顺帝即位,赐钱百万,孙赐彪于司空,赐钱三百万,布五百匹,则为罕见之举。冯焕以怨者诈作玺书死狱中,玄菟太守姚光则被杀(见《冯绲传》),仅各赐钱十万而已(欧阳歙以臧罪死狱中,歙据陈元上书追讼之,乃赙缣三千匹,盖其狱亦实冤)。

张纲言:"文明二帝,中官常侍,不过数人。近幸赏赐,裁满数金。"然桓帝时,单超、徐瑷、具瑗赐钱各千五百万,左悺、唐衡各千三百万。虽曰谋诛外戚有功,亦已侈矣。然犹曰诛外戚有功也。左雄乞岁以千万给奉阿母,而罢山阳君之封,则尤为无名矣。窦武之诛,朱瑀赐钱五千万,而桓荣玄孙典,献帝即位,三公奏其前与何进谋诛阉宦,仅赐钱二十万。

赐人民者:谷以十斛帛以十匹为最多。后汉之世,屡有赐鳏寡孤独笃癃贫不能自存者谷之事。明帝永平十二年、十七年、十八年,章帝即位,和帝永元三年十二年,殇帝立为太子,安帝元初元年五年,建光元年,延光元年,皆三斛。光武建武三十年,明帝永平三年,章帝建初三年四年,元和元年,和帝永元八年,顺帝永建元年,鸿嘉元年,永和二年(行幸长安所过)。桓帝建和元年皆五斛,建武三十一年六斛。惟明帝即位时十斛。顺帝永建四年则赐帛人一匹。又有加赐贞妇者:安帝元初元年帛人一匹,五年谷十斛。延光元年,顺帝永建元年,桓帝建和元年,皆三匹。此外惟桓帝延熹二年,至自长安,赐长安民粟人十斛,园陵人五斛,行所过县三斛而已。以偏灾赐者:和帝永元十三年,安帝延光元年,桓帝永康元年,皆人三斛。永寿元年二斛。养老者:顺帝阳嘉二年,赐民年八十已上米人一斛,肉二十斤,酒五斗;九十以上,加赐帛人二匹,絮三斤。

桓帝建和二年，加元服，赐年八十已上米酒肉；九十已上，加帛二匹，绵三斤。赐孕妇者：章帝元和二年诏曰："令云：人有产子者，复勿算三岁。今诸怀妊者，赐胎养谷人三斛，复其夫勿算一岁，著为令。"又有以祥瑞赐者：章帝二年五月，以比有凤凰黄龙鸾鸟等瑞，赐天下高年鳏寡孤独帛人一匹，令天下大酺五日。赐洛阳人当酺者布户一匹，城外三户共一匹，赐博士员弟子见在大学者布人三匹。九月，诏凤凰龙所见亭部，先见者赐帛人二十匹，近者三匹，太守三十匹，令长十五匹，丞尉半之。和帝永元三年，赐京师民酺，布两户共一匹。十二年，赐博士员弟子在大学者布人三匹。安帝延光三年，济南上言凤凰集台县丞霍收舍树上，赐台长帛五十匹，丞三十匹，尉半之，吏卒人三匹。

小吏之赐：明帝永平十五年，赐天下郎从官，二十岁已上帛百匹，十岁已上二十匹，十岁已下十匹。官府吏五匹，书佐小吏三匹。十八年，赐郎从官视事十岁已上者帛十匹。章帝元和二年，耕于定陶，诏赐三老孝弟力田帛人一匹。卫飒征还引见，赐食于前，从吏二人，亦不过赐冠帻钱人五千而已。

人民以移徙赐者：前汉景帝五年，募民徙阳陵，赐钱二十万。武帝建元三年，赐徙茂陵户钱二十万。昭帝始元四年，徙三辅富人云陵，赐钱户十万。后汉明帝永平元年，募士卒戍陇右，赐钱人三万；五年，发遣边人在内郡者，赐装钱人二万；九年，诏郡国死罪囚减罪，与妻子诣五原、朔方，占着所在，死者赐皆妻父若男同产一人复终身；其妻无父兄独有母者，赐其母钱六万，又复其口算。

三国时赏赐可考者：魏文帝赐北海王，先主赐诸葛亮、法正、张飞、关羽；孙权赐吕蒙金已见前。文帝将篡位，黄龙见谯，召见殷登，赐谷三百斛（本纪《注》引《魏书》）。南阳郡山贼扰攘，欲劫质太守东里衮。功曹应余，独身捍衮，遂免于难。余颠沛殒毙。太祖赐谷千斛(《高贵乡公纪》甘露三年《注》引《楚国先贤传》)。陈留王景元元年,赐司马文王钱千万。帛万匹(固让乃止)。文帝遣酅弘使公孙康,赐车牛绢百匹(见《公孙度传注》引《魏名臣奏议》)。袁涣卒,太祖赐谷二千斛。一教以大仓谷千斛赐郎中令之家,一教以垣下谷千斛与曜卿家。外不解其意。教曰:"以大仓谷者官法也,以垣下谷者亲旧也。"脂习见,太祖问其居处,以新移徙,赐谷百斛(《王修传注》引《魏略》)。刘放称疾免,赐钱百万(本传《注》引《张资别传》)。邯郸淳作投壶赋千余言,奏之。文帝以为工,赐帛千匹(《王粲传注》引《魏略》)。孙礼与全琮战芍陂,赐绢七百匹。满宠以不治产业,家无余财,赐田十顷,谷五百斛,钱二十万。徐邈身后,嘉平六年,与胡广、田豫并赐家谷二千斛,钱三十万。吴士燮子廞为质,病卒,妻寡居,诏所在月给奉米,赐钱四十万。吕蒙禽黄祖将陈就,赐钱千万。甘宁以健儿百余人入曹公营,赐绢千匹(本传《注》引《江表传》)。朱据典军吏刘助发吕壹罪,赏百万。又蜀后主降后,晋封为安乐公,赐绢万匹。谯周卒,赐钱十五万(《本传注》引《晋阳秋》)。孙皓降晋,赐号归命侯,岁给谷五千斛,钱五十万,绢五百匹,绵五百斤。

四、论汉世赠遗

汉世非独赐与,士大夫之间,其相赠遗亦颇厚。《汉书·朱建传》:建母死,贫未有以发丧。陆贾为见辟阳侯。辟阳侯乃奉百金税。列侯贵人,以辟阳侯故,往赙凡五百金。《韩安国传》:坐法失官家居。以五百金遗田蚡。《主父偃传》:大臣皆畏其口,赂遗累千金。《后汉书·杨震传》:迁东莱太守,当之郡,道经昌邑。故所举荆州茂才王密为昌邑令,谒见。至夜,怀金十斤以遗震。震子秉,自为刺史二千石,计日受奉,余禄不入私门。故吏赍钱百万遗之,闭门不受。观此数事,即知当时士大夫间相馈遗之厚。所以然者,一则仕途奔走,互相结托;一则为游侠者,好以施与立名也。《后汉书·方术传》:富人王仲,致产千金,谓公沙穆曰:"方今之世,以货自通。吾奉百万与子为资,何如?"此奔走结托之伦也。《第五伦传》:伦上疏言:"窃闻卫尉廖,以布三千匹,城门校尉防,以钱二百万,私赡三辅衣冠,知与不知,莫不毕给。又闻腊日,亦遗其在洛中者钱各五千。"此贵游之以施与立名者也。《汉书·东方朔传》,馆陶公主近幸董偃,推令散财交士。令中府曰:"董君所发,一日金满百斤,钱满百万,帛满千匹,乃白之。"此或言之过甚,然士之可以货取则信矣。此慕荣利者所以多喜奔走与。

《宣元六王传》,言淮阳宪王钦,遣人持黄金五十斤送朱博。博与王书,言赵王使谒者持牛酒黄金三十斤劳博,博不受。复使人愿尚女,聘金二百斤,博未许。博之言不尽可信;然当时贵游之间相赠遗之数,则略可考见矣。《后汉书·独行传》:言雷义尝济人死罪。罪者后以金二斤谢之,义不受。《续汉书·五行志注》引《风俗通》,言洛阳男子夜龙,从兄阳求腊钱。阳与钱千。龙意不满。民间馈遗假贷,则其数不过如此耳。又《张奂传》,言董卓慕之,使其兄遗缣百匹。奂恶卓为人,绝而不受。

五、论汉世购赏

秦汉时赏赐人民者虽微,而有所购求,则其为数颇巨。项籍言:"吾闻汉购我头千金,邑万户。"《张耳陈余传》言:"秦灭魏,购求耳千金,余五百金。"《韩信传》:"令有生得广信君者,购千金。"《季布传》:"项籍灭,高祖购求布千金。"读者或疑千金五百金等为举成数或夸张之辞。然吴王遗诸侯书曰:"能斩捕大将者,赐金五千斤,封万户。列将三千斤,封五千户。裨将二千斤,封二千户。二千石千斤,封千户。皆为列侯。其以军若城邑降者:卒万人,邑万户,如得大将：人户五千,如得列将：人户三千,如得裨将：人户千,如得二千石”,则必非传述约略之辞矣。《后汉书·西羌传》：购得杜琦首封列侯,赐钱百万。羌胡斩琦者,赐金百斤,银二百斤。汉阳太守赵博,遣刺客杜习刺杀琦。封习讨奸侯,诏钱百万。《周亚夫传》：汉购吴王亦千金。《赵充国传》："斩大豪有罪者一人,赐钱四千万。中豪十五万。下豪二万。大男三千。女子及老小千钱。"《后汉书·齐武王传》：王莽购伯升邑五万户,黄金十万斤。《李忠传》：从世祖攻巨鹿。王郎遣将攻信都。信都大姓马宠等开城内之。世祖言："将军可归救老母妻子,宜自募吏民,能得家属者,赐钱千万。来从我取。"《三国蜀志·关羽传注》引《蜀记》："羽与徐晃宿相爱,遥共语,但说平生,不及军事。须臾,晃下马,宣令：得关云长头,赏金千斤。"《吴志·钟离牧传注》引《会稽典录》：揭阳县贼率曾、夏等,众数千人,历十余年。以侯爵杂缯千匹,下书购募,绝不可得。观此,知购募之重者,大约为金千斤。惟王莽之购伯升为独侈也。

六、论汉世丧葬之费

李悝计农家之用,岁不足四百五十,而疾病死丧之费及上赋敛不与焉。疾病死丧之费,似颇难预计者。然疾病之费不可知；死丧之费,则求之于史,犹略有可考也。《汉书·成帝纪》：河平四年,"遣光禄大夫博士嘉等行举濒河之郡,为水所流压死,不能自葬,令郡国给槥椟葬埋,已葬者予钱人二千。"《哀帝纪》：绥和二年"河南颍川郡水出,赐死者棺钱,人三千"。《平帝纪》：元始二年,"郡国大旱蝗,赐死者一家六尸以上,葬钱五千。四尸以上三千。二尸以上二千"。《后汉书·光武帝纪》：建武十二年,"地震,南阳尤甚。赐郡中居人压死者棺钱,人三千"。《安帝纪》：元初二年,"遣中谒者收葬京师客死无家属,及棺椁朽败者。其有家属尤贫无以葬者,赐，钱人五千"。建光元年，京师及郡国二十九雨水，郡国三十五地震，或坼裂。遣光禄大夫案行，赐死者钱人二千。延光元年，京师及郡国二十七雨水，大风杀人。诏赐压溺死者，年七岁以上钱人二千。《顺帝纪》：永建三年，京师地震。濮阳地陷裂。诏实核伤害者，赐年七岁以上钱人二千。一家被害，郡县为收敛。阳嘉元年，望都蒲阴狼杀女子九十七人，诏赐狼所杀者钱人三千。永和三年，京师及金城、陇西地震，二郡山岸崩，地陷。遣光禄大夫案行金城、陇西，赐压死者年七岁以上人二千。一家皆被害，为收敛之。《桓帝纪》：建和三年，诏京师厮舍，死者相枕，郡县阡陌，处处有之。其有家属而贫无以葬者，给直人三千，丧主布三匹。永寿元年，诏被水死流失尸骸者，令郡县钩求收葬，及所唐突压溺物故，七岁以上，赐钱人二千。永康元年，六州大水。渤海海溢。诏州郡溺死者，七岁以上钱人二千。一家皆被害者，悉为收敛。合此诸文观之，似棺贾三千，椁价二千，葬费千余（据元始二年诏六尸者葬钱人八百余，四尸者七百余，二尸者千。元初二年诏云，尤贫无以葬者，赐钱人五千。除棺价三千外，尚余二千，当系葬钱也。建和三年所给，似仍系棺钱）。盖衣率用钱三百；死者之衣，若悉如生者，则千钱尚余七百，以给他费，亦粗足矣。《后汉书·独行传》：王忳尝诣京师，于空舍中见一书生，疾困。愍而视之，书生谓忳，要下有金十斤，愿以相赠。死后乞藏骸骨。未及问姓名而死。忳即粥一斤，营其殡葬。一金直钱万，书生葬费，当稍浮于贫民也。《前汉书·王莽传》：徐乡侯刘快起兵败死，莽命吊问死伤，赐亡者葬钱五万。似不应如此之厚。岂五万为五千之误，抑故施厚惠，以要结人心与？

七、论汉世臧盗振恤

汉世黄金一斤直钱万。而文帝言百金中人十家之产，则一家之产,不过钱十万耳。而当时为臧盗者,乃动至百千万。案《汉书·萧望之传》:丞相司直緐延寿奏望之受所监臧二百五十以上。师古曰:"二百五十以上,当时律令坐罪之次。若今律条言一尺以上,一匹以上矣。"《王子侯表》:承乡侯德天,"坐恐猲国人受财臧五百以上免。"《景武昭宣元成功臣表》:梁期侯当千,大始四年,"坐卖马一匹,价钱十五万,过平臧五百已上免。"《高惠高后文功臣表》:希泉侯毋害,"坐诈给人,臧六百免。"《陈万年传注》引如淳曰:"律主守而盗,直十金弃市。"故薛宣谓杨湛,念十金法重,不忍相暴章。翟义出为南阳都尉,以他事召宛令刘立,至,以主守盗十金,贼杀不辜,收缚传送邓狱。然则匡衡为人劾奏监临盗所主守直十金以上,亦危矣。《后汉书·吴祐传》,啬夫孙性,私赋民钱,市衣以进其父。《注》引《续汉书》曰:"赋钱五百,为父市单衣。"盖汉世钱贵,故其论臧之数亦微。《光武纪》:建武十八年,诏"今边郡盗谷五十斛,罪至于死,开残吏妄杀之路,其捐除此法,同之内郡"。夫明帝时粟斛三十,则五十斛才千五百钱,此固为下粜。然即李悝所云上粜八十计之,亦仅四千钱耳。《三国吴志·顾雍传注》引《吴书》,言:"雍母弟徽尝出行,见营军将一男子至市行刑,问之何罪,云盗百钱。"法虽酷,固有由也。乃前、后《汉书》所载臧不过万六千者,仅一狱掾之妻(《汉书·薛宣传》:"池阳令举廉吏狱掾王立,府未及召。闻立受囚家钱,宣召让县。县案验狱掾,乃其妻独受系者钱万六千,受之经宿,掾实不知。")。大臣为人劾奏卖买私所附益不过十万三千者,仅一萧望之。余则皆在数十百万以上。《后汉书·第五伦传》:曾孙种,迁兖州刺史,收中常侍单超兄子济阴太守匡宾客亲吏四十余人。六七日中,纠发其臧五六十万。此仅六七日中所举发耳,其全数必不止此。《汉书·景武昭宣元功臣表》:湘成侯益昌,"坐为九真太守,盗使人出买犀奴婢,臧百万以上,不道诛"。《张汤传》:皇太后同母弟苟参,为水衡都尉,死。子伋为侍中。参妻欲为伋求封;汤受其金五十斤,许为求比上奏。弘农太守张匡坐臧百万以上,狡猾不道,有诏即讯。恐下狱,使人报汤,汤为讼罪,得逾冬月,许谢钱二百万。《王尊传》:为安定太守,出教告属县,言治五官掾张辅,尽得其百万奸臧。《后汉书·冲帝纪》:永嘉元年,中郎将赵序坐事弃市。《注》引《东观记》曰:"取钱三百七十五万。"《汉书·宣元六王传》:"朱博诈淮阳宪王,言已见中书令石君求朝,许以金五百斤。"《外戚恩泽侯表》:平丘侯王迁,坐平尚书听请受,臧六百万,自杀。《后汉书·朱俊传》:太守尹端,以俊为主簿。熹平二年,端坐讨贼许昭失利,为州所奏,罪应弃市。俊乃羸服间行,轻赍百数金,到京师赂主章吏,遂得刊定州奏,端坐输作左校。此皆在千万以下者也。《汉书·周勃传》:下廷尉,以千金与狱吏。《韩安国传》:王恢下廷尉,当逗挠,当斩;行千金丞相蚡。《丙吉传》:子显,为大仆十余年,与官属大为奸利,臧千余万。《何并传》:颍川钟元为尚书令,领廷尉,用事有权。弟威为郡掾,臧千金。《佞幸传》:淳于长受许后金钱乘舆服御物,前后千余万。《后汉书·钟离意传》:交阯太守张恢,坐臧千金,征伏法。《章帝八王传》:清河孝王庆中傅卫诉,私为臧盗千余万。《盖勋传》:拜京兆尹。时长安令杨党,父为中常侍,恃势贪放。勋案得其臧千余万。《杜乔传》:汉安元年,使徇察兖州,表奏陈留太守梁让,济阴太守氾宫,济北相崔瑷等臧罪千万以上。《党锢传》:蔡衍迁冀州刺史,劾奏河间相曹鼎臧罪千万。《董卓传注》引《典略》,载卓表张让等,一书出门,高获千金,下数百万。《儒林传》:欧阳歙在汝南,臧罪千余万。邵陵令任嘉,在职贪秽,因迁武威太守;后有人奏嘉臧罪千余万。《逸民传》:林丹,建武末,沛王辅等五王居北宫,皆好宾客,更遣请丹,不能致。信阳侯阴就,诡说五王,求钱千万,约能致丹,而别使人要劫之。

《西羌传》：任尚与邓遵争功，又诈增首级，受赇枉法，臧千万以上，槛车征弃市。《汉书·公孙贺传》：子敬声，征和中，擅用北军钱千九百万。《外戚恩泽侯表》：阳城侯田延年，坐为大司农，盗都内钱三千万，自杀（《酷吏传》：茂陵富人焦氏、贾氏，以数千万阴积贮炭苇诸下里物。昭帝大行时，方上事暴起，用度未办。延年奏言商贾或预收方上不祥器物，冀其疾用，欲以求利，非民臣所当为，请没入县官。奏可。富人亡财者皆怨。出钱求延年罪。初，大司农取民牛车三万两为僦，载沙便桥下，送致方上，车直千钱。延年上簿，诈增僦直车二千，凡六千万，盗取其半。焦、贾两家告其事，下丞相府。丞相议奏延年主守盗三千万，不道）。《后汉书·盖勋传》：中平元年，北地羌、胡与边章等寇乱陇右。刺史左昌，因军兴断盗数千万。《章帝八王传》：蠡吾侯悝，自渤海王贬为瘿陶王，食一县。后因中常侍王甫求复国，许谢钱五千万。《皇甫嵩传》：中常侍张让私求钱五千万，嵩不与。《杨震传》：光和中，黄门令王甫，使门生于郡界辜榷官财物七千余万。此皆在千万以上者也。《冲帝纪》：永嘉元年，南阳太守韩昭坐臧下狱死。《注》引《东观记》曰："强赋一亿五千万。"《徐璆传》：迁荆州刺史。时董太后姊子张忠为南阳太守，因势放滥，臧罪数亿。璆到州，举奏忠臧余一亿。《桥玄传》：大中大夫盖升，与灵帝有旧恩；前为南阳太守，臧数亿以上。此皆在万万以上者也。惟《陈蕃传》载王甫让蕃之言曰：窦武"旬月之间，赀财亿计"。武即非清廉，断不能于旬月之间，致此巨赀，当系诬诋之辞耳。《前书·翟方进传》："为昌陵令。是时起昌陵，营作陵邑。贵戚近臣子弟宾客，多辜榷为奸利者。方进部掾史覆案，发大奸臧数千万。"《后书·虞诩传》：迁尚书仆射。是时长吏二千石听百姓谪罚者输赎，号为义钱。托为贫人储，而守令因以聚敛。诩上疏曰："元年以来，贫百姓章言长吏受取百万以上者，匈匈不绝。谪罚吏人，至数千万。"此皆非一人所得，然一人所得，亦必不少矣。

颜师古注《萧望之传》：言二百五十以上，为当时律令坐罪之次。《匡衡传注》亦曰："十金以上，当时律定罪之次。若今律条言一尺以上，一匹以上。"《薛宣传注》曰："依当时律条，臧直十金，则至重罪。"然则张忠臧罪数亿，而徐璆仅奏其臧余一亿者，盖亦据律令而言。当时律令，盖无二亿以上之条也。《后书·桓帝纪》：建和元年，诏"长吏臧满三十万而不纠举者，刺史二千石以纵避为罪"。《王龚传》：子畅，拜南阳太守，豪党有衅秽，莫不纠发。更为设法，诸受臧二千万以上不自首实者，尽入财物。则论官吏豪右臧罪，律令之条，远较论小吏以下为宽。然犹无二亿以上之条，可见当时臧盗为数之多，远出情理之外也。以布帛论臧者，不过尺匹。而《三国魏志·曹爽传注》引《魏略》，言蒋济为护军时，有谣言，欲求牙门，当得千匹；百人督五百匹。其为数亦不菲矣。论臧之数曰二百五十，曰五百，而翟宣为相府辞讼例，不满万钱，不为移书，重责人之罪，而轻为人平反，何其戾也。

《盖勋传注》引《续汉书》曰：中平元年，黄巾贼起。故武威太守酒泉黄隽被征失期。梁鹄欲奏诛隽。勋为言，得免。隽以黄金二十斤谢勋，终辞不受。事后之谢，虽与要挟受臧者不同；然使其风稍长，群冀事后之谢，而为人道地，亦开臧秽之路也。

官吏臧秽虽可鄙，然《货殖传》言吴楚兵起，长安中列侯封君行从军旅，赍贷子钱。贡禹上书元帝，言陛下过意征臣，臣卖田百亩，以共车马。《后汉书·朱俊传》：同郡周规，辟公府，当行。假郡库钱百万，以为冠帻费。则汉时服官从军者，私所费亦不少矣。

听谪罚者输赎而号为义钱，托为贫人储，是以为振恤之款也。汉时从事振恤，其数可考者：成帝永始二年诏曰："关东比岁不登，吏民以义收食贫民，入谷物助县官振赡者，已赐直。其百万以上，加赐爵右更；欲为吏，补三百石；其吏也，迁二等。三十万以上赐五大夫,吏亦迁二等,民补郎。十万以上,家无出租三岁。万钱以上一年。"此虽云赐直,且有加惠,然当其收食及入谷物之初,或未尝计及于此,所以称为义举也。《卜式传》:式持钱二十万与河南太守,以给徙民。亦属义举。

八、论汉世卖爵赎罪

《史记·平准书》:"请置赏官,命曰武功爵,级十七万,凡直三十余万金。"臣瓒引《茂陵中书》,爵止十一级。师古疑《茂陵中书》说之不尽。案《茂陵中书》无说之不尽之理。"级十七万,凡直三十余万金",此十一字显有讹误;然则级数当从臣瓒说为十一也。《汉书·惠帝纪》元年,民有罪,得买爵三十级以免死罪。《注》引应劭曰:"一级直钱二千,凡为六万。若今赎罪入三十匹缣矣。"《汉书·食货志》:文帝从晁错之言,令民入粟拜爵。孝景时,上郡以西旱,复修卖爵令,而裁其贾以招民。《成帝纪》:鸿嘉三年,令民得买爵,级千钱。较惠帝时适减半,盖亦所谓裁其贾者。武功爵有罪得减二等。若按惠帝时入钱六万之制减半,则级得三万。十一级凡三十三万。疑"级十七万"四字,为"级十一"或"级三万"之误。"凡直三十余万金"之"金"则衍字也。《索隐》引顾氏案"或解云:初一级十七万,自此已上,每级加三万,至十七级,合成三十七万也",似近凿空。

或曰:《汉书》言文帝从晁错言,令民入粟边,六百石爵上造,稍增至四千石为五大夫,万二千石为大庶长,各以多少级数为差。夫四千石,以下粜石三十乘之,为钱已十二万;以上粜八十乘之,则三十二万矣。万二千石,以石三十乘之,为钱三十六万;以八十乘之,则九十六万矣。明武功爵级十七万不为多,而各级粜贾,不得相等也。然昔时,谷物买卖不甚盛,民之入粟与出钱大异,不可不知。或又言灵帝卖关内侯至五百万（见《后汉书》本纪中平四年。《续汉书·五行志》同）。明武功爵级十七万不为多。然汉人重侯封，关内侯与武功爵，又不可并论也。

汉世赎罪之制：《淮南王传》载胶西王端议：赎死金二斤八两。《后汉书》：明帝即位，诏"天下亡命，殊死以下得赎论。死罪入缣二十匹，右趾至髡钳城旦舂十匹，完城旦舂至司寇作三匹，其未发觉诏书到先自告者，半入赎"。章帝建初七年诏同。明帝永平十五年诏，二十匹作四十匹，三匹作五匹。章帝章和元年诏，右趾至髡钳城旦舂七匹，余同。皆与《惠帝纪注》引应劭之言相近。《武帝纪》，天汉四年，大始二年，令死罪入赎，钱五十万，减死一等（《萧望之传》："望之言：闻天汉四年，常使死罪人入五十万钱，减死罪一等。豪强吏民，请夺假贷，至为盗贼以赎罪。"）。盖一时之苛政，不可以常法论也。《景帝纪》：元年，廷尉与丞相议："吏受所监临财物，贱买贵卖，无爵罚金二斤。"《张释之传注》引如淳曰："宫卫令：诸出入殿门公车司马门者皆下，不如令，罚金四两。"又曰："乙令跸先至而犯者，罚金四两。"二斤二万钱，四两钱二百五十耳。《景武昭宣元成功臣表》：将梁侯杨仆，元封四年，坐为将军击朝鲜畏懦，入竹二万个以赎，完为城旦。新畤侯赵第，大始三年，坐为大常鞠狱不实，入钱百万赎死，完为城旦。皆非常法。《东方朔传》：隆虑公主病，以金千斤钱千万为昭平君豫赎死罪。《后汉书·独行传》：公孙述欲杀谯玄。玄子瑛，愿奉家财千万，以赎父死。则更不可以常理论矣。

灵帝时卖官，公千万，卿五百万，二千石二千万，四百石四百万（《后汉书·灵帝纪》光和元年及《注》引《山阳公载记》。《山阳公载记》曰："其以德次应选者半之，或三分之一。"《后书·崔骃传》：崔烈因傅母入钱五百万，得为司徒。及拜日，天子临轩，百僚毕会。帝顾谓亲幸者曰，"悔不小靳，可至千万。"程夫人于旁应曰："崔公冀州名士，岂肯买官；赖我得是，反不知姝耶？"此所谓以德次应选减半者也。又

《羊续传》：中平六年，灵帝欲以续为大尉；时拜三公者，皆输东园礼钱千万，令中使督之，名为左驺），关内侯五百万（假金印紫绶，传世。见《灵帝纪》中平四年及《续汉书·五行志》），刺史二千石及茂才孝廉迁除，皆责助军修宫钱。大郡至二三千万，余各有差（《后汉书·宦者传》。《三国魏志·公孙瓒传注》引《魏略》曰："吏迁补州郡者，皆责助治宫钱，或一千万，或二千万。"《后书·宦者传》曰："巨鹿太守河内司马直新除，以有清名，减责三百万。"则以德次应选减责之法，亦与公卿同。《刘陶传》云："徙京兆尹，到职，当出修宫钱直千万"，则京兆亦与州郡无异也。《续汉书·五行志》曰："诣阙上书占令长，随县好丑，丰约有贾"，则并嚣及令长）。而曹嵩且以货赂中官及输西园钱一亿万（《后书·宦者传》），位至太尉。

九、论汉世谷帛之贾

自战国至两汉，粟贾无甚差殊，大率为三十至八十，已见前。今举其异常者。

《汉书·高帝纪》：二年，"关中大饥，米斛万钱。"《食货志》："汉兴，以为秦钱重难用，更令民铸荚钱。黄金一斤。而不轨逐利之民，蓄积余赢，以稽市物，痛腾跃。米至石万钱，马至匹百金。"《货殖列传》：宣曲任氏，其先为督道仓吏。秦之败也，豪杰争取金玉，任氏独窖仓粟。楚汉相距荥阳，民不得耕种，米石至万。而豪杰金玉，尽归任氏。三说符会。然《食货志》又云："汉兴，接秦之弊，诸侯并起，民失作业而大饥馑，凡米石五千。"则仅得其半。盖古人言数，不甚精确，浮于五千，则以万言之耳。然即以五千论，亦已百六十余倍于下贾，六十余倍于上贾矣。

《食货志》："宣帝即位，用吏多选贤良，百姓安土，岁数丰穰，谷至石五钱。"本纪书其事于元康四年。然《赵充国传》，充国言今张掖以东，粟石百余，刍藁束数十；则张掖谷贾，二十倍于关中矣。

《食货志》："元帝二年，齐地饥，谷石三百余。民多饿死。琅邪郡人相食。"

《冯奉世传》：永光二年，"是时岁比不登，京师谷石二百余，边郡四百，关东五百"。

《食货志》："王莽末年，雒阳以东，米石二千。"《王莽传》田况上言同。《后汉书·范升传》："王莽大司空王邑，辟升为议曹史。升奏记邑，言谷价腾跃，斛至数千。"《光武纪》建武二年曰："王莽末，天下旱蝗，黄金一斤，易粟一斛。"《第五伦传注》引《东观记》，言时米石万钱，人相食。伦独收养。汉世黄金一斤直钱万，则二说符会也。

《后汉书·张晖传》："建初中，南阳大饥，米石千余。"

《安帝纪》：永初二年，廪河南、下邳、东莱、河内平民。《注》引《古今注》曰："时州郡大饥，米石二千，人相食。老弱相弃道路。"

《庞参传》："永初四年，羌寇转盛，兵费日广；且连年不登，谷石万余。"《西羌传》："永初湟中诸县，粟石万钱。"

《虞诩传》：迁武都太守。《注》引《续志》曰："诩始到，谷石千，盐石八千。视事三岁，米石八十，盐石四百。"

《循吏第五访传》：迁张掖太守，"岁饥，粟石数千"。

《西南夷传》：景毅为益州太守，"初到郡，米斛万钱。少年间，米至数十"。

《董卓传》："又坏五铢钱，更铸小钱，货贱物贵，谷石数万。"《三国魏志》本传作谷一斛至数十万。案《后书·卓传》述李傕、郭汜在长安时情形云："谷一斛五十万，豆麦二十万，人相食啖，白骨委积。"《献帝纪》兴平元年，亦有是语。则其事自在傕、汜入长安后，卓铸小钱时，尚未至此。《三国志》盖要其终言之也。

《三国魏志·武帝纪》：兴平元年，"是岁谷一斛五十余万钱，人相食。"案此指兖州之域言之。

两汉谷贾,见于史者,略具于此。兴平时之情形,非复可以常理论。然一兵荒动至数千。而如宣帝时,张掖谷贾二十倍于关中。可见其不相流通之状。宣帝时谷石五钱,耿寿昌以此立常平仓于边郡,而永光二年,京师谷石二百余,边郡四百。可见公家制驭之无术,商贾操纵之可畏也。汉初谷贾之翔踊,盖非独民失作业,亦与更半两为荚钱有关。元和中,谷贵,县官经用不足。尚书张林言,谷所以贵,由钱贱故也。可尽封钱,一取布帛为租,以通天下之用(《后汉书·张晖传》)。林必有所见而云然。惜史载其语不详,而汉世钱贾升降,亦不尽可考耳。

　　《三国魏志·胡质传》引《晋阳秋》:质之为荆州也,其子威自京都省之。十余日,告归。临辞,质赐绢一匹,为道路粮。当时绢价几何不可知,度必不能甚贵。然足为道路粮者,威之来也,无车马僮仆,自驱驴单行;其去也,每至客舍,自放驴取樵炊爨,食毕,复随旅进退。往还如是。盖诚以为易食之资耳。然则绢一匹可足自许至荆州之食也。

　　《三国魏志·阎温传注》引《魏略·勇侠传》:言赵岐逃之河闲,常于市中贩胡饼。孙宾硕问之曰:"自有饼邪? 贩之邪?"岐曰:"贩之。"宾硕曰:"买几钱? 卖几钱?"岐曰:"买三十,卖亦三十。"然则一胡饼之贾,等于粟一石之下矣,可见熟食之贵。《盐铁论》所以以熟食遍市为侈也(见《散不足篇》)。

　　《食货志》:新莽时,羲和鲁匡,请法古令官作酒。一酿用粗米二斛,曲一斛,得成酒六斛六斗。是则酒四升,当用粗米一升一合余也。《昭帝纪》:始元六年,"卖酒升四钱"。

　　谷贾往史多有记载,布帛之贾则难知。今案《三国魏志·田豫传注》引《魏略》云:"鲜卑素利,数来客见,多以牛马遗豫。豫转送官。胡以为前所与物显露,乃密怀金三十斤遗豫,豫受之。胡去之后，皆悉付外，具以状闻。诏褒之，赐绢五百匹。豫得赐，分以其半藏小府。后胡复来，以半与之。"豫分绢之半以与胡，似计其贾与金三十斤略相当者。此说如不误，则金一斤直绢八匹余，黄金一斤直钱万，则绢一匹，直钱千二百也。

十、论汉世马贾

《汉书·食货志》言："马至匹百金。"此盖以成数言之，不必其果直百金也，然其贾必已甚贵矣。《后汉书·灵帝纪》：光和四年，"初置骐骥厩丞，领受郡国调马，豪右辜榷。马一匹至二百万"。视汉初之贾又倍之。《武帝纪》：元狩五年，"天下马少，平牡马，匹二十万"。亦仅光和贾十之一耳。《景武昭宣元功臣表》：梁期侯当千，大始四年，坐卖马一匹，贾钱十五万，过平臧五百已上免。则大始时马之平贾，又不及十五万也。是知汉初之贾，乃因币制骤变，人心不安；光和之贾，则因在上者诛求过急，皆去常情甚远。《吴志·孙皓传注》引《江表传》，言何定使诸将各上好犬，皆千里远求，一犬至直数千匹。御犬率具缨，直钱一万，与灵帝事颇相类。可见诛求之害。《后汉书·杜林传注》引《东观记》云："马援从南方还时，林马适死。援令子持马一匹遗林。林受之。居数月，林遣子奉书，送钱五万。"五万之数，盖与马一匹之贾略相当。然则马一匹之价，侪于下籴千六百六十六石有余。一夫挟五口，治田百亩，得粟百五十石。十一家力耕，犹不能奉战马一匹之费也。此古人所以重用兵欤。

秦汉移民论[①]

上

《王制》言地邑民居，必参相得。《管子》曰："地大而不为，命曰土满；人众而不理，命曰人满。"(《霸言》)若是乎，人之与地，不可不加以调剂也。然欲事调剂，必不免于移徙，而移徙之事，行之无弊甚难。故自晋以后，能行之者遂寡；惟秦、汉去古近，其事尚时有所闻耳。

秦、汉时之移民，其首要者，盖为强干弱枝之计。秦始皇甫定六国，即徙天下豪富十二万户于咸阳。汉人论议，凡事皆惩恶亡秦，独于此则承之。高祖甫灭项氏，即徙诸侯于关中(五年后九月)；后复以娄敬言徙齐、楚大族是也(九年十一月)。《汉书·地理志》曰："汉兴，立都长安，徙齐诸田，楚昭、屈、景及诸侯功臣家于长陵。后世世徙吏二千石，高訾富人及豪杰并兼之家于诸陵，盖亦以强干弱枝，非独为奉山园也。"则娄敬之策，汉且世世行之矣。章邯破邯郸，皆徙其民河内，夷其城郭(见《张耳陈余传》)。此则所谓弱枝之策也。

非独王室如此也，即诸侯亦竞务徙民以自强。《史记·吴王濞

---

① 此文原载《齐鲁学报》第二期，1941 年 7 月出版。

列传》曰："孝惠、高后时,天下初定,郡国诸侯,各务自拊循其民:吴有豫章郡铜山,濞则招致天下亡命者,益铸钱,煮海水为盐,以故无赋,国用富饶。"又曰:"其居国以铜、盐故,百姓无赋;卒践更,辄与平贾。岁时存问茂材,赏赐闾里。他郡国吏欲来捕亡人者,讼共禁勿予。如此者四十余年,以故能使其众。"《淮南衡山列传》亦言:淮南厉王"聚收汉诸侯人及有罪亡者匿与居。为治家室。赐其财物、爵禄、田宅,爵或至关内侯。奉以二千石所不当得。欲以有为"。二王之所为,诚属别有用心。然如岁时存问茂材,赏赐闾里;为治家室,赐以财物、爵禄、田宅;则固拊循其民者所应为。《高祖功臣侯表》言:"天下初定,大城名都散亡,户口可得而数者十二三,是以大侯不过万家,小者五六百户。后数世,民咸归乡里,户益息,萧、曹、绛、灌之属,或至四万。小侯自倍。"其所以能如此者,诸侯王之各自拊循,必有力焉。此虽非移民,其效亦与移民等。齐悼惠王之封也,诸民能齐言者皆与齐,广强庶孽之谋,固与强本弱枝无二致矣。

移民实边之事,汉世亦屡有之。文帝始从晁错言,募民徙塞下。武帝元朔二年,募民徙朔方十万口。元鼎六年,分武威、酒泉地置张掖、敦煌郡,徙民以实之。平帝元始四年,置西海郡,徙天下犯禁者处之。皆规模颇远。案《食货志》言:武帝徙贫民于关以西,及充朔方以南新秦中七十余万口。应劭曰:"秦始皇遣蒙恬攘却匈奴,得其河南造阳之北千里地,甚好。于是为筑城郭,徙民充之,名曰新秦。"则武帝所行,实踵始皇成规。汉高祖立赵佗诏曰:"前时秦徙中县之民南方三郡,使与百粤杂处。今天下诛秦,南海尉佗居南方长治之,甚有文理,中县人以故不耗减。"则秦于北胡、南越之地,皆尝移民以实之矣。实非全用谪戍也。

《后汉书·明帝纪》云:"永平八年,诏三公募郡国、中都官死罪系囚,减罪一等,勿笞,诣度辽将军营,屯朔方、五原之边县。妻子自随,便占着边县。父母同产欲相代者恣听之。其大逆无道、殊死者,一切募下蚕室。亡命者令赎罪各有差。凡徙者赐弓弩衣粮。"又云:"九年,诏郡国死罪囚减罪,与妻子诣五原、朔方,占着所在。死者皆赐妻父,若男同产一人复终身。其妻无父兄独有母者,赐其母钱六万。又复其口赋。"其所以待之者颇优,欲相代者恣听,且赐及其妻父母,无非冀其占着所在,勿萌去志耳。

后汉旧制,边人不得内移,见《后汉书·张奂传》。建武时,徙雁门、代、上谷、定襄、五原之民以避胡(建武九年、十年、十五年、二十年),盖有所不得已也。故南单于甫降,即命云中、五原、朔方、北地、定襄、雁门、上谷、代八郡之民,归于本土(二十六年)。明帝永平五年,发遣边人在内郡者,赐装钱人五万。所以待之者亦颇厚。

移民之政,最为根本之计者,则调剂土满与人满也。汉景帝元年,诏曰:"间者岁比不登,民多乏食,夭绝天年,朕甚痛之。郡国或硗狭,无所农桑毂畜,或地饶广,荐草莽,水泉利而不得徙,其议民欲徙宽大地者听之。"可谓知本矣。然徙曰欲徙者听,民尚未必能自徙也。《汉书·武帝本纪》元狩四年,有司言关东贫民徙陇西、北地、西河、上郡、会稽,凡七十二万五千口,《平准书》云:"徙贫民于关以西,及充朔方以南新秦中,七十余万口。衣食皆仰给县官,数岁。假予产业。使者分部护之,冠盖相望。"其后"山东被河灾,及岁不登数年",又令"饥民得流,就食江、淮间,欲留留处。遣使冠盖相属于道护之"。平帝元始二年,罢安定呼池苑,以为安民县。募徙贫民。县次给食,至徙所,赐田宅什器,假与犁牛种食。则其所以维护之者,可谓周至矣。然其行之果善与否,亦殊难言也。伍被为淮南王划策,欲诈为丞相御史请书,徙郡国豪杰任侠;及有耐罪以上,赦令除其罪;家产五十万以上者,皆徙其家属朔方之郡;《淮南衡山列传》。以恐动其民。可知汉世移民之弊深矣。

汉世恩泽，莫如徙诸陵者之厚。据《汉书·本纪》：武帝元朔二年，徙郡国豪杰及訾三百万以上于茂陵。大始元年，又徙吏民豪杰于茂陵、云陵。宣帝本始元年，募郡国吏民訾百万以上徙平陵。元康元年，徙丞相、将军、列侯、吏二千石訾百万者杜陵。成帝鸿嘉二年，徙郡国豪杰訾五百万以上者五千户于昌陵。其所徙者多高訾。豪杰訾或不必中徙。然郭解徙茂陵，诸公送者出千余万，岂有豪杰任侠，而以乏财为患者哉？然其所以赐之者：则景帝五年，募民徙阳陵，赐钱二十万。武帝建元三年，赐徙茂陵户钱二十万，田二顷。昭帝始元三年，募民徙云陵，赐钱、田宅。四年，徙三辅富人云陵，赐钱户十万。宣帝本始二年，以水衡钱为平陵徙民起第宅。是继富也，国何赖焉？徒使"五方杂厝，风俗不纯"而已。"其世家则好礼文，富人则商贾为利，豪杰则游侠通奸"（《汉书·地理志》语），秦人淳朴之风，自此散也。

秦、汉时之移民，本有为化除恶俗者。《史记·货殖列传》言秦末世迁不轨之民于南阳（《汉书·地理志》云：秦既灭韩，徙天下不轨之民于南阳）；武帝元狩五年，徙天下奸猾吏于边是也。所忠言世家子弟富人，或斗鸡走狗马，弋猎博戏，乱齐民，乃征诸犯令，相引数千人，名曰株送徒（《平准书》），其行之虽虐，其意则犹是也。主父偃说武帝曰："天下豪杰兼并之家，乱众民，皆可徙茂陵，内实京师，外消奸猾，此所谓不诛而害除。"成帝时，陈汤言："天下民不徙诸陵三十余岁矣。关东富人益众，多规良田，役使贫民。可徙初陵，以强京师，衰弱诸侯。又使中家以下，得均贫富。"是则充奉陵邑之意，亦欲以摧浮淫兼并之徒。然《汉书·宣帝纪》言：帝微时喜游侠，斗鸡走马，数上下诸陵，周遍三辅，则弋猎博戏之风，有愈甚耳。即以摧兼并论，亦岂易言哉？《后汉书·贾复传》：子宗，建初中为朔方太守。旧内郡徙人在边者，率多贫弱，为居人所仆役，不得为吏。宗擢用其任职者。与边吏参选，转相监司，以谪发其奸。或以功次补长吏。故各愿尽死。匈奴畏之，不敢入塞。徙人贫弱者为居人所仆役，徙人富豪，而国家又优假之，则又将仆役居人矣。不能齐之以礼，裁之以法，虽日事迁徙，奚益哉（《汉书·李广苏建传》言：李陵征匈奴时，关东群盗妻子徙边者，随军为卒妻妇，大匿车中。亦可见徙边者之流离失所）。

《后汉书·光武帝纪》：建武十六年，郡国大姓及兵长群盗，处处并起。攻劫在所，害杀长吏。郡县追讨，到则解散，去复屯结。青、徐、幽、冀四州尤甚。冬，十月，遣使者下郡国。听群盗自相纠摘。吏逗留、回避、故纵者皆勿问，听以擒讨为效。其牧、守、令长，坐界内盗贼而不收捕者，又以畏懦捐城委守者，皆不以为负，但取获贼多少为殿最。唯蔽匿者乃罪之。于是更相追捕，贼并解散。徙其魁帅于它郡，赋田受禀，使安生业。自是牛马放牧，邑门不闭。史言其效或大过，然一时有摧陷廓清之功，则必非尽诬。所以然者，恶人必有党与，党与不能尽去，故恶人虽其居，即无能为也。吴汉平史歆、杨伟、徐容之乱，徙其党与数百家于南郡、长沙，赵熹守平原，平原多盗贼，熹讨斩其渠帅，余党当坐者数千人，请一切徙京师近郡；可知当时多以此为弭乱之策，然亦特弭乱之策而已，久安长治之规，要当别有在也。

《后汉书·樊宏传》：族曾孙准，永平初，连年水旱灾异，郡国多被饥困。准上疏曰："伏见被灾之郡，百姓雕残，恐非振给所能胜澹。虽有其名，终无其实。可依征和元年故事，遣使持节慰安。尤困乏者，徙置荆、扬孰郡。既省转运之费，且令百姓各安其所。今虽有西屯之役，宜先东州之急。如遣使者与二千石随事消息，悉留富人，守其旧土。转尤贫者，过所衣食，诚父母之计也。"征和元年之事，汉书不载。观此，知其曾有徙贫民而留富人之举，其所以抚绥之者,亦颇备也。

中

后汉之末,丧乱弘多,疆场之役,一彼一此,乃竞务移民以自利。《三国魏志·张辽传》:从攻袁尚于邺,尚坚守不下。太祖还,使辽与乐进拔阴安,徙其民河南。《钟繇传》:自天子西迁,洛阳人民单尽;繇徙关中民,又招纳亡叛以充之;数年间,民户稍实。太祖征关中,得以为资。是太祖初基,实务移民以自益也。《张既传》:张鲁降,既说太祖拔汉中民数万户,以实长安及三辅。《和洽传》:太祖克张鲁,洽陈便宜,以时拔军徙民,可省置守之费。太祖未纳。其后竟徙民弃汉中。《杜袭传》:随太祖到汉中。太祖还,拜袭驸马都尉,留督汉中军事。绥怀开导,百姓自乐出,徙洛、邺者八万余口。是当时之视得人,实重于得地。《张郃传》云:别督诸军降巴东、巴西二郡,徙其民于汉中;而《蜀志·张飞传》云:郃别督诸军下巴西,欲徙其民于汉中,则郃意本仅欲得其民,非欲得二郡之地也。其后三国相争,视民亦不减于视地。《曹仁传》:仁人襄阳,使将军高迁等徙汉南附化之民于汉北。《王基传》:袭步骘于夷陵,纳降数千口。于是移其降民,置夷陵县。《陈留王纪》:咸熙元年,劝募蜀人能内移者,给廪二年,复除二十岁。《蜀志·后主传》:建兴六年,诸葛亮拔西县千余家,还于汉中。十四年,徙武都氐王苻健及氐民四百余户于广都。延熙十七年,姜维出陇西,拔狄道、河间、临洮三县民,居于绵竹、繁县皆是。吴人当初兴时,地狭民寡,尤以掳掠为急。孙策破皖城,得袁术百工及鼓吹部曲三万余人,皆徙诣吴(《本传》注引《江表传》)。策表用李术为庐江太守。策亡之后,术不肯事权,而多纳其亡叛。权移书求索。术报曰:"有德见归,无德见叛,不应复还。"权大怒,攻屠其城,徙其部曲三万余人(《孙权传》建安五年注引《江表传》)。建安十二年,西征黄祖,虏其人民而还。十三年,复征黄祖,虏其男女数万口。权传于建安二十五年,特书南阳阴、鄘、筑阳、山都、中庐五县民五千家来附。赤乌六年,诸葛恪征六安,破魏将谢顺营,收其民人。恪传言恪欲出军,诸大臣同辞谏恪。恪乃著论以谕众意,言"今以魏比古之秦,土地数倍;以吴与蜀比古六国,不能半之。今所以能敌之者,以操时兵众,于今适尽,而后生者未悉长大,正是贼衰少未盛之时。自本以来,务在产育。今者贼民岁月繁滋,但以尚小,未可得用耳。若复十数年后,其众必倍于今。而国家劲兵之地,皆已空尽。惟有此见众,可以定事。若不早用之,端坐使老,复十数年,略当损半,而见子弟,数不足言。若贼众一倍,而我兵损半,虽使伊、管图之,未可如何"。此时用兵形势,与户口登耗关系之大,可以想见。无怪袁淮欲捐淮、汉以南,以避吴之钞掠矣(见《魏志·齐王纪》正始七年注引《汉晋春秋》)。

此时移民,颇多一切不顾利害之举。《魏志·辛毗传》:文帝欲徙冀州士家十万户实河南。时连蝗,民饥,群司以为不可,而帝意甚盛。毗与朝臣俱求见。帝知其欲谏,作色以见之,皆莫敢言。毗曰:"陛下欲徙士家,其计安出?"帝曰:"卿谓我徙之非邪?"毗曰:"诚以为非也。"帝曰:"吾不与卿共议也。"毗曰:"陛下不以臣不肖,置之左右,厕之谋议之官,安得不与臣议邪?臣所言非私也,乃社稷之虑也,安得怒臣?"帝不答,起入内。毗随而引其裾。帝遂奋衣不还。良久乃出,曰:"佐治,卿持我何太急邪?"毗曰:"今徙,既失民心,又无以食也。"帝遂徙其半。观毗谏争之切,可知当时移徙诒患之深。《卢毓传》:文帝以谯旧乡,故大徙民充之,以为屯田。而谯土地硗瘠,百姓穷困。毓愍之,上表徙民于梁国就沃衍。失帝意。虽听毓所表,心犹恨之。遂左迁毓,使将徙民,为睢阳典农校尉。毓心在利民,躬自临视,择居美田,百姓赖之。观此,而文帝之愎谏可知矣。《张既传》：为雍州刺史。太祖徙民以充河北。陇西、天水、南安三郡民相恐动，既假三郡人为将吏者休课，使治屋宅，作水碓。民心遂安。《杨阜传》：转武都太守。刘备取汉中，以逼下辩。太祖以武都孤远，欲移之，恐吏民恋土。阜威信素著，前后徙民、氐，使居京兆、扶风、天水界者万余户。徙郡小槐里，百姓襁负而随之。《蒋济传》：太祖问济曰："昔孤与袁本初对官渡，徙燕、白马民，民不得走，贼亦不敢钞。今欲徙淮南民，何如？"济对曰："百姓怀土，实不乐徙，惧必不安。"太祖不从，而江、淮间十余万众皆惊走吴（案事在建安十八年，见《吴志·孙权传》）。俱见移民之非易也。

《杜袭传》：为西鄂长。县滨南境，寇贼纵横。时长吏皆敛民保城郭，不得农业。野荒民困，仓庾空虚。袭自知恩结于民，乃遣老弱各分散就田业，留丁强备守。吏民欢悦。会荆州出步骑万人来攻城。袭乃悉召县吏民任拒守者五十余人，与之要誓。其亲戚在外，欲自营护者，恣听遣出。皆叩头愿致死。于是身执矢石，率与戮力。吏民感恩，咸为用命。临陈斩数百级。而袭众死者三十余人，其余十八人尽被创。贼得入城。袭帅伤痍吏民，决围得出。死丧略尽，而无反背者。遂收散民，徙至摩陂营。吏民慕而从者如归。此丧乱之际，民无所依，故易与之俱徙。《管宁传》言：胡昭居陆浑山中，县民孙狼等作乱，县邑残破，陆浑长张固，率将十余吏卒，依昭住止，召集遗民，安复社稷，同此理也。当时士民，率多流窜山谷，所谓山越，实多华人，予别有考。《郑浑传》：迁左冯翊。时梁兴等略吏民五千余家为寇钞。诸县不能御，皆恐惧，寄治郡下。议者悉以为当移就险。浑曰："兴等破散，窜在山阻，虽有随者，率胁从耳。今当广开降路，宣喻恩信。而保险自守，此示弱也。"乃聚敛吏民，治城郭，为守御之备。遂发民逐贼，明赏罚，与要誓，其所得获，十以七赏。百姓大悦，皆愿捕贼；多得妇女财物。贼之失妻子者，皆还求降。浑责其得他妇女，然后还其妻子。于是转相寇盗，党与离散。又遣吏民有恩信者，分布山谷告喻。出者相继。乃使诸县长吏，各还本治，以安集之。令长亦欲徙而守险，无怪民之争保山泽矣。此亦乱世民之移徙者也。惜开辟山泽之法，尚未尽善，乱定旋复弃之耳。然山泽之因此而开辟者，亦当不少也。

<h1 style="text-align:center">下</h1>

安土重迁，人之情也。然当丧乱之际，死亡迫于眉睫，人亦孰不欲迁徙以自安？所以犹不乐徙者：则以上之所利，非必民之所利；或虽为民所同利，而迫蹙驱遣，所以徙之者非其道耳。职是故，丧乱之际，民之自行移徙者，实较官所移徙为多。观后汉之末，民徙交州及辽东西者之多而可知矣。边方之开辟充实，实有赖焉。自清之季，丧乱频仍，民之移居关东者日益众。至今日，都计关东之民，汉人居十五分之十四。日本强据关东，国际联盟派员调查，其所撰报告，犹以是为关东当属中国之证焉。是则丧乱于内，而拓殖于外也。故曰：祸兮福所倚，福兮祸所伏。

秦、汉距部族之世近，故其人民之移徙率成群，而其士大夫亦多能为之率将。田畴入徐无山，数年间，百姓归之者至五千余户。邴原在辽东，一年中，往归者数百家（皆见《三国志》本传）。管宁至辽东，庐于山谷。越海避难者，皆来就之，旬月而成邑（《三国志》本传注引《傅子》）。王烈之在辽东也，东城之人，奉之若君（《管宁传》注引《先贤行状》）。皆以此也。然士大夫究有党援，故乱平后多复归；小民则不然。《管宁传》曰："中国小安，客人皆还，惟宁晏然，若将终焉。"客人指士大夫言，不该凡细民也。此边徼之开辟，所以多食贫居贱者之功与？

当时士大夫之流徙者,族党之间,亦率能互相救恤,此宗法社会之遗风也。许靖之在交趾也,袁徽与荀彧书,称其每有患急,常先人后己,与九族中外,同其饥寒(《三国志》本传)。晋世阳裕,为慕容皝所擒。史称其性谦恭清俭,刚简慈笃。士大夫流亡羁绝者,莫不经营收葬,存恤孤遗。士无贤不肖,皆倾身待之。是以所在推仰,犹有其遗风焉。诸贤之于齐民,所以能为之立约束,兴教化者,亦以其去部族之世近,民素听从耳。故知社会必固有纲纪,然后贤者能因而用之。若真一盘散沙,虽有管、商,亦无以善其后也。慕容廆之据辽东西也,流亡士庶,襁负归之。廆乃立郡以统流人。冀州人为冀阳郡,豫州人为成周郡,青州人为营丘郡,并州人为唐国郡。及皝,罢成周、冀阳、营丘等郡,仍以渤海人为兴集县,河间人为宁集县,广平、魏郡人为兴平县,东莱、北海人为育黎县,吴人为吴县,悉隶燕国。所以必如其故郡区处之者,亦以其民固有纲纪也。观此,可知侨置郡县之所由来。

《汉书·地理志》:京兆尹新丰县,高祖七年置。《高帝本纪》:十一年四月,令丰人徙关中者,皆复终身。《注》皆引应劭曰:"太上皇思土欲归丰,高祖乃更筑城市里如丰县,号曰新丰。徙丰民以充实之。"此乃传说缪悠之辞。实则丰人之从高祖入关者,与以田宅,为筑市里耳。高祖之为汉王而之国也,楚与诸侯子慕从者数万人,丰人安得不成市里?又高祖称萧何之功曰:"举宗而从我",高祖戚党之从者,又安得不多邪?此亦丧乱之际,民之成群迁徙者也。

《地理志》言河西诸郡,"酒礼之会,上下通焉,吏民相亲,是以其俗风雨时节,谷籴常贱,少盗贼,有和气之应,贤于内郡,此政宽厚,吏不苛刻所致"。夫岂天之独厚于边郡?亦岂吏至边郡则贤?盖地广民稀,水草宜畜牧使然也。《盐铁论·未通篇》:御史曰:"内郡人众,水泉荐草,不能相澹。地势温湿,不宜牛马。民踣来而耕，负稽而行，劳罢而寡功。是以百姓贫苦，而衣食不足。老弱负辂于路，而列卿大夫，或乘牛车。孝武皇帝平百越以为囿圃，却羌、胡以为苑囿，是以珍怪异物，充于后宫。駒骚、駃骤，实于外厩。匹夫莫不乘坚良，而民间厌橘柚。"由此观之，边郡之利亦饶矣。以珍怪异物、駒骚、駃骤为利，未之敢闻。匹夫乘坚良，民间厌橘柚，恐亦言之大过。乘者厌者，岂真齐民邪？（文学曰："往者未伐胡、越之时，繇赋省而民富足。温衣饱食，藏新食陈。布帛充用，牛马成群。农夫以马耕载，而民莫不骑乘。当此之时，却走马以粪。其后师旅数发，戎马不足，牸牝入陈。故驹犊生于战地，六畜不育于家，五谷不殖于野。民不足于糟糠，何橘柚之可厌？"案《平准书》言孝武初之富庶曰："众庶街巷有马，阡陌之间成群，而乘字牝者，摈而不得聚会。"而元狩四年，卫青、霍去病之击胡，汉军马死者十余万匹。《匈奴列传》言：匈奴虽病远去，而汉亦马少，无以复往。其军如此，况于民间骑乘？故知御史之言，必非其实也。）然其言畜牧之利则真矣，可与《汉·志》之言参观也。近世关东之民，自山东徙者最多。其勤苦不如其在故乡之时，而富乐过之，亦以新土地广民希，利源未尽辟也。

　　然新土之利，亦有未易言者。《三国魏志·仓慈传》：太和中，迁敦煌太守。郡在西陲，以丧乱隔绝。旷无太守二十岁。大姓雄张，遂以为俗。前太守尹奉等，循故而已，无所匡革。慈到，抑挫权右，抚恤贫赢，甚得其理。旧大族田地有余，而小民无立锥之土。慈皆随口割赋，稍稍使毕其本直。豪强兼并，岂二十年中所能为？则敦煌土地之不均旧矣。此即先汉之末，"谷籴常贱，有和气之应"之地也。故知无政，则旧邦污俗，渐染新邦，若置邮而传命也。《仓慈传》又曰：西域杂胡，欲来贡献，诸豪族多逆断绝。既与贸迁，欺诈侮易，多不得分明，胡常怨望。慈皆劳之。欲诣洛阳者，为封过所。欲从郡还者，官为平取。辄以府见物，与共交市。使吏民护送道路。由是民夷翕然，称其德惠。然则中外交市之利，亦为豪右所专矣。而曰：匹夫乘坚良,民间厌橘柚,乘者果匹夫？厌者信齐民邪？《梁习传》：领并州刺史。时承高干荒乱之余,胡、狄在界,张雄跋扈。吏民亡叛,入其部落。边方无政,吾民有反为人用者矣。楚、汉纷争,而冒顿控弦之士三十余万；隋末云扰,而突厥控弦之士至百万；其中岂无华民归之者邪？耶律阿保机立汉城以并八部,德光遂用之,以反噬燕、云矣。

先秦学术概论·总论①

一、先秦学术之重要

吾国学术，大略可分七期：先秦之世，诸子百家之学，一也。两汉之儒学，二也。魏、晋以后之玄学，三也。南北朝、隋、唐之佛学，四也。宋、明之理学，五也。清代之汉学，六也。现今所谓新学，七也。七者之中，两汉、魏、晋，不过承袭古人；佛学受诸印度；理学家虽辟佛，实于佛学入之甚深；清代汉学，考证之法甚精，而于主义无所创辟②；最近新说，则又受诸欧美者也。历代学术，纯为我所自创者，实止先秦之学耳。

然则我国民自汉以降，能力不逮古人邪？曰：不然。学术本天下公器，各国之民，因其处境之异，而所发明者各有不同，势也。交通梗塞之世，彼此不能相资，此乃无可如何之事。既已互相灌输，自可借资于人以为用。此非不能自创，乃不必自创也。譬之罗盘针，印刷术，火药，欧人皆受之于我。今日一切机械，则我皆取之于彼。设使中、欧交通，迄今闭塞，岂必彼于罗盘针，印刷术，火药，不能发明；我于蒸气、电力等，亦终不能创造邪？学术之或取于人，

---

① 此文选自《先秦学术概论》，1933 年由世界书局出版。
② 梁任公谓清代学术，为方法运动，非主义运动，其说是也。见所撰《清代学术概论》。

或由自造，亦若是则已矣。

众生所造业力，皆转相熏习，永不唐捐。故凡一种学术，既已深入人心，则阅时虽久，而其影响仍在。先秦诸子之学，非至晚周之世，乃突焉兴起者也。其在前此，旁薄郁积，蓄之者既已久矣。至此又遭遇时势，乃如水焉，众派争流；如卉焉，奇花怒放耳。积之久，泄之烈者，其力必伟，而影响于人必深。我国民今日之思想，试默察之，盖无不有先秦学术之成分在其中者，其人或不自知，其事不可诬也。不知本原者，必不能知支流。欲知后世之学术思想者，先秦诸子之学，固不容不究心矣。

二、先秦学术之渊源

凡事必合因缘二者而成。因如种子，缘如雨露。无种子，固无嘉谷；无雨露，虽有种子，嘉谷亦不能生也。先秦诸子之学，当以前此之宗教及哲学思想为其因，东周以后之社会情势为其缘。今先论古代之宗教及哲学思想。

邃初之民，必笃于教。而宗教之程度，亦自有其高下之殊。初民睹人之生死寤寐，以为躯壳之外，必别有其精神存焉。又不知人与物之别，且不知生物与无生物之别也。以为一切物皆有其精神如人，乃从而祈之，报之，厌之，逐之，是为拜物之教。八蜡之祭，迎猫迎虎，且及于坊与水庸①，盖其遗迹。此时代之思想，程度甚低，影响于学术者盖少。惟其遗迹，迄今未能尽去；而其思想，抑或存于愚夫愚妇之心耳。

稍进，则为崇拜祖先。盖古代社会，抟结之范围甚隘。生活所资，惟是一族之人，互相依赖。立身之道，以及智识技艺，亦惟恃族

---

① 《礼记·郊特牲》。

中长老，为之牖启。故与并世之人，关系多疏，而报本追远之情转切。一切丰功伟绩，皆以传诸本族先世之酋豪。而其人遂若介乎神与人之间。以情谊论，先世之酋豪，固应保佑我；以能力论，先世之酋豪，亦必能保佑我矣。凡氏族社会，必有其所崇拜之祖先，以此。我国民尊祖之念，及其崇古之情，其根荄，实皆植于此时者也。

人类之初，仅能取天然之物以自养而已[①]。稍进，乃能从事于农牧。农牧之世，资生之物，咸出于地，而其丰歉，则悬系于天。故天文之智识，此时大形进步；而天象之崇拜，亦随之而盛焉。自物魅进至于人鬼，更进而至于天神地祇，盖宗教演进自然之序。而封建之世，自天子、诸侯、卿大夫、士，至于庶民、奴婢，各有等级，各有职司。于是本诸社会之等差，悬拟神灵之组织，而神亦判其尊卑，分其职守焉。我国宗教之演进，大略如此。

徒有崇拜之对象，而无理论以统驭之，解释之，不足以言学问也。人者，理智之动物，初虽蒙昧，积久则渐进于开明。故宗教进步，而哲学乃随之而起。哲学家之所论，在今日，可分为两大端：曰宇宙论，曰认识论。认识论必研求稍久，乃能发生。古人之所殚心，则皆今所谓宇宙论也。

宇果有际乎？宙果有初乎？此非人之所能知也。今之哲学家，于此，已置诸不论不议之列。然此非古人所知也。万物生于宇宙之中，我亦万物之一，明乎宇宙及万物，则我之所以为我者，自无不明；而我之所以处我者，亦自无不当矣。古人之殚心于宇宙论，盖以此也。

大事不可知也，则本诸小事以为推。此思想自然之途径，亦古人所莫能外也。古之人，见人之生，必由男女之合；而鸟亦有

---

① 所谓搜集及渔猎之世也，见第三章。

雌雄,兽亦有牝牡也,则以为天地之生万物,亦若是则已矣。故曰:"天神引出万物,地祇提出万物"①;又曰:"万物本乎天,人本乎祖"也②。

哲学之职,在能解释一切现象,若或可通,或不可通,则其说无以自立矣。日月之代明,水火之相克,此皆足以坚古人阴阳二元之信念者也。顾时则有四,何以释之? 于是有"太极生两仪,两仪生四象"之说③。日生于东而没于西,气燠于南而寒于北,于是以四时配四方。四方合中央而为五;益之以上方则为六;又益四隅于四正,则为八方;合中央于八方,则成九宫。伏羲所画八卦,初盖以为分主八方之神;其在中央者,则下行九宫之太乙也④。至于虞、夏之间,乃又有所谓五行之说⑤。五行者:一曰水,二曰火,三曰木,四曰金,五曰土。此盖民用最切之物⑥,宗教家乃按其性质,而分布之于五方。思想幼稚之世,以为凡事必皆有神焉以司之,而神亦皆有人格,于是有五帝六天之说⑦。五帝者:东方青帝灵威仰,主春生。南方赤帝赤熛怒,主夏长。西方白帝白招拒,主秋成。北方黑帝汁光纪,主冬藏。而中央黄帝含枢纽,寄王四季,不名时。以四时化育,皆须土也。昊天上帝耀魄宝,居于北辰,无所事事。盖

---

① 《说文解字》。
② 《礼记·郊特牲》。
③ 《易·系辞传》。
④ 《后汉书·张衡传》注引《乾凿度》郑注:太乙者,北辰神名也。下行八卦之宫。每四乃还于中央。中央者,地神之所居,故谓之九宫。天数大分,以阳出,以阴入。阳起于子,阴起于午,是以太乙下九宫,从坎宫始,自此而坤,而震,而巽,所行者半矣,还息于中央之宫。既又自此而乾,而兑,而艮,而离,行则周矣,上游息于太一之星,而反紫宫也。
⑤ 五行见《书·洪范》,乃箕子述夏法。
⑥ 《礼记·礼运》:"用水,火,金,木,饮食,必时",饮食即指土,洪范所谓"土爰稼穑"也。
⑦ 见《礼记·郊特牲正义》。

"卑者亲事"①,封建时代之思想则然;而以四时生育之功,悉归诸天神,则又农牧时代之思想也。四序代谢,则五帝亦各司其功,功成者退。故有五德终始之说。② 地上之事,悉由天神统治;为天神之代表者,实惟人君;而古代家族思想甚重,以人拟天,乃有感生之说。③ 凡此,皆古代根于宗教之哲学也。

根据于宗教之哲学,虽亦自有其理,而其理究不甚圆也。思想益进,则合理之说益盛。虽非宗教所能封,而亦未敢显与宗教立异;且宗教之说,优侗而不确实,本无不可附合也。于是新说与旧说,遂并合为一。思想幼稚之世,其见一物,则以为一物而已。稍进,乃知析物而求其质。于是有五行之说。此其思想,较以一物视一物者为有进矣。然物质何以分此五类,无确实之根据也。又进,乃以一切物悉为一种原质所成,而名此原质曰气。为调和旧说起见,乃谓气之凝集之疏密,为五种物质之成因。说五行之次者,所谓"水最微为一,火渐著为二,木形实为三,金体固为四,土质大为五"也④。既以原质之疏密,解释物之可见不可见,即可以是解释人之形体与精神。故曰:"体魄则降,知气在上"⑤;又曰:"众生必死,死必归土。骨肉毙于下,阴为野土,其气发扬于上为昭明"也⑥。夫如是,则恒人所谓有无,只是物之隐显;而物之隐显,只是其原质之聚散而已。故曰:"精气为物,游魂为变"也⑦。既以是解释万物,亦可以是解释宇宙。故曰:"有大易,有大初,有大始,有大

---

① 《白虎通义·五行》篇。
② 见下编第九章。
③ 见《诗·生民疏》引《五经异义》。
④ 《洪范正义》。
⑤ 《礼记·礼运》。知与哲通,哲、晰实亦一字,故知有光明之义。
⑥ 《礼记·祭义》。
⑦ 《易·系辞传》。

素。大易者，未见气也。大初者，气之始也。大始者，形之始也。大素者，质之始也。气形质具而未相离，谓之混沌"，及"轻清者上为天，重浊者下为地。冲和气者为人"①，而天地于是开辟焉。

然则此所谓气者，何以忽而凝集，忽而离散邪？此则非人所能知。人之所知者，止于其聚而散，散而聚，常动而不息而已。故说宇宙者穷于易；而《易》与《春秋》皆托始于元。② 易即变动不居之谓，元则人所假定为动力之始也。《易》曰："易不可见，则乾坤或几乎息矣。"③又曰："大哉乾元，万物资始，乃统天。"④盖谓此也⑤。

人之思想，不能无所凭借，有新事物至，必本诸旧有之思想，以求解释之道，而谋处置之方，势也。古代之宗教及哲学，为晚周之世人人所同具之思想。对于一切事物之解释及处置，必以是为之基，审矣。此诸子之学，所以虽各引一端，而异中有同，仍有不离其宗者在也⑥。

----

① 《周易正义》八论引《乾凿度》。《列子·天瑞》篇略同。《列子》，魏、晋人所为，盖取诸《易纬》者也。

② 参看下编第二章第二节。

③ 《系辞传》。

④ 《乾象辞》。

⑤ 老子曰："有物混成，先天地生。寂兮寥兮，独立而不改，周行而不殆，可以为天下母。吾不知其名，字之曰道，强为之名曰大。"亦指此动力言也。

⑥ 昔在苏州讲学，尝撰《论读子之法》一篇，以示诸生。今节录一段于下，以备参考。原文曰：古代哲学，最尊崇自然力。既尊崇自然力，则只有随顺，不能抵抗。故道家最贵无为。无为非无所事事之谓，谓因任自然，不参私意云耳。然则道家所谓无为，即儒家"为高必因丘陵，为下必因川泽"之意；亦即法家绝圣弃知，专任度数之意也。自然之力，无时或息。其在儒家，则因此而得自强不息之义。道家之庄、列一派，则谓万物相刃相靡，其行如驰，"一受其成形，不亡以待尽"，因此而得委心任运之义焉。自然力之运行，古人以为如环无端，周而复始。其在道家，则因此而得祸福倚伏之义，故贵知白守黑，知雄守雌。其在儒家，则因此而得穷变通久之义，故致谨于治制因革损益。其在法家，则因此而得"古今异俗，新故异备"之义，而商君等以之主张变法焉。万物虽殊，然既为同一原质所成，则其本自一。若干原质，凝集而成物，必有其所以然，是之谓命；自物言之则曰性。性命者物所受诸自然者也。自然力之运行，古人以为本有秩序，不相冲突。人（转下页）

三、先秦学术兴起时之时势

今之谈哲学者，多好以先秦学术，与欧洲、印度古代之思想相比附。或又谓先秦诸子之学，皆切实际，重应用，与欧洲、印度空谈玄理者不同。二说孰是？曰：皆是也。人类思想发达之序，大致相同。欧洲、印度古代之思想，诚有与先秦诸子极相似者。处事必根诸理，不明先秦诸子之哲学，其处事之法，亦终无由而明；而事以参证而益明。以欧洲、印度古说，与先秦诸子相较，诚不易之法也，然诸子缘起，旧有二说：一谓皆王官之一守，一谓起于救时之弊。[①]二说无论孰是，抑可并存，要之皆于实际应用之方，大有关系。今读诸子书，论实际问题之语，诚较空谈玄理者为多，又众所共见也。故不明先秦时代政治及社会之情形，亦断不能明先秦诸子之学也。

先秦诸子之思想，有与后世异者。后世政治问题与社会问题分，先秦之世，则政治问题与社会问题合。盖在后世，疆域广大，人

（接上页）能常守此定律，则天下可以大治。故言治贵反诸性命之情。故有反本正本之义。儒家言尽性可以尽物，道家言善养生者可以托天下，理实由此。抑春秋之义，正次王、王次春，言王者欲有所为，宜求其端于天；而法家言形名度数，皆原于道，亦由此也。万物既出于一，则形色虽殊，原理不异。故老贵抱一，孔贵中庸。抑宇宙现象，既变动不居，则所谓真理，只有变之一字耳。执一端以为中，将不转瞬而已失其中矣。故贵抱一而戒执一，贵得中而戒执中，抱一守中，又即贵虚贵无之旨也。然则一切现象，正惟相反，然后相成，故无是非善恶之可言，而物伦可齐也。夫道家主因任自然，而法家主整齐划一，似相反矣；然其整齐划一，乃正欲使天下皆遵守自然之律，而绝去私意，则法家之旨，与道家不相背也。儒家贵仁，而法家贱之。然其言曰："法之为道，前苦而长利；仁之为道，偷乐而后穷。"则其所攻者，乃姑息之爱，非儒家所谓仁也。儒家重文学，而法家列之五蠹。然其言曰："糟糠不饱者，不务粱肉；短褐不完者，不待文绣。"亦取救一时之急耳。秦有天下，遂行商君之政而不改，非法家本意也。则法家之与儒家，又不相背也。举此数端，余可类推。要之古代哲学之根本大义，仍贯通乎诸子之中。有时其言似相反者，则以其所论之事不同，史谈所谓"所从言之者异"耳。故《汉志》譬诸水火，相灭亦相生也。

　　① 见下章。

民众多，一切问题，皆极复杂。国家设治之机关，既已疏阔；人民愚智之程度，又甚不齐。所谓治天下者，则与天下安而已。欲悬一至善之鹄，而悉力以赴之，必求造乎其极，而后可为无憾，虽极弘毅之政治家，不敢作是想也。先秦诸子则不然。去小国寡民之世未远，即大国地兼数圻，亦不过今一两省，而其菁华之地，犹不及此。秦之取巴蜀，虽有益于富厚，其政治恐尚仅羁縻。① 楚之有湖南、江西，则如中国今日之有蒙、新、海、藏耳。而其民风之淳朴，又远非后世之比。夫国小民寡，则情形易于周知，而定改革之方较易。风气淳朴，则民皆听从其上，国是既定，举而措之不难。但患无临朝愿治之主，相助为理之臣。苟其有之，而目的终不得达，且因此转滋他弊，如后世王安石之所遭者，古人不患此也。职是故，先秦诸子之言治者，大抵欲举社会而彻底改造之，使如吾意之所期。"治天下不如安天下，安天下不如与天下安"等思想，乃古人所无有也。

然则先秦诸子之所欲至者，果何等境界邪？孔慕大同，老称郅治，似近子虚之论，乌托之邦。然诸子百家，抗怀皇古，多同以为黄金世界，岂不谋而同辞诞谩耶？孔子之告子游曰："大道之行也，与三代之英，丘未之逮也，而有志焉。"《郑注》曰："志，谓识，古文。"② 此即《庄子》《春秋》经世，先王之志"之志。孔子论小康，举禹、汤、文、武、成王、周公为六君子，皆实有其人，其治迹，亦皆布在方策；其论大同之世，安得悉为理想之谈。然则孔慕大同，老称郅治，以及许行论治，欲并仓廪府库而去之，殆皆有所根据，而后悬以为鹄；不徒非诞谩之辞，并非理想之谈也。

孔、老大同郅治之说，以及许行并耕而食之言，自今日观之，似

---

① 读《后汉书·板楯蛮传》可见。
② "谓识"一读。此以识字诂志字；次乃更明其物，谓孔子所谓志者，乃指古文言之也。古文，犹言古书，东汉人语如此。

皆万无可致之理。然在当日,则固不然。此非略知社会之变迁者不能明,请得而略陈之。盖人类之初,制驭天然之力极弱。生活所需,则成群结队,到处寻觅,见可供食用之物,则拾取之而已矣。此为社会学家所称搜集之世。稍进,乃能渔于水,猎于山。制驭天然之力稍强,而其生活犹极贫窘。必也进于农牧,乃无饥饿之忧。农牧之兴,大抵视乎其地,草原之民,多事畜牧;林麓川泽之地,则多事农耕。吾国开化之迹,稍有可征者,盖在巢、燧、羲、农。巢、燧事迹,略见《韩非》。① 其为渔猎时代之酋长,不待言而可明。伏羲,昔多以为游牧之主,盖因伏又作庖,羲又作牺,乃有此望文生义之误解。其实伏羲乃"下伏而化之"之意,明见《尚书大传》。其事迹,则《易·系辞传》明言其为网罟而事畋渔,其为渔猎时代之大酋,尤显而易见。《传》又言:"包牺氏没,神农氏作。"吾族盖于此时进于农耕。而黄帝,《史记》言其"迁徙往来无常处,以师兵为营卫"②,似为游牧之族。凡农耕之族,多好和平;游牧之群,则乐战伐。以此,阪泉、涿鹿之师,炎族遂为黄族所弱。③ 农耕之民,性多重滞。《老子》言"郅治之极,邻国相望,鸡犬之声相闻,民各甘其食,美其服,安其俗,乐其业,至老死不相往来"④,盖在此时。此等社会,大抵自给自足。只有协力以对物,更无因物以相争。故其内部极为安和,对外亦能讲信修睦。孔子所谓大同之世,亦指此时代言之也。黄帝之族,虽以武力击而臣之,于其社会之组织,盖未尝加以改变,且能修而明之。所异者,多一征服之族,踞于其上,役人以自

---

① 《五蠹》。
② 《五帝本纪》。
③ 《史记·五帝本纪》,既言神农氏世衰,诸侯相侵伐,弗能征,又言炎帝欲侵陵诸侯,未免自相矛盾。颇疑《史记》此节,系采自两书,兼存异说。蚩尤、炎帝,即系一人;涿鹿、阪泉,亦系一事。即谓不然,而蚩尤、炎帝,同系姜姓,其为同族,则无疑矣。
④ 《史记·货殖列传》。

养；而其对外，亦不复能如前此之平和。又前此荡荡平平之伦理，一变而为君臣上下，等级分明之伦理耳。所谓"大人世及以为礼；城郭沟池以为固；礼义以为纪，以正君臣，以笃父子，以睦兄弟，以和夫妇，……以贤勇知，以功为己；故谋用是作，而兵由此起"者也。然社会之组织，尚未大变；列国之竞争，亦未至甚烈；在上者亦不十分淫虐，则其民固尚可小安。是则所谓小康之世也。其后治人者荒淫日甚；社会之组织，亦因交通之便利，贸易之兴盛，而大起变化。于是前此良善之规制，荡焉无存。变为一无秩序、无公理、无制裁、人人竞图自利之世界，遂自小康降为乱世矣。当此之时，老子、许行等，欲径挽后世之颓波，而还诸皇古。孔子则欲先修小康之治，以期驯致于大同。如墨子者，则又殚心当务之急，欲且去目前之弊，而徐议其他。宗旨虽各不同，而于社会及政治，皆欲大加改革，则无不同也。固非后世弥缝补苴，苟求一时之安者所可同年而语矣。[①]

四、先秦学术之源流及其派别

先秦诸子之学，《太史公自序》载其父谈之说，分为阴阳、儒、墨、名、法、道德六家。《汉书·艺文志》益以纵横、杂、农、小说，是为诸子十家。其中去小说家，谓之九流。[②]《艺文志》本于《七略》。《七略》始六艺，实即儒家。所以别为一略者，以是时儒学专行。汉代古文学家，又谓儒家之学，为羲、农、尧、舜、禹、汤、文、武、周公相传之道，而非孔

---

① 古今社会组织之异，体段既大，头绪甚繁。略言之则不能明；太详，则本书为篇幅所限，未免喧宾夺主。予别有《大同释义》一书，论古代社会组织之变迁，可供参考。

② 《汉志》曰："诸子十家，其可观者，九家而已。"《后汉书·张衡传》：上疏曰："刘向父子，领校秘书，阅定九流。"注："九流，谓儒家，道家，阴阳家，法家，名家，墨家，纵横家，农家，杂家。"刘子《九流篇》所举亦同。

子所独有故耳，不足凭也。① 诸子略外，又有兵书，数术，方技三略。② 兵书与诸子，实堪并列。数术亦与阴阳家相出入，所以别为一略，盖以校书者异其人。至方技，则一医家之学耳。故论先秦学术，实可分为阴阳、儒、墨、名、法、道德、纵横、杂、农、小说、兵、医十二家也。③

诸家之学，《汉志》谓皆出王官；《淮南要略》则以为起于救时之弊，盖一言其因，一言其缘也。近人胡适之，著《诸子不出王官论》，力诋《汉志》之诬。殊不知先秦诸子之学，极为精深，果其起自东周，数百年间，何能发达至此？且诸子书之思想文义，皆显分古近，决非一时间物，夫固开卷可见也。章太炎谓"九流皆出王官，及其发舒，王官所弗能与；官人守要，而九流究宣其义"。其说实最持平。《荀子》云："父子相传，以持王公，是故三代虽亡，治法犹存，是官人百吏之所以取禄秩也。"④此即所谓守要。究宣其义者，遭直

———————————

① 参看下编第二章第二节。

② 《辑略》为诸书总要。

③ 先秦学术派别，散见古书中者尚多。其言之较详者，则《庄子》之《天下》篇，《荀子》之《非十二子》篇是也。近人或据此等，以疑史汉之说，似非。案《天下》篇所列举者，凡得六派：（一）墨翟、禽滑厘，（二）宋钘、尹文，（三）彭蒙、田骈、慎到，（四）关尹、老聃，（五）庄周，（六）惠施、桓团、公孙龙是也。《非十二子》篇，亦分六派：（一）它嚣、魏牟，（二）陈仲、史鳅，（三）墨翟、宋钘，（四）慎到、田骈，（五）惠施、邓析，（六）子思、孟轲是也。同一墨翟、宋钘也，荀子合为一派，庄子析为二派，果何所折衷邪？儒墨并为当时显学，荀子仅举思孟，已非其朔；《韩诗外传》载此文，则止十子，并无思孟；《天下》篇亦不及儒，能无遗漏之讥邪？盖此等或就一时议论所及，或则但举当时著名人物言之，初非通观前后，综论学派之说也。

④ 《荣辱》篇。儒家通三统之说。所以欲封二王之后以大国，以此。参看下编第二章第二节。观此，可知胡君谓古代王官，定无学术可言之误。胡君又谓诸子之学，果与王官并世，亦必不为所容。而为所焚坑。引欧洲中世教会，焚杀哲人，焚毁科学哲学之书为证。不知中西史事，异者多矣。欧洲中世教会之昏暴，安见我国古代，必与相符。况欧洲摧残异学者为教会，班志所称为王官，其事渺不相涉邪？古代明堂辟雍，合居一处。所谓大学，实为宗教之府。读下篇附录一可见。故以古代学校，拟欧洲中世之教会，犹有相似之处，若他官则渺不相涉矣。然古代学校，固亦无焚杀哲人，焚毁异学之事。史事非刻板者，虽大致可相印证，固不能事事相符也。

世变,本其所学,以求其病原,拟立方剂。见闻既较前人为恢廓,心思自较前人为发皇。故其所据之原理虽同,而其旁通发挥,则非前人所能望见也。此犹今日言社会主义者,盛极一时。谓其原于欧洲之圣西门、马克思,固可;谓由中国今日,机械之用益弘,劳资之分稍显,国人因而注意及此,亦无不可也。由前则《汉志》之说,由后则《淮南》之说也。不惟本不相背,亦且相得益彰矣。

抑诸子之学,所以必出于王官者,尚有其一因焉。古代社会,等级森严。平民胼手胝足,以给公上,谋口实之不暇,安有余闲,从事学问? 即有天才特出者,不假传授,自有发明。然既乏师友之切磋,复鲜旧闻为凭藉;穴隙之明,所得亦仅,安足语于学术? 即谓足厕学术之林而无愧,然伏处陇亩之中,莫或为之传播;一再传后,流风余韵,亦渐即消沉矣。① 贵族则四体不勤,行有余力。身居当路,经验饶多。父祖相传,守之以世。子产有言:"其用物也弘矣!其取精也多矣!"其所发明,非仅恃一时一人之思虑者所能逮,固无足怪。春秋以降,弑君三十六,亡国五十二,诸侯奔走,不得保其社稷者,不可胜数。乡之父子相传,以持王公取禄秩者,至此盖多降为平民,而在官之学,遂一变而为私家之学矣。世变既亟,贤君良相,竞求才智以自辅;仁人君子,思行道术以救世;下焉者,亦思说人主,出其金玉锦绣,取卿相之尊。社会之组织既变,平民之能从事学问者亦日多,而诸子百家,遂如云蒸霞蔚矣。孔子弟子三千,身通六艺者七十有二。孟子后车数十乘,从者数百人。杨朱、墨翟之言,亦盈天下。教育学术,皆自官守移于私家。世运之迁流,虽有大力,莫之能逆。秦皇乃燔诗书,禁私学;令民欲学法令,以吏为师;欲尽复西周以前,政教合一之旧,无怪其卒不能行也。

---

① 古小说家言,出于平民,平民之所成就者,盖止于是。参看下编第十一章。

《汉志》谓九流之学，"各引一端，崇其所善，譬犹水火，相灭亦相生也"。此说最通。学术思想，恒由浑而之画。古代哲学，优侗而不分家，盖由研究尚未精密之故。东周以降，社会情形，日益复杂；人类之思想，遂随之而日益发皇。各方面皆有研究之人，其所发明，自非前人所能逮矣。然崇其所善，遂忘他方面之重要，则亦有弊。而苟非高瞻远瞩之士，往往不免囿于一偏。诸子之学，后来所以互相攻击者以此。此殆不甚弘通之士为之；始创一说之大师，或不如是。何者？智足创立一学，自能知其学之所安立。既自知其学之所安立，则亦知他家之学所安立。各有其安立之处所，自各有其所适用之范围。正犹夏葛冬裘，渴饮饥食，事虽殊而理则一，当相为用，不当互相排也。《庄子·天下》篇曰："古之人其备乎？……明于本数，系于末度，六通四辟，大小精粗，其运无乎不在。……天下大乱，贤圣不明，道德不一，天下多得一察①，焉以自好。譬如耳目鼻口，皆有所明，不能相通。……不该不偏，一曲之士也……。是故内圣外王之道，暗而不明，郁而不发。天下之人各为其所欲②，焉以自为方。悲夫！百家往而不反，必不合矣。"即慨叹于诸子百家之各有所明，而亦各有所蔽也。学问之事，其当分工合力，一与他事同。惟分之而致其精，乃能合之而见其大。古代学术，正在分道扬镳之时，其不能不有所蔽，势也。后世则诸说并陈，正可交相为用。乃或犹不免自安于一曲，甚至于入主而出奴，则殊非学问之士所宜出矣。③

五、研究先秦诸子之法

先秦诸子之学，近数十年来，研究者大盛。盖以民气发舒，统

---

① 句绝。
② 句绝。
③ 参看下编第十二章。

于一尊之见渐破,而瀛海大通,远西学术输入,诸子之书,又多足互相印证也。诸子之书,皆去今久远,非经校勘注释不能明。昔时留意于此者少。清代考证学盛,始焉借子以证经,继乃离经而治子。校勘训释,日益明备。自得西学相印证,义理之焕然复明者尤多。[①]治此学于今日,盖远非昔时之比矣。然今治诸子之学者,亦有所蔽,不可不知。予昔有《论读子之法》一篇,今特节录其文如下。

原文曰:读古书固宜严别真伪,诸子尤甚。然近人辨诸子真伪之术,吾实有不甚敢信者。近人所持之术,大要有二:(一)据书中事实立论,事有非本人所能言者,即断为伪。如胡适之摘《管子·小称》篇记管仲之死,又言及毛嫱、西施;《立政》篇辟寝兵兼爱之言,为难墨家之论是也。(二)则就文字立论。如梁任公以《老子》中有偏将军上将军之名,谓为战国人语;又或以文字体制之古近,而辨其书之真伪是也。予谓二法皆有可采,而亦皆不可专恃。何则?子为一家之学,与集为一人之书者不同。故读子者,不能以其忽作春秋时人语,忽为战国人之言,而疑其书之出于伪造。犹之读集者,不能以其忽祖儒家之言,忽述墨家之论,而疑其文非出于一人。先秦诸子,大抵不自著书。今其书之存者,大抵治其学者所为,而其纂辑,则更出于后之人。亡佚既多,辑其书者,又未必通其学。不过见讲此类学术之书,共有若干,即合而编之,而取此种学派中最有名之人,题之曰某子云耳。然则某子之标题,本不过表明学派之词,不谓书即其人所著。与集部书之标题为某某集者,大不相同。书中记及其人身后之事,及其文词之古近错出,固不足怪。

---

① 如《墨子》之《经》、《经说》、《大·小取》诸篇,昔几无人能读,今则可解者十七八,即由得欧西论理之学,以相参证也。

至于诸子书所记事实,多有讹误,此似诚有可疑。然古人学术,多由口耳相传,无有书籍,本易讹误;而其传之也,又重其义而轻其事。如胡适之所摘庄子见鲁哀公,自为必无之事。然古人传此,则但取其足以明义;往见者果为庄子与否,所见者果为鲁哀公与否,皆在所不问。岂惟不问,盖有因往见及所见之人,不如庄子及鲁哀公之著名,而易为庄子与鲁哀公者矣。然此尚实有其事。至如孔子见盗跖等,则可断定并其事而无之。不过作者胸中有此一段议论,乃托之孔子、盗跖耳。此则所谓寓言也。此等处,若据之以谈史实,自易谬误。然在当时,固人人知为寓言。故诸子书中所记事实,乖谬者十有七八,而后人于其书,仍皆信而传之。胡适之概断为当时之人,为求利而伪造,又讥购求者之不能别白,亦未必然也。说事如此,行文亦然。今所传五千言,设使果出老子,则其书中偏将军上将军,或本作春秋以前官名,而传者乃以战国时之名易之,此如今译书者,于书中外国名物,易之以中国名物耳,虽不免失真,固与伪造有别也。又古人之传一书,有但传其意者,有兼传其词者。兼传其词者,则其学本有口诀可诵,师以是传之徒,徒又以是传之其徒,如今瞽人业算命者,以命理之书,口授其徒然。此等可传之千百年,词句仍无大变。但传其意者,则如今教师之讲授,听者但求明其意即止,迨其传之其徒,则出以自己之言。如是三四传后,其说虽古,其词则新矣。故文字气体之古近,亦不能以别其书之古近也,而况于判其真伪乎?明于此,则知诸子之年代事迹,虽可知其大略,而亦不容凿求。若更据诸子中之记事,以谈古史,则尤易致误矣。诸子中之记事,十之七八为寓言;即或实有其事,人名地名及年代等,亦多不可据;彼其意,固亦当作寓言用也。据此以考事实,苟非十分谨慎,必将治丝益棼。今人考诸子年代事迹者,多即以诸子所记之事为据。既据此假定诸子年代事迹,乃更持以判别诸子书之信否焉，其可信乎？一言蔽之，总由不知子与集之异，太重视用作标题之人而已。

以上皆《论读子之法》原文。此外尚有一事宜知者，曰："先秦之学纯，而后世之学驳。凡先秦之学，皆后世所谓专门①；而后世所谓通学，则先秦无之也。"此何以故？曰：凡学皆各有所明，故亦各有其用。因人之性质而有所偏主，固势不能无。即入主出奴，亦事所恒有。然此必深奥难明之理，介于两可之间者为然。若他家之学，明明适用于某时某地，证据确凿者，则即门户之见极深之士，亦不能作一笔抹杀之谈。此群言淆乱，所以虽事不能免，而是非卒亦未尝无准也。惟此亦必各种学问，并行于世者已久，治学之士，于各种学问，皆能有所见闻而后可。若学问尚未广布，欲从事于学者，非事一师，即无由得之；而所谓师者，大抵专主一家之说，则为之弟子者，自亦趋于暖姝矣。先秦之世，学术盖尚未广布，故治学者，大抵专主一家。墨守之风既成，则即有兼治数家者，亦必取其一而弃其余。墨子学于孔子而不说，遂明目张胆而非儒；陈相见许行而大说，则尽弃其所受诸陈良之学，皆是物也。此杂家所以仅兼采众说，而遂足自成为一家也。②

职是故，治先秦之学者，可分家而不可分人。何则？先秦诸子，大抵不自著书；凡所纂辑，率皆出于后之人。③ 欲从其书中，搜寻某一人所独有之说，几于无从措手；而一家之学，则其言大抵从同。故欲分别其说属于某人甚难，而欲分别其说属于某家则甚易。此在汉世，经师之谨守家法者尚然。清代诸儒，搜辑已佚之经说，

---

① 此谓专守一家之说，与今所谓专治一科之学者异义。
② 以当时诸家皆不能兼采也。若在后世，则杂家遍天下矣。
③ 张孟劬尝以佛家之结集譬之。

大抵恃此也。① 故治先秦之学者，无从分人，而亦不必分人。兹编分论，均以家为主。一书所述，有兼及两家者，即分隶两家之下②，诸子事迹，但述其可信者；转于其书之源流真伪，详加考证焉，亦事所宜然也。

---

① 试读陈氏父子之《三家诗遗说考》《今文尚书经说考》，即可见之。
② 如《墨子》中论名学者，即归入名家之中。

论读经之法^①

　　吾国旧籍,分为经、史、子、集四部,由来已久。而四者之中,集为后起。盖人类之学问,必有其研究之对象。书籍之以记载现象为主者,是为史。就现象加以研求,发明公理者,则为经、子。固无所谓集也。然古代学术,皆专门名家,各不相通。后世则渐不能然。一书也,视为记载现象之史一类固可,视为研求现象,发明公理之经、子一类,亦无不可。论其学术流别,亦往往兼搜并采,不名一家。此等书,在经、史、子三部中,无类可归;乃不得不别立一名,而称之曰"集"。此犹编新书目录者,政治可云政治,法律可云法律,至不专一学之杂志,则无类可归;编旧书目录者,经可曰经,史可曰史,至兼包四部之丛书,则不得不别立丛部云尔。

　　经、子本相同之物,自汉以后,特尊儒学,乃自诸子书中,提出儒家之书,而称之曰经。此等见解,在今日原不必存。然经之与子,亦自有其不同之处。孔子称"述而不作",其书虽亦发挥己见,顾皆以旧书为蓝本。故在诸家中,儒家之六经,与前此之古书,关系最大(古文家以六经皆周公旧典,孔子特补苴缀拾,固非;今文家之偏者,至谓六经皆孔子手著,前无所承,亦为未是。六经果皆孔子手著,何不明白晓畅,自作一书;而必

---

　　① 此文选自《经子解题》,1926年由商务印书馆出版。

伪造生民,虚张帝典乎?)。治之之法,亦遂不能不因之而殊。章太炎所谓"经多陈事实,诸子多明义理;贾、马不能理诸子,郭象、张湛不能治经"是也(《与章行严论墨学第二书》,见《华国月刊》第四期。按此以大较言之,勿泥)。又学问之光大,不徒视前人之倡导,亦视后人之发挥。儒学专行两千年,治之者多,自然日益光大。又其传书既众,疏注亦详,后学钻研,自较治诸子之书为易。天下本无截然不同之理;训诂名物,尤为百家所同。先明一家之书,其余皆可取证。然则先经后子,固研求古籍之良法矣。

欲治经,必先知历代经学变迁之大势。今按吾国经学,可大别为汉、宋二流。而细别之,则二者之中,又各可分数派。秦火之后,西汉之初,学问皆由口耳相传,其后乃用当时通行文字,著之竹帛,此后人所称为"今文学"者也。末造乃有自谓得古书为据,而訾今文家所传为阙误者,于是有"古文之学"焉。今文学之初祖,《史记·儒林传》所列,凡有八家:所谓"言《诗》,于齐则辕固生,于燕则韩太傅。言《书》,自济南伏生。言《礼》,自鲁高堂生。言《易》,自菑川田生。言《春秋》,于齐、鲁自胡毋生,于赵自董仲舒"是也。东京立十四博士:《诗》鲁、齐、韩;《书》欧阳、大小夏侯;《礼》大小戴;《易》施、孟、梁丘、京;《春秋》严、颜;皆今文学。古文之学:《诗》有毛氏,《书》有《古文尚书》,《礼》有《周礼》,《易》有费氏,《春秋》有左氏,皆未得立。然东汉末造,古文大盛,而今文之学遂微。盛极必衰,乃又有所谓伪古文者出。伪古文之案,起于王肃。肃盖欲与郑玄争名,乃伪造古书,以为证据。即清儒所力攻之伪古文《尚书》一案是也(参看后文论《尚书》处)。汉代今古文之学,本各守专门,不相通假。郑玄出,乃以意去取牵合,尽破其界限。王肃好攻郑,而其不守家法,亦与郑同(二人皆糅杂今古,而皆偏于古)。郑学盛行于汉末;王肃为晋武帝外祖,其学亦颇行于晋初;而两汉专门之学遂亡。此后经学乃分二派：一以当时之伪书玄学，羼入其中，如王弼之《易》，伪孔安国之《书》是。一仍笃守汉人所传，如治《礼》之宗郑氏是。其时经师传授之绪既绝，乃相率致力于笺疏。是为南北朝义疏之学。至唐代纂《五经正义》，而集其大成（南北朝经学不同。《北史·儒林传》："其在江左，《周易》则王辅嗣，《尚书》则孔安国，《左传》则杜元凯。其在河洛：《左传》则服子慎，《尚书》《周易》则郑康成。《诗》则并主于毛公，《礼》则同遵于郑氏。"是除《诗》《礼》外，南方所行者，为魏、晋人之学；北方所守者，则东汉之古文学也。然逮南北统一，南学盛而北学微，唐人修《五经正义》，《易》取王，《书》取伪孔，《左》取杜，而服、郑之学又亡）。以上所述，虽派别不同，而同导源于汉，可括之于汉学一流者也。

北宋之世，乃异军苍头特起。宋人之治经也，不墨守前人传注，而兼凭一己所主张之义理。其长处，在能廓清摧陷，一扫前人之障翳，而直凑单微。其短处，则妄以今人之意见，测度古人；后世之情形，议论古事；遂至不合事实。自南宋理宗以后，程、朱之学大行。元延祐科举法，诸经皆采用宋人之书。明初因之。永乐时，又命胡广等修《四书五经大全》。悉取宋、元人成著，钞袭成书。自《大全》出，士不知有汉、唐人之学，并不复读宋、元人之书；而明代士子之空疏，遂于历代为最甚。盖一种学问之末流，恒不免于流荡而忘反。宋学虽未尝教人以空疏，然率其偏重义理之习而行之，其弊必至于此也。物穷则变，而清代之汉学又起。

清儒之讲汉学也，始之以参稽博考，择善而从，尚只可称为汉、宋兼采。其后知凭臆去取，虽极矜慎，终不免于有失，不如专重客观之为当也（其理见下）。于是屏宋而专宗汉，乃成纯粹之汉学。最后汉学之中，又分出宗尚今文一派，与前此崇信贾、马、许、郑者立别。盖清儒意主复古，剥蕉抽茧之势，非至于此不止也。

经学之历史，欲详陈之，数十万言不能尽。以上所云，不过因论读经之法，先提挈其纲领而已。今请进言读经之法。

治学之法，忌偏重主观。偏重主观者，一时似惬心贵当，而终不免于差缪。能注重客观则反是（今试设一譬：东门失火，西门闻之，甲、乙、丙、丁，言人人殊。择其最近于情理者信之，则偏重主观之法也。不以己意定其然否，但考其人孰为亲见，孰为传闻。同传闻也，孰亲闻诸失火之家，孰但得诸道路传述。以是定其言之信否，则注重客观之法也。用前法者，说每近情，而其究多误；用后法者，说或远理，而其究多真。累试不爽）。大抵时代相近，则思想相同。故前人之言，即与后人同出揣度，亦恒较后人为确。况于师友传述，或出亲闻；遗物未湮，可资目验者乎？此读书之所以重"古据"也。宋人之经学，原亦有其所长；然凭臆相争，是非难定。自此入手，不免失之汗漫。故治经当从汉人之书入。此则治学之法如是，非有所偏好恶也。

治汉学者，于今古文家数，必须分清。汉人学问，最重师法。各守专门，丝毫不容假借（如《公羊》宣十五年何注，述井田之制，与《汉书·食货志》略同，然《汉志》用《周官》处，《解诂》即一语不采）。凡古事传至今日者，率多东鳞西爪之谈。掇拾丛残，往往苦其乱丝无绪；然苟能深知其学术派别，殆无不可整理之成两组者。夫能整理之成两组，则纷然淆乱之说，不啻皆有线索可寻（今试举一实例。如三皇五帝，向来异说纷如，苟以此法驭之，即可分为今古文两说。三皇之说：以为天皇十二头，地皇十一头，立各一万八千岁；人皇九头，分长九州者，《河图》《三五历》也。以为燧人、伏羲、神农者，《尚书大传》也。以为伏羲、神农、燧人，或曰伏羲、神农、祝融者，《白虎通》也。以为伏羲、女娲、神农者，郑玄也。以为天皇、地皇、泰皇者，始皇议帝号时秦博士之说也。除《纬书》荒怪，别为一说外，《尚书大传》为今文说，郑玄偏重古文。伏生者，秦博士之一。《大传》云："遂人以火纪，阳尊，故托遂皇于天；伏羲以人事纪，故托羲皇于人；神农悉地力，种谷蔬，故托农皇于地。"可见儒家所谓三皇者，义实取于天、地、人。《大传》与秦博士之说，即一说也。《河图》《三五历》之说，司马贞《补三皇本纪》，列为或说；其正说则从郑玄。《补三皇本纪》述女娲氏事云："诸侯有共工氏，与祝融氏战，不胜，而怒。乃头触不周之山,天柱折,地维缺。女娲乃炼五色石以补天"云云。上言祝融,下言女娲,则祝融即女娲。《白虎通》正说从今文,以古文备或说;或古文说为后人窜入也。五帝之说,《史记》《世本》《大戴礼》,并以黄帝、颛顼、帝喾、尧、舜当之;郑玄说多一少昊。今按《后汉书·贾逵传》,逵言:"五经家皆言颛顼代黄帝,而尧不得为火德。左氏以为少昊代黄帝,即图谶所谓帝宣也。如令尧不得为火德,则汉不得为赤。"则左氏家增入一少昊,以六人为五帝之情可见矣。《史记》《世本》《大戴礼》,皆今文说,左氏古文说也)。且有时一说也,主张之者只一二人;又一说也,主张之者乃有多人。似乎证多而强矣。然苟能知其派别,即可知其辗转祖述,仍出一师。不过一造之说,传者较多;一造之说,传者较少耳。凡此等处,亦必能分清家数,乃不至于听荧也。

近人指示治学门径之书甚多,然多失之浩博。吾今举出经学入门简要之书如下:

皮锡瑞《经学历史》。此书可首读之,以知历代经学变迁大略。

廖平《今古文考》。廖氏晚年著书,颇涉荒怪。早年则不然。分别今古文之法,至廖氏始精确。此书必须次读之。

康有为《新学伪经考》。吾举此书,或疑吾偏信今文,其实不然也。读前人之书,固可以观其事实,而勿泥其议论。此书于重要事实,考辨颇详。皆前列原书,后抒己见。读之,不啻读一详博之两汉经学史也,此书今颇难得;如能得之者,读廖氏《今古文考》后,可续读之。

《礼记·王制注疏》、《周礼注疏》、陈立《白虎通疏证》、陈寿祺《五经异义疏证》。今古文同异重要之处,皆在制度。今文家制度,以《王制》为大宗;古文家制度,以《周礼》为总汇。读此二书,于今古文同异,大致已可明白。两种皆须连疏注细看,不可但读白文,亦不可但看注。《白虎通义》,为东京十四博士之说,今文学之结晶也。《五经异义》,为许慎所撰。列举今古文异说于前,下加按语,并有郑驳，对照尤为明了。二陈《疏证》，间有误处。以其时今古文之别，尚未大明也。学者既读前列各书，于今古之别，已可了然，亦但观其采撷之博可矣。

此数书日读一小时，速则三月，至迟半年，必可卒业。然后以读其余诸书，即不虑其茫无把握矣。

古代史书，传者极少。古事之传于后者，大抵在经、子之中。而古人主客观不甚分明；客观事实，往往夹杂主观为说（甚有全出虚构者，是为寓言。参看后论读子之法）；而其学问，率由口耳相传，又不能无讹误，古书之传于今者，又不能无阙佚。是以随举一事，辄异说蜂起，令人如堕五里雾中。治古史之难以此。苟知古事之茫昧，皆由主客观夹杂使然，即可按其学术流别，将各家学说，分别部居；然后除去其主观成分而观之，即古事之真相可见矣。然则前述分别今古文之法，不徒可施之儒家之今古文，并可施之诸子也。此当于论读子方法时详之。唯有一端，论读经方法时，仍不得不先述及者。则"既知古代书籍，率多治其学者东鳞西爪之谈，并无有条理系统之作，而又皆出于丛残掇拾之余；则传之与经，信否亦无大分别"是也，世之尊经过甚者，多执经为孔子手定，一字无讹；传为后学所记，不免有误。故于经传互异者，非执经以正传，即弃传而从经，几视为天经地义。殊不知尼山删订，实在晚年，焉能字字皆由亲笔。即谓其字字皆由亲笔，而孔子与其弟子，亦同时人耳，焉见孔子自执笔为之者，即一字无讹？言出于孔子之口，而弟子记之，抑或推衍师意者，即必不免有误哉。若谓经难私造，传可妄为，则二者皆汉初先师所传，经可信，传亦可信；传可伪，经亦可伪也（若信今文之学，则经皆汉代先师所传，即有讹阙，后人亦无从知之。若信古文之学，谓今文家所传之经，以别有古经，可资核对，所异唯在文字，是以知其可信；则今文先师，既不伪经，亦必不伪传也）。是以汉人引用，经、传初不立别。崔适《春秋复始》，论

"汉儒引《公羊》者皆谓之《春秋》；可见当时所谓《春秋》者，实合今之《公羊传》而名之"甚详。余谓不但《春秋》如此，即他经亦如此。《太史公自序》，引《易》"失之毫厘，谬以千里"（此二语汉人引者甚多，皆谓之《易》）。今其文但见《易纬》。又如《孟子·梁惠王下篇》，载孟子对齐宣王好勇之问曰："《诗》云：王赫斯怒，爰整其旅，以遏徂、莒，以笃周祜，以对于天下。此文王之勇也。文王一怒而安天下之民。《书》曰：天降下民，作之君，作之师；唯曰其助上帝，宠之四方，有罪无罪，唯我在，天下曷敢有越厥志。一人衡行于天下，武王耻之。此武王之勇也。而武王亦一怒而安天下之民。""此文王之勇也"，"此武王之勇也"，句法相同；自此以上，皆当为《诗》《书》之辞；然"一人衡行于天下，武王耻之"，实为后人评论之语。孟子所引，盖亦《书》《传》文也。举此两事，余可类推（近人过信经而疑传者甚多。予去岁《辨梁任公阴阳五行说之来历》一文，曾力辨之。见《东方杂志》第二十卷第二十册，可以参观。又如《北京大学月刊》一卷三号，载朱君希祖整理中国最古书籍之方法论，谓欲"判别今古文之是非，必取立敌共许之法。古书中无明文。今古文家之传说，一概捐除。唯《易》十二篇，《书》二十九篇，《诗》三百五篇，《礼》十七篇，《春秋》《论语》《孝经》七书，为今古文家所共信。因欲取为判别二家是非之准。朱君之意，盖欲弃经说而用经文，亦与梁君同蔽。姑无论经、传信否，相去不远。即谓经可信，传不可信，而经文有不能解释处，势必仍取一家传说，是仍以此攻彼耳，何立敌共许之有？今使说之相持不决者，固各有经文为据，观许慎之《五经异义》及郑驳可见也。决嫌疑者视诸圣，久为古人之口头禅，岂有明有经文可据，而不知援以自重者哉？大抵古今人之才智，不甚相远。经学之所以聚讼，古事之所以茫昧，自各有其原因。此等疑难，原非必不可以祛除，然必非一朝所能骤决。若有如朱君所云直截了当之法，前此治经之人，岂皆愚骏，无一见及者邪？）。

治经之法，凡有数种：（一）即以经为一种学问而治之者。此等见解，由昔日尊经过甚使然。今已不甚适合。又一经之中，所包甚广，人之性质，各有所宜，长于此者不必长于彼。因治一经而遍及诸学，非徒力所不及，即能勉强从事，亦必不能深造。故此法在今日不甚适用。（二）则视经为国故，加以整理者。此则各本所学，求其相关者于经，名为治经，实仍是治此科之学，而求其材料于古书耳。此法先须于所治之学，深造有得，再加以整理古书之能，乃克有济。此篇所言，大概为此发也。（三）又有因欲研究文学，而从事于读经者。其意亦殊可取。盖文学必资言语，而言语今古相承，不知古语，即不知后世言语之根原。故不知最古之书者，于后人文字，亦必不能真解。经固吾国最古之书也。但文学之为物，不重在死法，而贵能领略其美。文学之美，只可直觉；非但徒讲无益，抑亦无从讲起。今姑定一简明之目，以为初学诵习参考之资。盖凡事熟能生巧，治文学者亦不外此。后世文学，根原皆在古书。同一熟诵，诵后世书，固不如诵古书之有益。而欲精研文学，则数十百篇熟诵之文字，固亦决不能无也。

诗 此书近今言文学者必首及之，几视为第一要书，鄙意少异。韵文视无韵文，已觉专门；谈韵文而及于《诗经》，则其专门更甚。何者？四言诗自汉魏后，其道已穷。非专治此一种文学者，不易领略其音节之美，一也。诗之妙处，在能动人情感。而此书距今太远，今人读之，实不能知其意之所在，二也（诗义之所以聚讼莫决者，其根原在此。若现在通行之歌谣，其有寓意者，固人人能知之也）。故此书除专治古代韵文者外，但略事泛览，知其体例；或择所好熟诵之即可。

书 书之文学，别为一体。后世作庄严典重之文字者，多仿效之。若细分之，仍有三种：（一）最难通者，如《周诰》《殷盘》是。（二）次难通者，通常各篇皆是。（三）最易通者，如《甘誓》《牧誓》《金滕》诸篇是。第一种存古书原文盖最多；第三种则十之八九，殆皆孔子以后人所为也。此书文字虽不易解，然既为后世庄严典重之文字所从出，则亦不可不熟诵而求其真了解。《洪范》《无逸》《顾命》（兼今本《康王之诰》）《秦誓》四篇，文字最美，如能熟诵更妙。

《禹贡》一篇，为后世地志文字体例所自出，须细看。

仪礼　礼记　周礼　《仪礼》《周礼》，皆记典制之书，不必诵读；但须细看，知其体例（凡记述典制之文皆然）。《礼记》一书，荟萃诸经之传及儒家诸子而成（见后）。文学亦极茂美（论群经文学者，多知重《左氏》，而罕及《小戴》，此皮相之论也。《左氏》所叙之事，有与《檀弓》同者，二者相较，《左氏》恒不如《檀弓》。其余论事说理之文，又何一能如《戴记》之深纯乎？）。不可不择若干篇熟诵之也。今更举示篇名如下：《檀弓》为记事文之极则，风韵独绝千古，须熟读。《王制》为今文学之结晶，文字亦极茂美，可熟读。既有益于学问，又有益于文学也。《文王世子》，文最流畅。《礼运》《礼器》，文最古雅。《学记》《乐记》，文最深纯。《祭义》，文最清丽。《坊记》《表记》《缁衣》，三篇为一类，文极清雅。《儒行》，文极茂美。《冠义》《昏义》《乡饮酒义》《射义》《燕义》《聘义》六篇，为《仪礼》之传，文字亦极茂美。以上诸篇，皆可熟读。然非谓《戴记》文字之美者，遂尽于此，亦非谓吾所指为最美者，必能得当；更非敢强人之所好以同于我也。聊举鄙意，以供读者之参考耳。

易　此书《卦辞》《爻辞》，知其体例即可。《象辞》《文言》《系辞传》，文学皆极美，可择所好者熟诵之。《序卦》为一种序跋文之体，可一看。

春秋　《三传》文字，自以《左氏》为最美。其文整齐研练，自成风格，于文学上关系极巨。《左氏》系编年体，其文字一线相承，无篇目，不能列举其最美者。大抵长篇辞令叙事，最为紧要。但短节叙事，寥寥数语，亦有极佳者，须细看。《公羊》为《春秋》正宗，讲《春秋》者，义理必宗是书。论文学则不如《左氏》之要。读一过，知其体例可矣（《公羊》之文字为传体，乃所以解释经文，与《仪礼》之传同。后人无所释之经，而抑或妄效其体，此大谬也。此等皆不知义例之过。故讲文学，亦必须略知学问)。《穀梁》文体与《公羊》同。

论语　孟子　此两书文极平正，有极简洁处，亦有极反复排纂处(大抵《论语》，简洁者多，然亦有反复排纂者，如《季氏将伐颛臾章》是。孟子反复排纂者多，然亦有极简洁者，如各短章皆是)。于文学极有益。凡书之为大多数人所习熟者，其义理，其事实，其文法，其词句，即不期而为大多数人所沿用。在社会即成为常识。此等书即不佳，亦不可不一读，况其为佳者乎？《论语》《孟子》，为我国极通行之书，必不可不熟诵也。

此外，《尔雅》为训诂书，当与《说文》等同类读之，与文学无关。《孝经》亦《戴记》之流。但其说理并不甚精，文字亦不甚美。一览已足，不必深求也。

六经排列之次序，今、古文不同。今文之次，为《诗》《书》《礼》《乐》《易》《春秋》；古文之次，则为《易》《书》《诗》《礼》《乐》《春秋》。盖今文家以六经为孔子别作，其排列之次序，由浅及深。《诗》《书》《礼》《乐》，乃普通教育所资(《王制》："乐正崇四术，立四教，顺先王《诗》《书》《礼》《乐》以造士。"《论语》："子所雅言，诗书执礼。"盖《诗》《书》《礼》《乐》四者，本古代学校中教科，而孔子教人，亦取之也)；而《易》与《春秋》，则为"性与天道""经世之志"所寄；故其次序如此也。古文家以六经皆周公旧典，孔子特修而明之。故其排列之次序，以孔子作六经所据原书时代先后为序。愚谓今言整理国故，视凡古书悉为史材则通；谓六经皆史则非。故今从今文家之次，分论诸经原流及其读法如下。

论读子之法①

"吾国书籍,分为经、史、子、集四部;而集为后起之物,古代只有经、史、子三者。经子为发表见解之书,史为记载事物之书。"已见前。逮于后世,则子亡而集代兴。集与子之区别,集为一人之著述,其学术初不专于一家;子为一家之学术,其著述亦不由于一人。勉强设譬,则子如今之科学书,一书专讲一种学问;集如今之杂志,一书之中,讲各种学问之作皆有也。

子书之精者,讫于西汉。东汉后人作者,即觉浅薄。然西汉子书之精者,仍多祖述先秦之说;则虽谓子书之作,讫于先秦,可也。然远求诸西周以前,则又无所谓子。然则子者,春秋、战国一时代之物也。其故何邪?

予谓专家之学兴而子书起,专家之学亡而子书讫。春秋战国,专家之学兴起之时也。前乎此,则浑而未分;后乎此,则又裂而将合。故前此无专家之学,后此亦无专家之学也。请略言之:

诸子之学之起源,旧说有二:(一)出《汉·志》,谓其原皆出于王官。(一)出《淮南·要略》,谓皆以救时之弊。予谓二说皆是也。何则?天下无无根之物;使诸子之学,前无所承,周、秦之际,

---

① 此文选自《经子解题》,1926 年由商务印书馆出版。

时势虽亟，何能发生如此高深之学术？且何解于诸子之学，各明一义，而其根本仍复相同邪？（见下）天下亦无无缘之事，使非周、秦间之时势有以促成之，则古代浑而未分之哲学，何由推衍之于各方面，而成今诸子之学乎？此犹今人好言社会主义，谓其原出于欧洲之马克思等可；谓由机械发明，生财之法大变；国民生计，受外国之侵削，而国内劳动资本阶级，亦有划分之势；因而奋起研究者多，亦无不可也。由前则《汉·志》之说，由后则《淮南》之说也。各举一端，本不相背。胡适之撰《诸子不出于王官论》，极诋《汉·志》之诬，未免一偏矣。

人群浅演之时，宗教哲学，必浑而不分；其后智识日进，哲学乃自宗教中蜕化而来。吾国古代，亦由是也。故古代未分家之哲学，则诸子之学所同本；而未成哲学前之宗教，则又古代不分家之哲学之根源也。必明乎此，然后于诸子之学，能知其源；而后读诸子书，乃有入处。

宇果有际乎？宙果有初乎？此在今日，人人知非人智所逮，哲学家已置诸不论不议之列。然此非古人所知也。今人竞言"宇宙观""人生观"，其实二者本是一事。何则？我者，宇宙间之一物；以明乎宇宙之真理，然后我之所以自处者，乃皆得其道矣。故古人之所研究，全在哲学家所谓宇宙论上也。

吾国古代之宇宙论，果如何乎？曰：古之人本诸身以为推。见夫人之生，必由男女之合也，则以为物亦如此；而仰观、俯察，适又有苍苍者天，与抟抟者地相对；有日月之代明；有寒暑之迭更；在在足以坚其阴、阳二元之思想。于是以为天地之生物，亦如是而已矣。故曰："物本乎天，人本乎祖。"（《礼记·郊特牲》）

然哲学所求之原因，必为"最后"，为"惟一"。求万物之原因，而得阴、阳二元，固犹非"一"；非"一"，则非其"最后"者也。然则阴、阳之原，又何物耶？夫谓万物厘然各别，彼此不能相通者，乃至浅之见；不必证以科学，而亦能知其非是者也。人日食菽饮水而后生，又或豢豕为酒以为食。方其未饮食时，菽自菽，水自水，豕自豕，酒自酒，人自人也；及其既饮食之后，则泯然不复见其迹焉。人三日不食则惫，七日不食则死。然则人与动植矿物，异乎？不异乎？且也，"众生必死，死必归土。骨肉毙于下，荫为野土；其气发扬于上为昭明，焄蒿凄怆。"（《礼记·祭义》）然则人与天地，是一乎？是二乎？（古以天为积气所成）故谓万物厘然各别，彼此不能相假者，至浅之见，稍深思之，而即知其非是者也。此固不待证之以科学也；古之人亦知此也，乃推求万物之本原；乃以为天、地万物，皆同一原质所成，乃名此原质曰"气"。

《易大传》曰："精气为物，游魂为变。""精"者，凝集紧密之谓。《公羊》庄十年："觕者曰侵，精者曰伐。"注"觕，粗也。精，犹密也。"是也。魂者，人气。盖同一气也，古人又以为有阴、阳之分。阳者性动，轻清而上升；阴者性静，重浊而下降。（《左》昭七年疏引《孝经说》曰："魂，芸也。"芸芸动也。《广雅·释天》：三气相接，剖判分离；轻清者上为天，重浊者下为地）其在于人，则阳气成神，是曰魂；阴气成形，是曰魄。故魂亦气也。上言气，下言魂，变词耳。"游"者，游散。（《韩注》）构成万有之原质，循一定之律，而凝集紧密焉，则成人所知觉之物，是曰"精气为物"。循一定之律而分离游散焉，则更变化而成他物，是曰"游魂为变"而已矣。此其在人，则为生死。然非独人也，一切物之成毁，莫不如是；即天、地亦然。故古人论天、地开辟，亦以气之聚散言之。《易正义八论》引《乾凿度》："有太易，有太初，有太始，有太素。太易者，未见气；太初者，气之始；太始者，形之始；太素者，质之始"是也。职是故，古人乃以万物之原质（即气）凝集之疏密，分物质为五类，是为"五行"。五行之序，以微著为渐。《尚书·洪范疏》

所谓"水最微为一,火渐著为二,木形实为三。金体固为四,土质大为五"也。[益以(一)有形无形;(二)有质无质;(三)同是有质也,而刚柔大小不同,为分类之准。犹今物理学分物为气体、液体、固体也]然则宇宙间一切现象,无所谓有无,亦无所谓生死,只是一气之变化而已。气之变化,无从知其所以然,只可归之于一种动力。然则此种动力,乃宇宙之根源也。故曰"易不可见,乾坤或几乎息"也。(《易·系辞》)

故此种动力,古人视为伟大无伦。易曰:"大哉乾元;万物资始,乃统天。"《公羊何注》曰:"春秋以元之气,正天之端。天不深正其元,则不能成其化。"《老子》曰:"有物混成,先天地生;寂兮寥兮,独立而不改,周行而不殆;可以为天下母。吾不知其名,字之曰道。"皆指此种动力言之。夫如是,则天地亦遵循自然之律而动作而已;非能贵于我也,更非能宰制我也。大而至于天地,小而至于蚊虻,其为一种自然之质,循自然之律而变化,皆与我同也。故曰:"天地与我并生,万物与我为一。"(《庄子》)然则中国古代之哲学,殆近于机械论者也。

此等动力,固无乎不在,是之谓"神"。《易·系辞》曰:"神无方而易无体。"(盈天地之间皆是,则不能偏指一物为神,故无体。)又曰:"阴阳不测之谓神。"(盈天地之间皆是,自然无论男女、雌雄、牝牡皆具之,男女、雌雄、牝牡皆具之,则无复阴阳之可言矣)又曰:"惟神也,故不疾而速,不行而至。"又曰:"无思也,无为也,寂然不动,感而遂通天下之故;非天下之至神,其孰能与于此?"(言其充塞乎宇宙之间,故无从更识其动相)亦指此等动力言之也。此等动力,既无乎不在,则虽谓万物皆有神可也,虽谓物即神可也。故曰:"鬼神之为德,其盛矣乎。体物而不可遗。"(《礼记·中庸》)神即物,物即神,则孰能相为役使?故曰"吹万不同,使其自已;咸其自取,怒者其谁"也(《庄子·齐物论》)。然则中国古代之哲学,又可谓之无神论,谓之泛神论也。

此等哲学思想，为百家所同具。至东周以后，乃推衍之于各方面，而成诸子之学焉。盖其时世变日亟，一切现象，皆有留心研究之人。而前此一种哲学，入于人人之心者既深，自不免本之以为推。其原既同，则其流虽异，而仍必有不离其宗者在。此周、秦诸子之学，所以相反而相成也。今试略举数端以明之：古代哲学，最尊崇自然力。既尊崇自然力，则只有随顺，不能抵抗。故道家最贵"无为"。所谓"无为"者，非无所事事之谓，谓因在自然，不参私意云耳。然则道家之所谓"无为"，即儒家"为高必因丘陵，为下必因川泽"之意；亦即法家"绝圣弃智"，专任度数之意也。自然之力，无时或息。其在儒家，则因此而得"自强不息"之义焉。其在道家之庄列一派，则谓"万物相刃相靡，其行如驰"，"一受其成形，不亡以待尽"，因此而得委心任运之义焉。自然力之运行，古人以为如环无端，周而复始。其在道家，则因此而得"祸福倚伏"之义；故贵"知白守黑，知雄守雌"。其在儒家，则因此而得穷变通久之义，故致谨于治制之因革损益。其在法家，则因此而得"古今异俗，新故异备"之义；而商君等以之主张变法焉。万物虽殊，然既为同一原质所成，则其本自一。夫若干原质凝集而成物，必有其所以然，是之谓"命"；自物言之则曰"性"（性与生本一字，故告子曰"生之谓性"，而孟子驳之以"白之为白"也）。"性命"者，物所受诸自然者也。自然力之运行，古人以为本有秩序，不相冲突（《礼记·礼运》曰："事大积焉而不苑，并行而不缪，细行而不失；深而通，茂而有间；连而不相及也，动而不相害也。"《中庸》曰："万物并育而不相害，道并行而不相悖。"皆极言天然之有秩序，所谓顺也）。人能常守此定律，则天下可以大治；故言治贵"反诸性命之情"，故有"反本""正本"之义。儒家言尽性可以尽物，道家言善义生者可以托天下，理实由此。抑《春秋》之义，正次王，王次春；言"王者欲有所为，宜求其端于天"；而法家言形名度数，皆原于道；亦由此也。万物既出于一，则形色虽殊,原理不异。故老贵"抱一",孔贵"中庸"。抑宇宙现象,既变动不居,则所谓真理,只有变之一字耳。执一端以为中,将不转瞬而已失其中矣。故贵"抱一"而戒"执一",贵"得中"而戒"执中"。"抱一","守中",又即"贵虚""贵无"之旨也(“抱一”者,抱无一可抱之一。“得中”者,得无中可得之中)。然则一切现象正唯相反,然后相成。故无是非善恶之可言,而"物伦"可齐也。夫道家主因任自然,而法家主整齐划一,似相反矣。然所谓整齐划一者,正欲使天下皆遵守自然之律,而绝去私意;则法家之旨,与道家不相背也。儒家贵仁,而法家贱之。然其言曰:"法之为道,前苦而长利;仁之为道,偷乐而后穷。"则其所攻者,乃姑息之爱,非儒家之所谓仁也。儒家重文学,而法家列之五蠹。然其言曰:"糟糠不饱者,不务粱肉;短褐不完者,不待文绣。"则亦取救一时之急尔。秦有天下,遂行商君之政而不改,非法家本意也。则法家之与儒家,又不相背也。举此数端,余可类推。要之古代哲学之根本大义,仍贯通乎诸子之中。有时其言似相反者,则以其所论之事不同,史谈所谓"所从言之者异"耳。故《汉志》谓其"譬诸水火,相灭亦相生"也。必明乎此,然后能知诸子学术之原;而亦能知诸子以前,古代哲学之真也。

诸子中惟墨家之学为特异。诸家之言,皆似无神论、泛神论,而墨家之言"天志""明鬼",则所谓"天",所谓"鬼"者,皆有喜怒欲恶如人。故诸家之说,皆近机械论,而墨子乃独非命。予按墨子之志,盖以救世,而其道则出于禹。《淮南·要略》云:"墨子学儒者之业,受孔子之术。以为其礼烦扰而不悦,厚葬靡财而贫民,服伤生而害事(“服”上盖夺“久”字);故背周道而用夏政。"孙星衍《墨子后叙》,因此推论墨学皆原于禹,其说甚辩。予按古者生计程度甚低,通国之内,止有房屋一所,命曰明堂(说本阮氏元,见《揅经室集·明堂论》),为一切政令所自出(读惠氏栋《明堂大道录》可见)。《汉·志》云:"墨家者流,盖出于清庙之守,茅屋采椽,是以贵俭;养三老五更,是以兼爱;选士大射,是以尚贤;宗祀严父,是以右鬼;顺四时而行,是以非命;以孝视天下,是以尚同。"茅屋采椽,明堂之制也。养三老五更,学校与明堂合也。选士大射,后世行于泽宫;然选士本以助祭,其即在明堂宜也。宗祀严父,清庙明堂合一之制也。顺四时而行,盖《礼记·月令》《吕览·十二纪》《淮南·时则训》所述之制,所谓一切政令,皆出明堂也。明堂既与清庙合,以孝视天下,说自易明。《论语》:"子曰:禹,吾无间然矣。菲饮食,而致孝乎鬼神;恶衣服,而致美乎黻冕;卑宫室,而尽力乎沟洫。""致孝乎鬼神""致美乎黻冕",则宗祀严父之说也。卑宫室,则茅屋采椽之谓也。《礼记·礼运》:"孔子曰:我欲观夏道,是故之杞;而不足征也,吾得《夏时》焉。"所谓《夏时》者,《郑注》以《夏小正》之属当之,而亦不能质言。窃以《月令》诸书所载,实其遗制。夏早于周千余岁,生计程度尚低,政治制度亦简,一切政令,皆出明堂,正是其时。周之明堂,即唐、虞之五府,夏之世室,殷之重屋,乃祀五帝之所《史记·五帝本纪索隐》引《尚书·帝命验》)。五帝者:东方青帝灵威仰,主春生;南方赤帝赤熛怒,主夏长;西方白帝白招拒,主秋成;北方黑帝汁光纪,主冬藏;而中央黄帝含枢纽,则寄王四时;以四时化育,亦须土也。盖以天地万物,同为自然之力所成,乃进化以后之说。其初则诚谓有一天神焉,"申出万物","阴隲下民";继又本"卑者亲视事"之义,造为所谓五帝,以主四时化育;而昊天上帝耀瑰宝,则"居其所而众星拱之"而已。君德之贵无为,其远源盖尚在此。夫学说之变迁,必较制度为速。以孔子之睿智,岂尚不知五行灾变之不足凭;然其删订六经,仍过而存之者,则以其沿袭既久,未可骤废故也。然则夏之遗制,犹存于周之明堂,正不足怪。墨子所取之说,虽与诸家异,又足考见未进化时之哲学矣(墨子救世之志,诚可佩仰。然其学不久即绝,亦未始不由于此。以是时哲学业已大进，而墨子顾欲逆行未进化时之说故也）。

诸子派别：《史记·太史公自序》述其父谈之论，分为阴阳、儒、墨、名、法、道德六家。《汉志·诸子略》，益以纵横家，杂家，农家，小说家为十家，其中去小说家为九流。此外兵家、数术、方技、《汉志》各自为略，而后世亦入子部。按兵家及方技，其为一家之学，与诸子十家同。数术与阴阳家，尤相为表里。《汉志》所以析之诸子之外者，以本刘歆《七略》，《七略》所以别之者，以校书者异其人，《七略》固书目，非论学术派别之作也。十家之中：阴阳家为专门之学，不易晓。小说家无关宏旨[九流之学，皆出王官，唯小说家则似起民间。《汉志》所谓"街谈巷议，道听涂（途）说者之所造，间里小知者之所及"也。《庄子·外物篇》："饰小说以干县令，其于大达亦难矣。"《荀子·正名篇》："故知者论道而已矣，小家珍说之所愿皆衰矣。"所谓"饰小说"及"小家珍说"，似即《汉志》之小说家。盖九流之学，源远流长，而小说则民间有思想、习世故者之所为；当时平民，不讲学术，故虽偶有一得，初不能相与讲明，逐渐改正，以薪进于高深；亦不能同条共贯，有始有卒，以自成一统系；故其说蒙小之名，而其书乃最多。《汉志》小说家之《虞初周说》，至九百四十三篇，《百家》至百三十九卷是也。其说固未尝不为诸家所采，如《御览》八百六十八引《风俗通》，谓"城门失火，殃及池鱼"，本出《百家书》是。然徒能为小说家言者，则不能如苏秦之遍说六国，孟子之传食诸侯；但能饰辞以干县令，如后世求仕于郡县者之所为而已。墨家上说之外，更重下教。今《汉志》小说家有《宋子》十八篇，实治墨学者宋钘所为；盖采小说家言特多也。古之所谓小说家者如此；后世寄情荒怪之作，已非其伦；近世乃以平话小说之名，则益违其本矣]。农家亦专门之学，可暂缓。纵横家《鬼谷子》系伪书。其真者《战国策》，今已归入史部。所最要者，则儒、墨、名、法、道及杂家六家而已。儒家之书，最要者为《孟子》，又《礼记》中存儒家诸子实最多，今皆已入经部。存于子部者，惟一《荀子》。此书真伪，予颇疑之。然其议论，固有精者；且颇能通儒法之邮；固仍为极要之书也。墨家除《墨子》外，更无传书（《晏子春秋》，虽略有墨家言，而无甚精义）。名家《经》及《经说》见《墨子》；其余绪论，散见

《庄子》《荀子》及法家书中。法家:《商君书》精义亦少,间有之,实不出《管》《韩》二子之外。道家又分二派:(一)明"欲取姑与""知雄守雌"之术,《老子》为之宗;而法家之《管》《韩》承其流。(一)阐"万物一体""乘化待尽"之旨,其说具于《庄子》。《列子》书晚出,较《庄子》明白易解,然其精深,实不逮《庄子》也。而杂家之《吕览》《淮南》,兼综九流,实为子部瑰宝。《淮南王书》,虽出西汉,然所纂皆先秦成说,精卓不让先秦诸子也。兵家精义,略具《荀子·议兵》《吕览·孟秋、仲秋二纪》《淮南·兵略》,及《管子》中言兵法诸篇。医经、经方,亦专门之学,非急务。然则儒家之《荀》,墨家之《墨》,法家之《管》《韩》,道家之《老》《庄》,杂家之《吕览》《淮南》,实诸子书中最精要者;苟能先熟此八书,则其余子部之书,皆可迎刃而解;而判别其是非真伪,亦昭昭然白黑分矣(读此八书之法:宜先《老》,次《庄》,次《管》《韩》,次《墨》,次《荀》,殿以《吕览》《淮南》;先《老》《庄》者,以道家专言原理,为诸家之学所自出也;次《管》《韩》者,以法家直承道家之流也;次《墨》,以见哲学中之别派也;《荀子》虽隶儒家,然其书晚出,于诸子之学,皆有论难,实兼具杂家之用,以之与《吕览》《淮南》,相次并读,可以综览众家,考见其异同得失也)。

　　读诸子书者,宜留意求其大义。昔时治子者,多注意于名物训诂、典章制度,而于大义顾罕研求。此由当时偏重治经,取以与经相证;此仍治经,非治子也。诸家固亦有知子之大义足贵,从事表章者。然读古书,固宜先明名物制度;名物制度既通,而义乃可求。自汉以后,儒学专行,诸子之书,治之者少;非特鲜疏注可凭,抑且乏善本足据,校勘训释,为力已疲。故于大义,遂罕探讨。善夫章太炎之言曰:"治经治子,校勘训诂,特最初门径然。大略言之:经多陈事实,诸子多明义理。校勘训诂而后,不得不各有所主。故贾、马不能理诸子,而郭象、张湛不能治经。"(《与章行严论墨学第二书》,见《华国月刊》第四期)胡适之亦谓"治古书之法有三:(一)校勘,

（二）训诂，（三）贯通。清儒精于校勘训诂，于贯通工夫，尚有未逮"（见所著《中国哲学史大纲》上卷第一篇），诚知言之选也。今诸子之要者，经清儒校勘训释之后，近人又多有集解之本，初学披览，已可粗通。若求训释更精，及以其所述制度，互相比较，并与群经所述制度相比较（制度以儒家为详，故以诸子所述制度与经比较尤要），则非初学所能。故当先求其大义。诸家大义，有彼此相同者，亦有相异者。相同者无论矣，即相异者，亦仍相反而相成。宜深思而求其会通；然后读诸子书，可谓能得其要。至于校勘疏解，偶有所得，亦宜随时札记，以备他日之精研。读书尚未终卷，即已下笔千言，诋排先儒，创立异说，此乃时人习气，殊背大器晚成之道，深愿学者勿效之也（凡人著书，有可速成者，有宜晚出者。创立新义，发前人所未发；造端宏大，欲求详密，断非一人之力所能；只可姑引其端，而疏通证明，则望诸异人，或俟诸后日；此可早出者也。此等新义之发明，恒历数百千年而后一见。乃时会为之，非可强求；亦决非人人可得。至于校勘考证之学，正由精详，乃能得闻。必宜随时改订，以求完密；苟为未定之说，不可轻出误人。今人好言著书，而其所谈者，皆校勘考证之事，此则私心期期以为不可者也）。

读古书固宜严别真伪，诸子尤甚（秦、汉以后之书，伪者较少，辨别亦较易，古书则不然。古书中之经，治者较多，真伪已大略可睹，子又不然也）。然近人辨诸子真伪之术，吾实有不甚敢信者。近人所持之术，大要有二：（一）据书中事实立论，事有非本人所能言者，即断为伪。如胡适之摘《管子·小称篇》记管仲之死，又言及毛嫱、西施，《立政篇》辟寝兵兼爱之言，为难墨家之论是也。（二）则就文字立论，如梁任公以《老子》中有偏将军、上将军之名，谓为战国人语（见《学术讲演集》评胡适之《中国哲学史大纲》）；又或以文字体制之古近，而辨其书之真伪是。予谓二法皆有可采，而亦皆不可专恃。何则？子为一家之学，与集为一人之书者不同，前已言之。故读子者，不能以其忽作春秋时人语,忽为战国人之言,而疑其书之出于伪造;犹之读集者,不能以其忽祖儒家之言,忽述墨家之论,而疑其文非出于一人。先秦诸子,大抵不自著书。今其书之存者,大抵治其学者所为;而其纂辑,则更出于后之人。书之亡佚既多;辑其书者,又未必通其学(即谓好治此学;然既无师授,即无从知其书之由来,亦无从正其书之真伪;即有可疑者,亦不得不过而存之矣);不过见讲此类学术之书共有若干,即合而编之,而取此种学派中最有名之人,题之曰某子云耳。然则某子之标题,本不过表明学派之词,不谓书即其人所著;与集部书之标题为某某集者,大不相同。集中记及其人身后之事,及其文辞之古近错出,固不足怪。至于诸子书所记事实,多有讹误,此似诚有可疑;然古人学术,多由口耳相传,无有书籍,本易讹误。而其传之也,又重其义而轻其事;如胡适之所摘庄子见鲁哀公,自为必无之事。然古人传此,则但取其足以明义,往见者果为庄子与否,所见者果为鲁哀公与否,皆在所不问。岂唯不问,盖有因往见及所见之人,不如庄子及鲁哀公之著名,而易为庄子与鲁哀公者矣。然此尚实有其事,至如孔子往见盗跖等,则可断并其事而无之。不过作者胸中有此一段议论,乃托之孔子、盗跖耳;此则所谓"寓言"也。此等处若据之以谈史实,自易谬误;然在当时,固人人知为"寓言"。故诸子书中所记事实,乖谬者十有七八,而后人于其书,仍皆信而传之。胡适之概断为当时之人,为求利而伪造;又讥购求者之不能别白;亦未必然也(误之少且小者,后人或不能辨;今诸子书皆罅漏百出,谬误显然,岂有概不能辨之理)。设事如此,行文亦然。今所传五千言,设使果出老子,则其书中偏将军、上将军,或本作春秋以前官名,而传者乃以战国时之名易之。此则如今译书者,于书中外国名物,易之以中国名物耳。虽不免失真,固与伪造有别也。又古人之传一书,有但传其意者,有兼传其词者。兼传其词者,则其学本有口诀可诵,师以是传之徒，徒又以是传之其徒；如今瞽人业算命者，以命理之书口授其徒然。此等可传之千百年，词句仍无大变。但传其意者，则如今教师之讲授，听者但求明其意即止；迨其传之其徒，则出以自己之言；如是三四传后，其说虽古，其词则新矣。故文字气体之古近，亦不能以别其书之古近也，而况于判其真伪乎？今各家学术，据其自言，皆有所本。说诚未必可信《淮南子·修务训》已言之，然亦不能绝无关系。如管夷吾究但长于政事，抑兼长于学问，已杂质言。即谓长于学问，亦终不似著书之人。然今《管子·戒篇》载流连荒亡之说，实与孟子引晏子之言同《梁惠王下》篇；《晏子春秋》亦载之；则此派学术，固出于齐；既出于齐，固不能断其与管仲无关也《中小匡篇》所述治制，即或为管仲之遗。其他自谓其学出于神农、黄帝者视此《孟子》"有为神农之言者许行"，梁任公谓其足为诸子托古之铁证。其意谓许行造作言语，托之神农也然此语恐非如此解法。《礼记·曲礼》下篇："医不三世，不服其药。"《疏》引又说云："三世者：一曰黄帝针灸；二曰神农本草；三曰素女脉诀，又云夫子脉诀。"然则"神农本草"四字，乃一学科之名。今世所传《神农本草经》，非谓神农氏所作之《本草经》；乃谓神农本草学之经，犹今言药物学书耳。世多以其有后世郡县名，而訾其书非神农氏之旧，误矣。《月令》：季夏之月，"毋发令以妨神农之事"。此"神农"二字，决不能作神农氏解。然则诸书所引神农之教，如"一男不耕，或受之饥；一女不织，或受之寒"云云，亦非谓神农氏之教，乃谓神农学之说矣。"有为神农之言者"，为当时治治，与《汉书·武帝纪》"丞相绾奏：所举贤良，或治申、商、韩非、苏秦、张仪之言"句法相同。《汉志》论农家者流曰："鄙者为之，以为无所事圣王，欲使君臣并耕"，正许行之说；初非谓其造作言语，托之神农也。夫神农、黄帝、管仲，诚未必如托之者之言；然其为此曹所托，亦必自有其故；此亦考古者所宜究心矣。要之古书不可轻信，亦不可抹煞。昔人之弊，在信古过甚，不敢轻疑；今人之弊，则又在一概吐弃，而不求其故。楚固失之，齐亦未为得也。

明乎此，则知诸子之年代事迹，虽可知其大略，而亦不容凿求。若更据诸子中之记事以谈古史，则尤易致误矣。盖古书之存于今，而今人据为史料者，约有数种：（一）史家所记，又可分为四种：《尚书》，一也。《春秋》，二也。《国语》，三也（孔子所修之《春秋》，虽为明义而作，然其原本则为记事之书。《左氏》真伪未定，即真，亦与《国语》同类也）。世系，四也。此最可信。（二）私家纪事之作。其较翔实者，如孔门之《论语》；其务恢侈者，则如《管子·大中小匡》三篇是也。前者犹可置信，后者则全不足凭矣（古代史家所记之事，诚亦未必尽信。然较诸私家传说，则其谨严荒诞，相去不啻天渊。试取《大中小匡》三篇一读便见。此三篇中，《大匡》前半篇及《小匡》中"宰孔赐胙"一段，盖后人别据《左氏》一类之书补入，余则皆治法学者传述之辞也）。（三）则诸子中之记事。十之七八为寓言；即或实有其事，人名、地名及年代等，亦不可据；彼其意，固亦当做寓言用也。据此以考事实，苟非用之十分谨慎，必将治丝益棼。夫诸子记事之不可尽信如此；而今人考诸子年代事迹，顾多即以诸子所记之事为据；既据此假定诸子年代事迹，乃又持以判别诸子之书之信否焉，其可信乎？一言蔽之，总由不知子与集之异，太重视用做标题之人，致有此误也。

　　吾谓整治诸子之书，仍当着重于其学术。今诸子书亟待整治者有二：（一）后人伪造之品，窜入其中者。（二）异家之言，误合为一书者。盖诸子既不自著书；而其后学之著书者，又未尝自立条例，成一首尾完具之作；而其书亡佚又多；故其学术之真相，甚难窥见。学术之真相难见，则伪品之窜入自易，异家之误会亦多。夫真伪混淆，则学说湮晦；异家错处，则流别不明；此诚足为治诸子学之累；故皆急宜拣剔。拣剔之法，仍宜就其学术求之，既观其同，复观其异；即其同异，更求其说之所自来；而求其所以分合之由。如是，则诸子之学可明；而诸子之学之根源，及其后此之兴替，亦可见矣。此法今人必讥其偏于主观；然考校书中事实及文体之法，既皆不足恃，则仍不能不出于此也。

旧时学者,于吾国古书,往往过于尊信,谓西方学术,精者不出吾书。又或曲加附会,谓今世学术,皆昔时所已有。今之人则适相反,喜新者固视国故若土苴;即笃旧者,亦谓此中未必真有可取,不过以为旧有之物,不得不从事整治而已。此皆一偏之见。平心论之:社会科学之理,古人皆已引其端;其言之或不如后世之详明,而精简则远过之。截长补短,二者适足相偿也。且古代思想,恒为后世学术风俗之原;昧乎其原,则于其流终难深晓。诸子为吾国最古之学;虽其传久晦,而其义则已于无形中蒸为习尚,深入于人人之心。不知此者,其论世事,纵或持之有故,终不免隔河观火之谈。且真理古今不异,苟能融会贯通,心知其意,古书固未必不周今用;正可以今古相证而益明也。唯自然科学,中国素不重视;即有发明,较诸今日,亦浅薄已甚,稍加疏证,不过知古代此学情形如何,当做史材看耳。若曲加附会,侻然自大,即不免夜郎之诮矣。

读诸子者,固不为研习文辞。然诸子之文,各有其面貌性情,彼此不能相假;亦实为中国文学,立极于前。留心文学者,于此加以钻研,固胜徒读集部之书者甚远(中国文学,根柢皆在经、史、子中,近人言文学者,多徒知读集,实为舍本而求末;故用力多而成功少;予别有论)。即非专治文学者,循览讽诵,亦足以祛除鄙俗,涵养性灵。文学者美术之一;爱美之心,人所同具;即不能谓文学之美,必专门家乃能知之,普通人不能领略也。诸子之文,既非出于一手,并非成于一时。必如世俗论文者之言,谓某子之文如何,固近于凿;然其大较亦有可言者。大约儒家之文,最为中和纯粹。今《荀子》虽称为儒,其学实与法家近;其文亦近法家。欲求儒家诸子之文,莫如于《小戴记》中求之;前已论及。道家黄老一派,文最古质。以其学多传之自古,其书亦非东周时人所撰也(见后)。《庄子》文最诙诡,以当时言语程度尚低,而其说理颇深,欲达之也难,不得不反复曲譬也。法家文最严肃。名家之文,长于剖析;而法家论事刻核处,亦实能辨别毫芒。以名、法二家,学本相近也。《墨子》文最冗蔓。以其上说下教,多为愚俗人说法,故其文亦随之而浅近也(大约《墨子》之文,最近当时口语)。纵横家文最警快,而明于利害。《战国策》中,此等文字最多;诸子中亦时有之;说术亦诸家所共习也。杂家兼名、法,合儒、墨,其学本最疏通,故其文亦如之;《吕览》《淮南》实其巨擘。而《吕览》文较质实,《淮南》尤纵横驰骋,意无不尽,则时代之先后为之也。要之言为心声,诸子之学,各有专门,故其文亦随之而异,固非有意为之;然其五光十色,各有独至之处,则后人虽竭力模仿,终不能逮其十一矣。以今语言之,则诸子之文,可谓"个性"最显著者,欲治文学者,诚不可不加之意也。

论吴越文化^①

论吴越古代文化,求之传记,可征者甚少,必发掘之业益盛,乃能明之,今仅能言其崖略而已。盖民之资生,莫急于衣食居处。居寒地者多食鸟兽之肉,居热地者多食草木之实。中国古代,二者兼有,究以食草木之实者为多。耕稼之业,实自兹而起。皮服与卉服并行,卉服亦必较盛,故农夫皆黄衣黄冠,绩麻盖由此发明。蚕桑古称盛于北,其原起亦必在南。以《易》言黄帝、尧、舜垂衣裳,其时固犹在东南,未迁西北也。南方巢居,北方穴居,而言宫室者必曰上栋下宇,不闻以陶复陶穴自居,则亦以南方之居高明,革北方之处卑暗也。更进言之,生计之舒,必借通功易事。《史记》谓自大皥以来,则有钱矣,固臆说不足据;《说文·贝部》,云"古者货贝而宝龟,周而有泉,至秦废贝行钱",说较可信。泉币至周始有,则殷以前皆用贝矣。此实隆古民族起自海滨之铁证也。《说苑》云:"子路鼓瑟,有北鄙之声。孔子曰:先王之制音也,奏中声,为中节,流入于南,不归于北。"《修文》礼乐为化民之具,二者相为表里,乐主南则礼可知。《楚辞·天问》一篇,备摄宗教哲学之义,先秦诸子言宇宙论者,曾莫能加。是则道德学术,亦皆原于南也。

---

① 此文曾收入《吕思勉读史札记》,上海古籍出版社 1982 年版。

古代文化,盖初植于扬州,西渐于荆、梁,而大盛于徐、兖。何以言?古言出治,必始人皇。人皇者,遂人也(天皇、地皇,乃后来附会之说,余别有考)。遂人始知用火,实进化之大原也。《春秋纬》言遂人出旸谷,分九河,绝无他证,恐据万物始于东方之义臆言之,"九河"并恐系"九州"之误。继遂人者伏羲,其后有任、宿、须句、颛臾;继伏羲者神农,即大庭,鲁有大庭氏之库,则地皆确实可征矣。《礼运》言后圣有作,修火之利,范金合土;《御览·皇王部》引《古史考》,谓遂人钻燧出火,教人熟食,铸金作刃;观后来冶铸之业,南盛于北,则遂人当在扬州。抑古代帝王,功德在民,有实迹可指者,遂人而外,莫如有巢。《韩子·五蠹》,即以二者并言。《庄子·盗跖》,无遂人之名,所谓"知生之民",即指遂人也。有巢氏地亦无考。《遁甲开山图》谓在琅邪,然此书全不足信。巢居必依茂林,疑亦当在扬州矣。然则华族初兴,实在江海之会,羲、农乃其分枝北出者耳。此北出之枝派,文明反盛于其故乡,则以古代徐、兖,下隰宜农之故。夫下隰之地,非修沟洫无以事耕耘;而苟事耕耘,亦不虑其无刈获。水功勤则人治修,刈获丰则资生厚,而文明大启矣。此隆古开化之情形,可以追想者也。

黄帝崛兴,实为史事一大变。黄帝诛蚩尤于涿鹿,而身仍处于涿鹿之阿。涿鹿所在,旧说有三:一上谷,二涿郡,三彭城也。余初信涿郡之说,以史言黄帝迁徙往来无常处,又其战也,教熊罴貔貅䝙虎,类于游牧人之为。阪泉、涿鹿之战,实河北游牧之族,扰河南耕稼之民也。由今思之,殊不其然。迁徙往来无常处,特言其武功之盛,非谓其为行国;不然,何又曰邑于涿鹿之阿乎?教熊罴貔貅䝙虎,正足征其尚在南方。《孟子》言尧时水患曰:"兽蹄鸟迹之道,交于中国。"(《滕文公》上)其言纣之罪状曰:"园囿污池,沛泽多而禽兽至。"计周公之功曰:"驱虎豹犀象而远之。"(《滕文公》下)而《周书·世俘》，言武王狩禽，猫虎熊罴，多至千百。则自商奄至江南仍为禽兽逼人之地，盖水患甚而农业荒也。洪水之患，为古代文明自东南转入西北之一大关键。其事似始于炎、黄之际。《管子》言黄帝之王，烧山林，破增薮，焚沛泽，正与《孟子》言"益烈山泽而焚之"同（《滕文公》上）。《周书》言阪泉氏徙居独鹿（《史记集解》）。阪泉者，神农之末世；独鹿即涿鹿，盖蚩尤之居，其地实在彭城。蚩尤既灭，则黄帝居之，而使其子弟分治神农氏故地。

史言青阳降居江水，昌意降居若水，是也。江水、若水，后人以今四川之长江、雅砻江释之，此实大误。《汤诰》曰："东为江，北为济，西为河，南为淮。"（《史记·殷本纪》引）则古以江在东方，青阳之所居可知。《吕览·古乐》言颛顼生自若水，实处空桑。空桑者，《左氏》昭公二十九年，蔡墨言少昊氏有四叔，世不失职，遂济穷桑；定公四年，祝鮀谓伯禽封于少暤之虚；则杜《注》谓穷桑地在鲁北者，不误。王菉友云："盖芔本作屮。若字盖亦作屮，即屮之重文；加口者，如商字之象根形。"（《释例》）此说甚精。古谓日出榑桑，若水盖亦桑水之误，其当在东方不疑也。然则蜀山即涿鹿之山，昌意盖取蚩尤氏女，故《大荒北经》《风俗通义》，咸以颛顼为黎苗之先。然昌意虽与蜀山昏媾，而姬、姜二姓之争，则仍未已。传记言颛顼共工之争则是。《祭法》曰："共工氏之霸九州也，其子曰后土，能平九州。"《管子》曰："共工氏之王，水处十之七，陆处十之三，乘天势以隘制天下"（《揆度》），则共工在当时，实为姜姓一强国。《淮南》言"共工振滔洪水，以薄空桑"，其所争者，正神农氏故地也。自颛顼至尧，绵历年岁，卒见流于幽州。盖姜姓丧败之余，终不敌姬姓方张之焰。然姬姓虽克定共工，而兖州之地，卒亦不可复处。传记言禹之治水，时愈晚则愈侈。遂至谓江、淮、河、济，罔不施功，实则非是。禹之自言曰："予决九川，距四海，浚畎浍距川。"（《皋陶谟》）九者数之究，九川特言其多。四海者，中国之外。中国无定境，则四海亦无定在。浚畎浍距川，则孔子所谓尽力乎沟洫者也。后土与禹，治水不可谓不力，然终不能澹沈灾。华族之居兖州者，乃稍稍西北徙。尧都究在何处，今难质言，舜之传说甚多，孟子谓为东夷之人，实最可信。舜在东，则尧不得在西。后世谓尧都晋阳，或谓都平阳，盖以叔虞封于河汾，因唐之旧云尔；此或尧之后裔，必非尧身处于是也。武王谓有夏之居，自洛汭延于伊汭，则西迁之业，实至禹而告成；华族文化，自此寝盛于西北矣。然徐、兖之间，遗徽未沫，故夏甫衰而殷又自东方起。汤居亳，亳之所在，异说纷如，王静安谓即《左氏》庄公十一年公子御说奔亳之亳，最为近之。盖古事传于后者，率经春秋战国时人之手，必据其时之地名，以述古事也。仲丁迁于隞，或曰在河北，或曰敖仓，未知孰是，要在亳西北；河亶甲居相；祖乙迁邢；盘庚渡河南，复成汤之故居；武乙复徙河北；盖始终向西北进。而东南之地，据前所引《周书》《孟子》，仍为旷废之区，盖水患后迄未能兴复也。周初之奄，中叶之徐偃王，虽声势甚张，卒不能与周敌，盖以此。然齐、楚未兴以前，徐、兖之地，固东南之名区，而西北之劲敌也。当兹雍、豫、徐、兖，纷纭变化之时，华族之留居荆、扬者，以火耕水耨，渔猎山伐，饮食还给，不忧冻饿，稍流于些窳偷生，治化遂落后，转藉北迁之族，南归为之反哺焉。楚自荆山开拓至郢，泰伯、无余之后入于吴则是也。文化之传播岂不异哉！职是故，南方所传古史，实仍与北方无异。读《离骚》《天问》及伍子胥谏夫差之辞可知。舜生姚上，为后世之上虞；耕历山在余姚；渔雷泽在具区；避尧子在百官桥；大禹陵在山阴；巫咸冢在常熟；泰伯城在无锡；皆是物也。谓夏、殷、周之后，有播迁至是者，而其史迹随之以传则可；谓其人本居是，事即在是，则实不可。故谓吴、越古代文化，传记可考者甚少也。然则遂无可考乎？曰：是亦不然。盖无可考者，其氏族部落若国家之行事；而有可考者，则其民间开化之迹也。且如冶铸之技，械器之所由利，耕作之所资，亦战斗之所赖也。蚩尤尸作兵之名，固非黄帝之族弦木为弧、剡木为矢者所能逮，其遗迹之在南方者，则如《水经·渐江水注》曰："石帆山西连会稽，东带若邪溪，《吴越春秋》所谓欧冶涸以成五剑。溪水下注太湖，湖水自东亦注江通海，其东有铜牛山。"又如《资水注》，谓益阳有井数百口，皆古人采金沙处。可见南方坑冶夙兴。此并非蚩尤之所教，必其民族久闲于是，蚩尤乃因以作兵也。《渐江水注》又谓秦望山南有樵岘，岘里有大城，越王无余之旧都。此未必然，然古代南方，久有都邑，则可知矣。《庐江水注》言西天子障，犹有宫殿故基，可想见障名所由得。《述异记》言庐山上有康王谷，颠有一城，号为钊城，传云周康王之城。城中每得古器大鼎弓弩之属。傅诸康王非是，然亦必古代南方名国，声明名物颇盛者也。此等皆并国名而不传，无论系世行事矣。南方史迹之难知，实由简策之传太少。然南方固非无文字。《庐江水注》言："庐山之南，有上霄石。上霄之南，又有大禹刻石。"此实南方古国铭刻，正如登封、泰岱之有刻石。将来此等物发见较多，必可补史籍之阙。

释 仁①

  道之高者必通，通者必合人我，忘利害。苟犹有人我利害之见存，未有能合天道者也。

  孔门之言道，莫高于仁。孔子曰："道二，仁与不仁而已矣。"《《孟子·离娄上》》又曰："苟志于仁矣，无恶也。"《《论语·里仁》》又曰："君子而不仁者有矣夫，未有小人而仁者也。"《《论语·宪问》》其言之决绝如此；然则所谓仁者，果何如哉？

  子曰："民之于仁也，甚于水火。水火，吾见蹈而死者矣；未见蹈仁而死者也。"《《论语·卫灵公》》孟子曰："不仁者可与言哉？安其危而利其菑，乐其所以亡者。不仁而可与言，则何亡国败家之有？"又曰："三代之得天下也以仁，其失天下也以不仁，国之所以废兴存亡者亦然。今恶死亡而乐不仁，是犹恶醉而强酒。"《《离娄上》》其言仁之有利无害，决然如此。然孔子又曰："志士仁人，无求生以害仁；有杀身以成仁。"《《论语·卫灵公》》则是为仁者不免于杀身也。然则非泯利害之见，不足以言仁也审矣。子曰："仁者必有勇。"《《论语·宪问》》言其能临利害而不惑也。又曰："仁者不忧。"《《论语·子罕》》言其本不欲利，故无不利之时；无不利之时，自无可忧也。然则圣人非

① 此文曾收入《论学集林》，1987 年上海教育出版社出版。

能教人得世俗之所谓利也,能教其祛欲利之心耳(《论语·颜渊》:"司马牛问君子,子曰:君子不忧不惧。曰:不忧不惧,斯谓之君子矣乎?子曰:内省不疚,夫何忧何惧。"苟不仁,则不免损人以利己,损人以利己,则内省疚而忧惧随之矣。斯言看似平易,而行之实艰)。

墨子言兼爱,而孟子诋为无父,似言仁不能无等差矣。然"仲弓问仁,子曰:己所不欲,勿施于人"(《论语·颜渊》),恕之事也。孟子亦曰:"强恕而行,求仁莫近焉"(《尽心上》),此岂尚有人我可分乎?《中庸》曰:"仁者,人也,亲亲为大;义者,宜也,尊贤为大,亲亲之杀,尊贤之等,礼所生也。"所以不得不言亲亲,不得不言尊贤,且不得不有杀有等;乃各亲其亲,各子其子,以贤勇知,以功为己之世,事势不得不然,而岂道之本然哉?然则墨者夷之谓"爱无差等,施由亲始"(《孟子·滕文公上》),其说实不背于儒。儒墨之道,可通为一也(儒家辟墨千言万语,皆自小康之世言之,若大同之世,则荡荡平平,本无差等也)。夫惟不分人我者,人莫能与之敌,何也?苟欲敌之,是自为敌也。故曰:"仁不可为众也夫!国君好仁,天下无敌!"(《孟子·离娄上》)

孔子曰:"仁远乎哉?我欲仁,斯仁至矣!"(《论语·八佾》)又曰:"有能一日用其力于仁矣乎?我未见力不足者。"(《里仁》)其言之之易如此。然忘人我,泯利害,则人所视为至难者也。何哉?人之本心,本无人我之分,利害之见。所以有之者,皆事势使然也。故曰:"仁义礼智,非由外铄我也,我固有之也。"(《孟子·告子上》)惟君子能全其仁于事势万难之际,亦惟君子能革易斯世,使事势无阻。凡人皆克全夫仁也,不知革易斯世,而欲望人人克全夫仁,则以贲育、乌获责孺子矣。此后世儒者之失,孔孟无此说也。

仁之道大如此,顾其言之,亦有时若甚浅近者。子曰:"巧言令色,鲜仁矣。"(《论语·学而、阳货》两见)又曰:"刚毅木讷近仁。"(《子路》)又曰:"仁者其言也讱。"(《颜渊》)然则但谨于辞色之间,遂足以为仁矣乎？非也。仁者必无人我之见存，无人我之见，尚何自炫以取媚于人之有？务自炫以取媚于人，则其人我之见深矣，是则与于不仁之甚者矣。远不仁，斯近仁矣。故曰："我未见好仁者，恶不仁者，好仁者，无以尚之。恶不仁者，其为仁矣，不使不仁者，加乎其身。"（《里仁》）恶不仁不可遂云仁，然求仁之端也。抑以道仁与不仁之义言之，则又不可谓之不仁也。然则巧言令色之不仁，审矣。故《集注》谓"圣人辞不迫切。言鲜，则绝无可知"也，可不深自警哉！

释　因①

　　因之道，诸子百家言之详矣。虽儒家，亦不能不以此为务也。因之道，有施之天者，"作大事必顺天时，为朝夕必放于日月，为高必因丘陵，为下必因川泽"是也（《礼记·礼器》。《孟子·离娄上篇》亦曰："为高必因丘陵，为下必因川泽。"）。有施之治民者，"因民之所利而利之，择可劳而劳之"是也（《论语·尧曰》）。有施之敌者，"因重而抚之"，"亡者侮之，乱者取之"是也（《左氏》襄公十四年："晋中行献子曰：史佚有言曰：因重而抚之。仲虺有言曰：亡者侮之，乱者取之，推亡固存，国之道也。"又三十年："子皮曰：仲虺之志云：乱者取之，亡者侮之，推亡固存，国之利也。"又案《周书·武称》："距险伐夷，并小夺乱，□强攻弱，而袭不正，武之经也。伐乱、伐疾、伐疫、武之顺也。贤者辅之，乱者取之，作者劝之，息者沮之，恐者惧者欲者趣之，武之用也。"与《左氏》所引史佚仲虺之言相出入，盖古兵家言）。大抵人之力，至大而不可遂。故曰："以欲从人则可，以人从欲鲜济。"（《左氏》僖公二十年臧文仲之言。又昭公四年，子产对楚灵王曰："求逞于人不可，与人同欲尽济。"）韩子曰："使匠石以千岁之寿，操钩，视规矩，举绳墨，而正大山；使贲育带千将而齐万民；虽尽力于巧，极盛于寿，大山不正，民不能齐。"（《大体》）可谓言之深切著明矣。《孟子》曰："恶于智者，为其凿也。若禹之行水也，则无恶于智矣。禹之行水也，行其所无事也；如智者亦行其所无事，则智亦

---

　　①　此文曾收入《论学集林》，上海教育出版社 1987 年出版。

大矣。"(《离娄下》)行其所无事者,因之谓也。所因者有事焉,因之者未尝有事也。惟未尝有事,乃能有成,此因之精义也。

自然之德在于信,信则必可知也。故曰:"天之高也,星辰之远也,苟求其故,千岁之日至,可坐而致也。"惟其信也,故逆之必败,顺之则必有成,此随顺万物之义所由来也。《管子》曰:"有道之君,其处也若无知,其应物也若偶之。"(《心术》)此君人者,治国之术也。庄子述慎到之说曰:"推而后行,曳而后往,至于若无知之物而已。"(《天下》)此匹夫自处之道也。而其要,尽于庄周"无建己之患"五字。惟无建己,故无用知之患,而能动静不离于理也。此即孔子所谓"无可无不可"(《论语·微子》)。其所以致之者,则"毋意毋必毋固毋我"也(《论语·子罕》)。然则治人之道,与修己之道,无二致焉。故曰:"吾道一以贯之也。"(《管子》亦曰:"君子之处也若无知,言至虚也。其应物也若偶之,言时适也。若影之象形,响之应声也。故物至则应,过则舍矣,舍矣者,言复所于虚也。")

惟能因也,故或见利而不为,以违于道者,似利而实非利也。《管子·白心篇》所言是也。《白心篇》曰:"建当立,有以靖为宗,以时为实,以政为仪,和则能久。非吾仪,虽利不为;非吾当,虽利不行;非吾道,虽利不取;上之随天,其次随人。人不倡不和,天不始不随。"以政为仪,非吾仪,虽利不为,法家所以戒释法而任心治也。故儒、法二家之道,实亦相通。

释大顺①

儒家之言治，莫高于大顺。大顺之说，见于《礼运》。其说曰："四体既正，肤革充盈，身之肥也。父子笃，兄弟睦，夫妇和，家之肥也。大臣法，小臣廉，官职相序，君臣相正，国之肥也。天子以德为车，以乐为御；诸侯以礼相与；大夫以法相序；士以信相考；百姓以睦相守；天下之肥也，是谓大顺。大顺者，所以养生送死事鬼神之常也。故事：大积焉而不苑，并行而不缪，细行而不失，深而通，茂而有间，连而不相及也，动而不相害也，此顺之至也。故明于顺，然后能守危也。故礼之不同也，不丰也，不杀也，所以持情而合危也。故圣王所以顺，山者不使居川，不使渚者居中原，而弗敝也。用水火金木饮食，必时。合男女，颁爵位，必当年德。用民必顺，故无水旱昆虫之灾，民无凶饥妖孽之疾。故天不爱其道，地不爱其宝，人不爱其情。故天降膏露，地出醴泉，山出器车，河出马图。凤凰麒麟，皆在郊椒；龟龙在宫沼；其余鸟兽之卵胎，皆可俯而窥也；则是无故。先王能修礼以达义，体信以达顺，故此顺之实也。"言治至此，可谓豪发无遗憾矣。论者或曰：西京儒者，不言祥瑞。言祥瑞者，西汉末叶，王莽之徒之为也。是不然，董仲舒对策曰："阴阳

---

① 此文曾收入《论学集林》，上海教育出版社 1987 年出版。

调而风雨时，群臣和而万民殖，五谷孰而草木茂。天地之间，被润泽而大丰美；四海之内，闻盛德而皆徕臣，诸福之物，可致之祥，莫不毕至，而王道终矣。"非以瑞应为治之至者乎？不言者，当时之治，固不足以言瑞应。且宣帝之世，言凤凰降者，固连翩矣。安知当时儒者，无导谀贡媚之徒，特无传于后邪？且经典之言瑞应者，非独《礼运》也。《礼器》曰："因名山以升中于天，因吉土以飨帝于郊。升中于天，而凤凰降，龟龙假；飨帝于郊，而风雨节，寒暑时。是故圣人南面而立，而天下大治。"《乐记》曰："夫古者，天地顺而四时当，民有德而五谷昌，疾疢不作，而无妖祥，此之谓大当。"《大戴记·诰志》曰："圣人有国，则日月不食，星辰不孛，海不运，河不满溢，川泽不竭，山不崩解，陵不弛，川谷不处，深渊不涸；于是龙至不闭，凤降忘翼，鸷鸟忘攫，爪鸟忘距，蜂虿不螫婴儿，蚊虻不食天驹，雉出服，河出图。"《论语·子罕》："子曰：凤鸟不至，河不出图，吾已矣夫！"皆与《礼运》相出入。抑非独儒家也，《管子·小匡》曰："昔人之受命者，龙龟假，河出图，洛出书。"《庄子·马蹄》曰："至治之世，其行填填，其视颠颠。当是时也，山无蹊隧，泽无舟梁；万物群生，连属其乡；禽兽成群，草木遂长，是故禽兽可系羁而游，鸟鹊之巢，可攀援而窥。"其言与《二戴记》《论语》，同出一本，亦显而易见也。是何邪？是古人之知识短浅，不知人事而欲徼福于不可知之数邪？非然也。《祭统》曰："福者，备也。备者，百顺之名也。无所不顺者谓之备。"然则大顺云者，亦人事无所不尽，天瑞无所不臻之谓耳。瑞应之来，若由于天，而实由于人。何也？如其三年耕，则有一年之畜；九年耕，则有三年之畜；以三十年之通，虽有凶旱水溢，民无菜色。如此，虽有水旱，谓有水旱得乎？古昔情形，非有史官记录，特口相传达耳。十口相传，不能审谛。小康之治既作，大同之世云遥，乃有强者胁弱，众者暴寡，知者诈愚，勇者苦怯，疾病不养,老幼孤独,不得其所之事,追怀古昔,乃觉其苦乐之悬殊,而津津乐道之。然于古昔之事,知之不审谛也,则以为天瑞之骈臻云尔。且人虽至仁,安能感物,然古言瑞应,必极之于凤凰降龟龙假者,《荀子·王制》曰:"养长时则六畜育,杀生时则草木殖,圣王之制也。草木荣华滋硕之时,则斧斤不入山林;鼋鼍鱼鳖鳅鱣孕别之时,罔罟毒药不入泽;污池渊沼川泽,谨其时禁,故鱼鳖优多,而百姓有余用也。斩伐养长,不失其时,故山林不童,而百姓有余用也。故禽兽草木之滋殖,亦人事为之也。"自后世言之,则曰"摘巢毁卵,则凤凰不翔;刳胎焚夭,则麒麟不至。"(《公羊》宣公元年《解诂》)一若非人事所致,而德化所感云尔,亦不审谛之辞也。然则所谓瑞应者,其说固不审谛,其言则非无由矣。此诸家之所以共传之与?

儒家之无善治也,自其以大同之义,附诸小康之治始也。盖郅治之极,必依于仁(《礼运》曰:"仁者顺之体也。")。仁者,不分人我之谓也。亦既知有人我矣,则终不能尽相人偶之道,而克全夫仁。人虽至仁,安能及物。所谓尽物性者,亦不过养长生杀得其时,使足供人用而无乏耳。此惟不独亲其亲,不独子其子,货恶其弃于地也,不必藏于己;力恶其不出于身也,不必为己之世为能然。至于各亲其亲,各子其子,货力为己之世,则人我分而争夺起,人与人相处之道必不能尽。人与人相处之道不能尽,则人之所以处置夫物者,亦必不能尽其道矣。稍以陵夷,终至大坏,此山林之所以童,而川泽之所以竭也。而儒者乃以修礼达义,体信达顺,望诸世及以为礼,城郭沟池以为固之大人。《经解》曰:"天子者,与天地参,故德配天地,兼利万物,与日月并明,明照四海,而不遗微小。"《中庸》曰:"声名洋溢乎中国,施及蛮貊,舟车所至,人力所通,天之所覆,地之所载,日月所照,霜露所坠,凡有血气者,莫不尊亲。"皆《礼运》所谓"天子以德为车,以乐为御";《礼器》所谓"圣人南面而立"也。董仲舒遂推言之曰："为人君者，正心以正朝廷，正朝廷以正百官，正百官以正万民，正万民以正四方；四方正，远近莫敢不壹于正，而亡有邪气奸其间。"以是致瑞应而为王道之终，其言之甚美，而不悟所操者之非其具也。此道家之言之所以为得实与（所谓大同之治者，古人盖皆知其有此一境，而莫能审其在于何时。乃皆以意附会道家主无君之治，故所附会者，较得其实）？《礼运》记者，记礼之运，而始于大同。盖非不知此义者，其以大同之治，责望于世及之君，岂亦望其渐致小康，以为后图与？定哀多微辞，下士笑大道，弗可知已！

小说丛话^①

一

今试游五都之市，十室之肆，观其书肆，其所陈列者，十之六七，皆小说矣。又试接负耒之农，运斤之工，操奇计赢之商，聆其言论，观其行事，十之八九，皆小说思想所充塞矣。不独农工商也，即号为智识最高之士人，其思想，其行事，亦未尝不受小说之感化。若是乎小说之势力，弥漫渐渍于社会之中，吾国今日之社会，其强半直可谓小说所造成也，小说之势力亦大矣。

小说之势力，所以能若是其盛者，其故何欤？曰：小说者，近世的文学，而非古代的文学也。此小说所以有势力之总原因，而其他皆其分原因也。何谓近世文学？近世文学者，近世人之美术思想，而又以近世之语言达之者也。凡人类莫不有爱美之思想，即莫不有爱文学之思想，然古今人之好尚不同，古人所以为美者，未必今人皆以为美也。即以为美矣，而因所操之言语不同，古人所怀抱之美感，无由传之今人，则不得不以今文学承其乏。今文学则小说其代表也，且其位置之全部，几为小说所独占（吾国向以白话著书者，小说

① 此文原载《古代文学理论研究丛刊》第六辑，上海古籍出版社 1982 年出版。

外,殆无之,即有之,亦非美术性质,不得称为文学)。全国之中,有能通小说而不能读他种书籍者,无能读他种书籍而不能读小说者。其大多数不识字不能读书之人,则其性质亦与近世文学为近,语之以小说则易入,语之以他种书籍则难明,此小说势力弥漫社会之所由也。

近世文学之特质有三:一曰切近。古代文学之所述,多古人之感想,与今人之感想或格格不相入。近世文学,则所述者多今人之感想,切近而易明,传所谓法后王,为其近古而俗变相类,论卑而易行也。一曰详悉。凡言语愈进化则愈详明,故古文必简,今文必繁。小说者,极端之近世文学也,故其叙事之精详,议论之明爽,迥非他种书籍所及。一曰皆事实而非空言。此非谓近世文学不可以载理想也,特习惯上凡空漠之理想,均以古文达之耳(以今文载理想,诚有不如古文之处,此由古文为思想高尚之人所用,今文则为一般普通人所使用也,此其理甚长,当别论)。凡读书者,求事实则易明,论空理则难晓,此又尽人之所同矣。凡此三者,皆近世文学之特质,而惟小说实备具之,此其所以风行社会,其势力殆如水银泻地,无孔不入也。

小说势力之盛大,既如此矣,其与社会之关系果若何?近今论之者甚多,吾以为亦皆枝叶之谈,而非根本之论也。欲知小说与社会之关系,必先审小说之性质,明于小说之性质,然后其所谓与社会之关系,乃真为小说之所独,而非小说与他种文学之所同也。小说之性质,果何如邪?为之说者曰:小说者,社会现象之反映也,曰:人间生活状态之描写也,此其说固未尝不含一面之真理,然一考诸文学之性质,而有以知其说之不完也。何则?凡号称美术者,决无专以摹拟为能事者也,专以摹拟为能事者,极其技不过能与实物等耳。世界上亦既有实物矣,而何取乎更造为?即真能肖之,尚不足取,况摹造者之决不能果肖原物乎(如蜡人之于人是已。亦有一种美术,专以摹拟肖物为能者,如宋人之刻楮叶是也,此别是一理)?夫美术者,人类之美的性质之表现于实际者也,美的性质之表现于实际者,谓之美的制作。凡一美的制作,必经四种阶段而后成。所谓四种阶段者:一曰模仿。模仿者,见物之美而思效其美之谓也。凡人皆有能辨美恶之性,物接于我,而以吾之感情辨其妍媸,其所谓美者,则思效之,其所谓不美者,则思去之(美不美为相对之现象,效其美即所以去其不美也)。丑若无盐,亦欲效西施之颦笑,生居僻陋,偏好袭上国之衣冠,其适例也。二曰选择。选择者,去物之不美之点而存其美点之谓也。接于目者,不止一色;接于耳者,不止一音,色与色相较而优劣见焉,音与音相较而高下殊焉。美者存之,恶者去之,此选择之说也。能模仿矣,能选择矣,则能进而为想化,此为三也;想化者,不必与实物相触接,而吾脑海中自能浮现一美的现象之谓也。艳质云遥,闭目犹存遐想,八音既致,倾耳若有余音,皆离乎实物之想象也,人既能离乎实物而为想象,则亦能综错增删实物而为想象。姝丽当前,四支百体,尽态极妍,惟稍嫌其长,则吾能减之一分,稍病其短,则吾能增之一寸,凡此既经增减之美人,浮现于脑海之际者,已非复原有之美人,而为吾所综错增减之美人矣,此所谓想化也。能想化矣,而又能以吾脑海中之所想象者表现之于实际,则所谓创造也,此为四也。合是四者,而美的制作乃成,故美的制作者,非摹拟外物之谓,而表现吾人所想象之美之谓也。吾人所想象之美的现象之表现,则吾人之美的性质之表现也。盖人之欲无穷,而又生而有能辨别妍媸之性,惟生而有能辨别妍媸之性也,故遇物辄有一美不美之观念存乎其间。惟其欲无穷也,故遇一美的现象,辄思求其更美者,而想化之力生焉。想化既极,而创造之能出焉,如徒以摹拟而已,则是人类能想象物之美,而不能离乎物而为想象也,非人之性也。

美术之性质既明,则小说之性质亦于焉可识已。小说者,第二人间之创造也,第二人间之创造者,人类能离乎现社会而为想象,因能以想化之力,造出第二社会之谓也。明乎此,而小说与社会之关系亦从可知矣。

凡人类之所以营营逐逐者,其果以现社会为满足邪? 抑将于现社会之外,别求一更上之境邪? 此不待言而可知也。夫人类既不能以现社会为满足,而将别求一更上之境,则其所作为,必有为求一更上之境而活动者,此社会变动之所由也。此等作为,必非无意识之举动,必有其所蕲向之目的,而其所蕲向之目的,必有为之左右者,则感情是。能左右感情者,则文学是。夫人类之所谓善恶者,果以何标准而定之,曰:感情而已矣。感情之所好者善也,感情之所恶者恶也,虽或有时指感情之所恶者为善,好者为恶,此特一时之所好,有害于将来之所好,或个体之所好,有害于群体之所好,究其极,仍不外以好恶为善恶之标准也。然则人类之活动,亦就其所好,违其所恶而已矣。人类之好恶,不能一成而不变,其变也,导之以情易,喻之以理难,能感人之情者,文学也。小说者,文学之一种,以其具备近世文学之特质,故在中国社会中最为广行者也。则其有诱导社会使之改变之力,使中国今日之社会,几若为小说所铸造也,不亦宜乎。

小说之分类可自种种方面观察之,第一从文学上观察可分为如下之区分:

凡文学,有以目治者,有以耳治者,有界乎二者之间者。以耳

治者,如歌谣是(徒歌曰谣,谓不必与乐器相联合也)。必聆其声,然后能领略其美者也,如近世所歌之昆曲,词句已多鄙俚,京调无论矣。近人所撰俚俗无味之风琴歌,更无论矣。然而人好听之者,其所谓美,固在耳而不在目也。设使此等歌词,均不能播之弦管,而徒使人读之,恐除一二著名之曲本外,人皆弃之如土苴矣,此所谓文之美以耳治者也。以目治者,凡无韵之文皆属之,不论其为文言与俗语也。小说中如《聊斋志异》,如《阅微草堂笔记》,则文言也。如《水浒》,如《红楼梦》,则俗语也。而皆属于文学中散文之一类,即皆属于目治之一类。盖不必领略其文字之声音,但目存而心识之,即可以领略其美者也。兼以耳目治之者,则为有韵之文,如诗赋,如词曲,如小说中之弹词,皆是也。此等文字之美,兼在其意义及声音,故必目观之,心识之,以知其意义之美,亦必口诵之,耳听之,而后能知文字相次之间,有音调协和之义存焉,二者缺其一,必不能窥其美之全也,此所谓兼以耳目治之者也。此种文学,所以异于纯以耳治之文学者,彼则以声音为主,文辞为附,所谓按谱填词,心求协律,虽去其词,其律固在,而徒诵其词,必不能知其声音之美。此则声调之美,即存乎文字之中,诵其词,即可得其音,去其词,而其声音之妙,亦无复存焉者矣。盖一则先有声音之美,而后附益之以文辞,一则为文辞之中之一种尔。凡文必别有律以歌之而后能见其美者,在西文谓之 Declamation,日本人译曰朗读。但如其文字之音诵之,而即可见其美者,在西文曰 Recitation,日本人译为吟诵。其不需歌诵,但目识而心会之,即可知其美者,在西文曰 Reading,日本人译曰读解。

小说之美,在于意义,而不在于声音,故以有韵无韵二体较之,宁以无韵为正格。而小说者,近世的文学也,盖小说之主旨,为第二人生之创造。人之意造一世界也,必不能无所据而云然,必先有物焉以供其想化，而吾人之所能想化者，则皆近世之事物也。近世之事物，惟近世之言语，乃能道之，古代之言语，必不足用矣（文字之所以历世渐变，今必不能与古同者，理亦同此）。故以文言俗语二体比较之，又无宁以俗语为正格。吾国小说之势力，所以弥漫于社会者，皆此种小说之为之也，若去此体，则小说殆无势力可言矣。

小说自其所叙事实之繁简观察之，可分为：

复杂小说
单独小说

二者。复杂小说，即西文之 Novel。单独小说，即西文之 Romance 也。

单独小说以描写一人一事为主，复杂小说则反之，单独小说可用自叙式，复杂小说多用他叙式，盖一则只需述一方面之感情理想，一则须兼包多方面之感情理想也。复杂小说篇幅多长，单独小说篇幅多短，复杂小说同时叙述多方面之情形，而又须设法使此各个独立之事实，互相联结成一大事，故材料须弘富，组织须精密，撰著较难。单独小说只述一人一事，偶有所触，便可振笔疾书，其措语只一方面之情形须详，若他方面则多以简括出之，即于实际之情形，不甚了了，亦不至不能成篇。二者撰述之难易，实有天渊之隔也。

单独小说宜于文言，复杂小说宜于俗语，盖文言之性质为简括的，俗语之性质为繁复的也。观复杂小说与单独小说撰述之难易，而文言与俗语，在小说中位置之高下可知矣。

今更举复杂小说与单独小说明切之区别如下：

单独小说者，书中惟有一主人翁，其余之人物，皆副人物也。副人物之情形，其有关于主人翁者，则叙述之，其无关于主人翁者，则不叙也。故副人物者，为主人翁而设焉者也，虽有此人物，而其意并不在描写此人物，仍在于描写主人翁也，故单独小说者，以描写一人一事为主旨者也。凡西洋小说，多为单独小说，若《茶花女》《鲁滨孙漂流记》等，其适例也。中国之短篇小说，亦多属此类，如《聊斋志异》，其适例也。

复杂小说者，自结构上言之，虽亦有一主人翁，然特因作者欲组织许多独立之事实，使合成一事，故藉此人以为之线索耳，其立意则不在单描写此一人也。故其主人翁，一书中可有许多，如《红楼梦》，十二金钗皆主人翁也，柳三郎、尤小妹亦主人翁也，即刘姥姥、焦大亦为主人翁，断不能指宝玉或黛玉为主人翁，而其余之人皆为副人物也。何也？以著书者于此等人物，固皆各各独立加以描写，而未尝单描写其关于主人翁之一方面也。欲明此例，以《儒林外史》证之，最为适切，读此书者，虽或强指虞博士或杜少卿为主人翁，然其非显而易见矣，盖作者之意，固在于一书中描写多种人物也。要之单独小说，主人翁只有一个，复杂小说，则同时可有许多，而欲判别书中之人物，孰为主人翁，孰非主人翁，则以著书者于其人物曾否加以独立之描写为断，盖一则为撰述主旨上之主要人物，一则为其结构线索上之主要人物也。

然则复杂小说之不得不用俗语，单独小说之不得不用文言，其故可不烦言而解矣。盖复杂小说同时须描写多方面之情形，其主旨在详，详则非俗语不能达。单独小说其主旨只在描写一个人物，端绪既简，文体自易简洁，于文言较为相宜也。而复杂小说之多为长篇，单独小说之多为短篇，其故又可知矣。盖一则内容之繁简使然，一则文体之繁简使然也。

复杂小说感人之深，百倍于单独小说，盖凡事愈复杂则愈妙，美的方面亦然，固不独文学，亦不独小说也。即以知的方面论，人亦恒为求知之心所左右,如遇奇异之事常好探究其底蕴是也,所以好探究其底蕴者,以欲窥见此事物之全面,而不欲囿于一部分耳,应于人类此两种欲望,而求所以满足之,则复杂小说,实较单独小说为适当。何者?以复杂小说自知的方面论之,则能描写一事实之全体(复杂小说其主旨虽在描写各个独立之事实,于一书中备载各方面之情形,然于文字组织上,必将各种事实联结穿贯,恰如合众小事成一大事者然,故自其目的上言之,可谓为同时描写各方面之情形,自其文字组织上言之,又可谓备写一事之全体也),使人类如观一事而备见其里面侧面者然。如写一恶人多方设计以陷害善人,在复杂小说则可自善人恶人两面兼写之,使此二人之性情行为历历如绘,单独小说则只能写恶人陷害善人时之行动,而其背后种种图谋设计之情形,不能备举矣。如兼写之便成复杂小说。是不啻观一事,但见其正面而未见其反面侧面也,其不足餍人求知之心,无俟言矣。至情的方面,则愈复杂而愈见其美,单独之不如复杂更无待论也。

欧美小说较之中国小说,多为单独的,此其所以不如中国小说之受人欢迎也。

二、残　　稿

体制上之分类

笔记体　此体之特质,在于据事直书,各事自为起讫。有一书仅述一事者,亦有合数十数百事而成一书者,多寡初无一定也。此体之所长,在其文字甚自由,不必构思组织,搜集多数之材料,意有所得,纵笔疾书,即可成篇,合刻单行,均无不可。虽其趣味之浓深,不及章回体,然在著作上,实有无限之便利也。

章回体　此体之所以异于笔记体者,以其篇幅特长,书中所叙之事实极多,亦极复杂,而均须首尾连贯,合成一事,故其著作之难,实倍蓰于笔记体,然其趣味之浓深,感人之力之伟大,亦倍蓰之而未有已焉。盖小说之所以感人者在详,必于纤悉细故,描绘靡遗,然后能使其所叙之事,跃然纸上,而读者且身入其中而与之俱化,而描写之能否入微,则于其所用之体裁,实有关系焉。此章回体之小说所以在小说界中占主要之位置也,凡用白话及弹词体之小说多属此种,即传奇实亦属于此类。

性质上之分类

武力的　亦可名为英雄的,若《水浒传》其代表也,此派所长,在能描写武健侠烈之人物,以振作社会尚武之精神,然为之者或不知正义与法律为何物,专描写一粗豪武健之人。其极变为强盗主义,则流弊亦不免矣。

写情的　亦可名为儿女的,若《红楼梦》其代表也,夫世界本由爱情而成,男女之爱情,实为爱情之最真挚者,由此描绘,诏人以家庭压制之流毒,告人以社会制裁之非正义,且导人以贞信纯洁,不相背弃之美风,亦未始于风俗无益,但为之者多不知道德为何物,且亦绝无高尚之感情,非描写一佻㒓无行之人,号为才子,则提倡淫乐主义。描写富贵之家,一夫多妻之恶习,使社会风俗日趋卑污,罪不可胜诛矣。

神怪的　此派小说以迎合社会好奇心为主义,专捏造荒诞支离不可究诘之事实,若《封神传》其代表也,于社会无丝毫之益,而有邱山之损;盖习俗迷信之深,此派小说与有力焉矣(如关羽有何价值,而举世奉为明神,非《三国演义》使之然乎?)。而其撰述亦最易,盖可随笔捏造,不必根于事实也。英雄、儿女、鬼神为中国小说三大元素,凡作小说者,其思想大抵不能外乎此,且有一篇之中,三者错见,不能判别其性质者,又有其宗旨虽注重于一端,而亦不能偏废其他之二种者,此由社会心理使然,不能以此衡作者之短长也。

社会的　此派小说以描写社会恶浊风俗,使人读之而知警惕为主旨,若《儒林外史》其代表也,最为有利无弊,但佳作不数觏,不善者为之,往往口角笔锋流于尖薄,无及惩劝,只成笑谈、为可惜耳,故欲作此种小说者,道德心尤不可缺,道德心缺乏而能为良好之社会小说者,未之前闻也。斯言似迂,其理实信,愿为小说者一深思之。

历史的　此派小说其所叙述事实之大体以历史为根据,而又以己意捏造种种之事实,以辅佐其趣味者也。其所述之事实大抵真者一而伪者九,若《三国演义》其代表也。小说之作,所以发表理想,叙述历史,本非正旨,然一事实之详细情形,史家往往以格于文体故,不能备载,即载之亦终不能如小说之详,苟得身历其事者,本所闻见,著为一书,则不特情景逼真,在文学上易成佳构,亦可作野史读矣。又历代正史,多有依据官书,反不如私家记载之得实者,苟得好读杂史之人,刺取一时代之遗闻轶事,经纬组织,著成一书,使览者读此一编,如毕读多种之野史,则于学问亦未始无益,而惜乎能符此两种宗旨者,绝不可得见,而徒造为荒诞不经之言,以淆乱史实,是则有损而无益也。

科学的　此种小说中国旧时无之,近来译事勃兴,始出见于社会,盖由吾国人科学思想不发达故也。夫小说之性质,贵于凌虚,科学之性质,贵于征实,二者似不相容,然近来科学进步,一日千里,其事虽庸,其理则奇,事奇斯文奇,苟有深通科学兼长文学之士覃精著述,未始不足于小说界中别开一生面也。

侦探的　此种小说亦中国所无,近来译事盛行,始出见于社会者也,中国人之作小说也,有一大病焉,曰不合情理,其书中所叙之事,读之未尝不新奇可喜,而按之实际,则无一能合者,不独说鬼谈神为然,即叙述人事处亦强半如是也。侦探小说为心思最细密,又须处处按照实际之作,其不能出现于中国,无足怪矣。

冒险的　此种小说亦得之移译,《鲁滨孙漂流记》之类是也,最足激发人民冒险进取之思想。中国近日民气委靡,尤须以此……〔下缺〕

军事的〔缺〕

小说者,事实的而非空言的也

凡事空谈玄理则难明,举例以示之则易晓,此读哲学书籍所以难于读历史也。孔子曰：我欲垂之空言。不如见之行事之深切著明,亦谓此也。凡著小说者,固各有其所主张,然使为空言以发表之,则一篇论说文字耳,必不能为社会所欢迎,今设为事实以明之,而其所假设者又系眼前事物,则不特浅而易明,且饶有趣味,其足以引人入胜宜矣。且法语难从,巽言易入。为空言以发表意见者侃侃直陈,排斥他人之所主张以伸张我之所主张,法语之类也。藉实事以动人者,初不必直陈其是非,但叙述事实使读者之喜怒哀乐,自然随之为转移,巽语之类也,其在文学上占一特别位置,不亦宜乎。

小说者,理想的而非事实的也

小说虽为事实的,然其事实乃理想的事实,而非事实的事实,此其所以易于恢奇也。夫人情于眼前习见之事物,恒不乐道,独至罕见之物,难逢之事,则津津乐道之,昼夜寒暑,更代迭推,水火阴阳,相生相灭,莫或措意,妖异灾祥,历数百数千年而一见,则农夫野老,传之口碑,学士文人,笔之载籍,皆是道矣。他种书籍多记载事实界之事实者,故不能十分恢奇,小说则记载理想界之事实者,理想界之事实无奇不有,斯小说亦无奇不有,其所以易擅胜场者,非著者才力使然,实材料使然也。

小说者,抽象的而非具体的也

理想界之事实,皆抽象的而非具体的,此其所以异于天然之事实也。夫观自然之景物者,有时转不如读图书之乐,实际之事物断不能如戏剧之足以动人,一抽象的,一具体的也。小说所述之事实皆为抽象的,故其意味校之自然之事,常加一倍之浓深,叙善人则愈见其善,叙恶人则愈见其恶,叙可爱之物则愈觉其可爱,状可憎之态则愈觉其可憎,……〔下缺〕

新旧文学之研究[①]

　　此为鄙人评改文字之评语，今投入本校周刊，以供大众之研究。

　　近人竞言新文学，而仆有怀疑者焉。既曰新，则必有以异于旧，然今之所谓新文学者，其异于旧之处安在乎？白话文非吾国所固有乎（不特《水浒》《红楼梦》等小说，必不能译成文言也，即官中文告、民间"劝善"之书，亦间有用白话者）？

　　然则所谓新文学者，果何谓乎？予谓文学者，一种美的制作品也（美术之一），心有美感，以言语（包括文字）为形式而表现之，是曰文学美感，人人所有也。今之识字能操笔为文者，固有美感矣。不能识字，不能操笔为文者，独无美感乎？其美感独不可以言语表示之乎？夫此等言语，笔之于书，即美文也。然而今竟不能，何以故？曰：由今者笔之于书，则不用今语而用古语故。夫笔之于书，则不用今语而用古语，则今人之美感，用言语表见之者，必翻成古语，然后能笔之于书矣。请问今人之言语，果能尽行翻成古语乎？曰：必不能。何以故？曰：今语若尽能翻成古语，则今古语意义同府。则今语即古语，则古语不变为今语矣（今之偏执文言者，每谓俗语能达之意，

　　①　此文原载《沈阳高师周刊》，1920 年出版。

文言亦无不能达。请问俗语中之"桌子""杌子",文言文中以"几""席"字代之,今有甲乙拌嘴,乙提起杌子,将甲打死,可云"以席击杀之"乎? 偏执白话者,又谓文言之意,俗语无不可达,请问昆曲中之"欲乘秦凤共翱翔,又恐巫山还是梦乡"可翻作"我很想同你结婚,不知能否办到乎"? 姑勿论其美不美,其意义对不对乎? 即舞台中之"走青山,望白云,家乡何在?"又如何翻法乎)。然则数千年来,因不能操古语故,其美感之不能表见之以文字,而不传于后者众矣。然则今者文体改用白话,是使向者具有美感,徒因不通古语故,遂不能表之以文字,以行远而传后者,今后将悉可以行远而传后也。然则白话者,所以使向者未曾成为制作品之文学,成为制作品者也。故曰:白话者,创造新文学之工具也。然今之作白话文者,其思想犹向者通文言之人之思想也。以是为白话文,不过改之乎……为什么……而已。向者"不通文字其美感永未能成为文学制品之人"之美感,固未能表见之于文字也(因社会有阶级,故通文言之人,与此等人全不接近,有时作文,描写下层社会之状况,抑或述说下层社会中人之思想。然所谓状况者,上层社会中人目中之下层社会状况,所谓思想者,上层社会中人臆度而得之下层社会中人的思想,非真下层社会中人心目中所有也。于此亦见中国文学有注重"写实主义"之必要)。今之白话文,仆固未能遍读,然虑无不如此者,然则径以今日之白话文为新文学者非也。

　　然则今后之趋势当如何? 曰:一方仍以文言为基础,但去其(一)太陈旧,不合今人之思想者,(二)去其专事涂泽(即专用古语砌成)而无真意者;力求与今人之思想言语接近,是为"文言的白话化",亦即"贵族文学的平民化",一方以口语为基础,出之于口,即笔之于书,是为"纯粹的白话文",而口语应自行修饰,同时亦应采用文言之长(如混用文言词句,及采用其语法等)。是为"白话的文言化"亦即"平民文学的贵族化",两者同时并进,并可参用外国语以附益之,是为"国语的世界化"。如是者,旁薄郁积,万流齐汇,及其结果,而新文学出焉。"人人有士君子之行"一语,中国人传为美谈,其中固亦含有一方面之真理,然实阶级的褊狭之语。果如所言,则但须"平民的贵族化"不须"贵族的平民化"矣。其实两者各有短长,正宜取人之长,去己之短,而非取人之长,不能去己之短,"平民文学的贵族化""贵族文学的平民化"两者宜同时并行。

《诗经》与民歌^①

　　《诗经》,在从前科举时代,不过因其为五经之一,考试起来是要出题目的,不得不读,所以大家读读而已。他的趣味何在,怕除少数所谓古典主义的文学家外,是不会懂得的。

　　从前的人,把《诗经》上的诗,看作并不是自述其衷曲的话,而首首都有其政治上的关系,这是最要不得的。这种见解,可以说都是中的《小序》的毒。《诗》分风、雅、颂三体,其中最主要的,自然是风。风是什么呢? 根本不过是妇人孺子、农夫野老脱口而出之作。须知古人有一个喜欢歌唱的习惯。所以说:"邻有丧,春不相;里有殡,不巷歌;适墓不歌,哭日不歌。"(《礼记·曲礼》)可见歌只是家常便饭。而其所歌的句子,都是临时做出来的,直到汉朝,还有此等风气。试看《史》《汉》所载:项羽的"力拔山兮气盖世",汉高祖的"大风起兮云飞扬",戚夫人的"子为王,母为虏",朱虚侯的"深根溉种,立苗欲疏",汉武帝的"瓠子决兮将奈何",燕刺王的"归空城兮狗不吠鸡不鸣",广陵厉王的"欲久生兮无终",李陵的"径万里兮绝沙漠"等歌,便可见得。汉人如此,三代以前,更不必说了,惟其如此,所以一听见就知道他是说的什

---

　　①　此文作于 1941 年,后收入《吕思勉论学丛稿》。

么，知道他胸中有何抑郁不平之处。古人说：天子巡守的时候，要"命大师陈诗，以观民风"（《礼记·王制》）。其在平时，则"男年六十，女年五十无子者，官衣食之，使之民间采诗，乡移于邑，邑移于国，国以闻于天子"。所以"王者不出牖户，尽知民之所苦；不下堂而知四方"；正因他们所唱的，都是"饥者歌其食，劳者歌其事"的临时作品啊（《公羊》宣公十五年注）！乃自《小序》说起来，则这一首是美某王也，那一首是刺某公也，我不知当时那些妇人孺子、农夫野老，是否会个个离开他的生活本位，而来管到政治？更不懂这些人何以都能觳懂得政治？

至于雅。太史公说："大雅言王公大人，德逮黎庶；小雅讥小己之得失，其流及上。"（《史记·司马相如传赞》）这不过是官民互有关系，人民口里说到官，就可以知道这个官对于人民有什么影响；人民口里说到自己，也可以因此而知道其时的官好坏如何。看的人虽然涉及政治，做的人还只就他自己的生活本位，说自己的话，安知他是凿指的某一人某一事呢？但做《小序》的人，居然能一首首的说得出来，而且郑玄还能觳用旁行斜上之体，替《诗经》做了一本谱，表明某诗是在某时，某地，为何事，对何人而作，这不是更可怀疑的么？

从前的人，此等穿凿附会之说，现在的人，自然是没有了。他把传、笺、小序等，都一扫而空。三家诗中，有少数说得出其本事的，如《柏舟》《芣苢》之类，也视为不足信。赤裸裸的，一味据著《诗经》本文推度。这似乎是很可靠的了，因为一切障翳，都一扫而空了。然而专据本文推度，必须时间相近，环境略同，才有所施其技。若地之相去也，千有余里；时之相去也，千有余岁；则一切环境，彼此大不相同，又安能以意逆志？我小时候所听民歌，现在还有几首记得的，试举两首为例：

高田水,低田流。伯母叔母当曙上高楼。高楼上,好望江。望见江心渡丽娘。丽娘:头上金钗十八对,脚下花鞋廿四双。金漆笼,银漆箱。青丝带,藕丝裳。问鸳鸯。团团排一转,排到癫痢郎。只图癫痢生得好,不图癫痢藏珍宝。

　　石榴花,红簇簇,三个姐儿同床宿。那个姐儿长?中间姐儿长。留着中间姐儿伴爹娘。伴到爹娘头发白,金漆笼,银漆箱,嫁与山村田舍郎。咸鱼腊肉不见面,苦珠蚕豆当干粮。一封书,上覆娘。一封书,上覆媒婆老花娘。长竹枪,枪枪起,枪脱媒婆脚踏底;短竹枪,枪枪出,枪破媒婆背脊骨。

这两首诗,是一看就知道他的意思的。前一首是金钱的势力,支配了婚姻,以致把生物界两性之间自然的选择作用倒转来了。第二首则是既伤婚姻的失时,而又受世俗所谓"乱说媒人"之害。谁也不会不懂,谁也不能曲解。试问今之所谓赤裸裸的研究,能如是软?譬如说"月出皎兮",明明是一首情诗之类,我不知其是何所见而云然啊!

一定有人要驳我道:"你所举的,乃是民歌中意思极显豁的两个例。民歌固然有如此的,但其意思含糊,无从解释;或者可以这样解释,又可以那样解释的,正多着呢。"不错! 这是事实。这样的民歌,我也能举得出一两首:

　　丁丁头,起高楼。高楼上,织丝绸。丝绸织得三丈八,送去哥哥做双袜。哥哥自有黄金带,嫂嫂自有缕罗裙。缕罗裙上一对鹤,鹤来鹤去鹤到丈母家。丈母床上红绫被,阿姨床上牡丹花。

　　摇大船,打大鼓,锣鼓船上客人多,为底弗搭我?

这两首歌,就是说不出它是什么意思的。因此,此等歌谣,就只有从前说诗的人所谓"诵义"，而没有其所谓"作义"。何谓诵义？诵义是念它的人，把它当作什么意思的。何谓作义？作义是做它的人，怀着什么意思去做的。作义只有个人有意的作品能有，个人无意的作品，就不能有的，何况歌谣，大多数不是个人的作品呢？然则何从据其本文以推度意思呢？以不可知之物，而必谓其可知；以本无意之物，而必谓其有意；今人说诗之法，自谓能一扫前人之谬，其实和前人正犯着同一的毛病。

古人的意思(无论其为诵义、作义)，既不可知，若说我们读了古人的诗，而引起一种感想，则即是我们的诵义，这诚然是足以欣赏的。然而读了古人的诗，引起自己的感想，亦必时代相近，环境略同，然后可能。在这种条件下，《诗经》比之唐、宋人的诗如何？所以现在人的崇拜《诗经》，我总不大能理解。

《小序》，我以为绝不足信，至于三家诗中所说的一小部分诗的本事，我以为倒是有几分确实性的，譬如《芣苢》，据鲁诗和韩诗说，是宋国人的女儿，嫁给蔡国人，而其夫有天阉之疾，其母劝其改嫁，而其女不肯，"乃作《芣苢》之诗"。这个固然很难保证其确实，然而古人所说诗的本事，本有两种，一种是某人为某一件事，做了一首诗，我们知道这件事，所以把它记述下来，成为这一首诗的传。还有一种，乃是我们知道某一个人有某一件事，而替他做了一首诗，如《孔雀东南飞》为焦仲卿妻作，就是一个好例。我们定要说《芣苢》是宋人之女，嫁为蔡人之妻者所作，其确实性小，若扩而充之，兼包或人闻宋人之女嫁为蔡人妻者之事而为之做一首诗，其确实性就较大了。芣苢就是现在的车前子，据《本草》，其物确生于蔡国附近，然则蔡国一带，可以有这一件事的传说，其确实性就更大了。所以古人的传说，要分别观之，盲从固非，一笔抹煞，也不是这么一回事。

一切事物，最美的总是自然的，人工做出来的，无论如何精巧，总不免矫揉造作，有些斧凿的痕迹，所以论文要以天籁为贵。天籁是文人学士，穷老尽气所不能到的，因为这不是可以用工力的事啊！姑以前举的四首民歌为例。"高田水，低田流，伯母叔母当曙上高楼。高楼上，好望江。望见江心渡丽娘"，在表面上看起来，只是叙事，然而所适非人之意，已寓乎其中，此即古人之所谓比兴。比兴之所以可贵，乃因其意在此而言在彼，可以避免直接的过分的刺激，而且能引起丰富的想象。此义原非诗人所不知，后世的论诗，也贵寓言情于写景，而不贵直率言情，就是为此。然而文人学士做起来，能如此之自然么？这就是天籁和人籁之别。"头上金钗十八对，脚下花鞋廿四双，金漆笼，银漆箱，青丝带，藕丝裳"，读来觉得非常绮丽，然而极其明白易解，绝不要用什么字眼、古典涂泽，此乃所谓不著色之艳。只有不著色之艳，浓淡能恰到好处。用字眼、古典涂泽，好的也不免失之太浓，有意求声希味淡，又不免失之太淡了，这也是人籁不及天籁之处。"问鸳鸯"以下，音节突然短促。凡是短促的音节，总是含有悲愤凄楚之意的。此调用于此处，恰甚适宜，这也是天籁。有一位化学家对我说："中国文字的程度低极了，万万不觳用的。"我问他："何以见得？"他说："即以颜色字论。现在的颜色，奚翅数百千种？中国却只有青、黄、赤、白、黑等几十个字，如何觳用呢？"我说："你怕调查错了古话了罢？要晓得中国的颜色字，共有几个，是不能专据字书的，请你到绸缎铺子里去看看有许多颜色字，单看字书，是不会知道他有颜色的意义的。如妃字湖字即是。"他说："虽然如此，比外国还少得多。"我说："这是由于中国的颜色比外国少，不是语言的贫乏。倘使有新的颜色产生，或者输入，中国人自然会替他造出新名词来，用不着你着急。"他的意思，到底不很信。从前有一个人，对一位英国的贵妇人说:"伦敦人头发的总茎数,一定比世界上的总人数为多。"贵妇人虽不能驳他,却总不很相信。这位化学家,也未免有些像这位伦敦的贵妇人了。这些旁文,且不必说它。"藕丝裳"的"藕"字,在古典主义的文学中,就不能用作颜色字。如其用之,那也是参用白话的,决不是严格的古典主义文学。遇到此等情形,自然的口头话,做古典主义文章的人,就不能说;要说,也要遵守许多规律,不能自然地说了;这是天籁、人籁之所由分。第二首中,"咸鱼腊肉不见面,苦珠蚕豆当干粮",咸鱼腊肉是两种实物,苦珠却无其物,只是用来形容蚕豆的,两物还只是一物。用文人的格律评论起来,一定要说对得不匀称了。然而读起来绝不觉其不匀称,这亦是天籁的自然之妙。可见得文人学士的格律,有些是自寻窄路的。诗的好处,全在乎怨而不怒。一怒就伧父气了。"长竹枪,枪枪起,枪脱媒婆脚蹯底;短竹枪,枪枪出,枪破媒婆背脊骨";可谓怨毒之于人甚矣哉;然而读来仍觉其怨而不怒。这是因为竹枪并不是杀人的凶器,而只是小孩的玩具。用竹枪去刺人,根本只是小孩儿无意识的话,听来并不使人精神紧张,而反觉得有些滑稽的意味,就不致有累美感了。这也是言语自然之妙。

第三、四首,都是无所指的,可以随意解释的。第四首显而易见,无待辞说。第三首,若用旧时说诗的法子说起来:"丁丁头,起高楼",我们可以说:喻自处之高洁也。"高楼上,织丝绸",喻靖献之勤也。"丝绸织得三丈八",而不过"送哥哥做双裤",卑以自牧也。"哥哥自有黄金带,嫂嫂自有缦罗裙",送去做裤的丝绸,必不见省录矣。疾君之蔽于亲昵,不察疏远之行也。"缦罗裙上一对鹤,鹤来鹤去鹤到丈母家,丈母床上红绫被,阿姨床上牡丹花",伤君为近习所蔽,耽于游乐,失其威仪也。如此解释,固然决非作者的意思,然而在君主时代,行吟泽畔的孤臣,却不能禁其不作如是想,此即所谓诵义。于此,可以知道《小序》致误之原。缘古人好谈政治,歌谣本不关政治的,念到他们的口里,都发生出政治上的意义来。一变,就说做诗的人也是如此,把诵义变成了作义。再一变,就把什么人为什么事而作等等,都附会上去了。所以致误总是逐渐的,非一朝一夕之故。

有人说:"你既赞成天籁,天籁是要使用口语的,为什么你又不赞成白话诗呢?"殊不知诗是源于歌谣的,歌谣和普通的语言,根本是两物,不是一物。现在的白话诗,只是语言的调儿啴缓一些的,根本只是散文,至多有些像赋,决不会发达而成为诗。把他和民歌比较,就显然可见。现在的民歌,和两千多年前的乐府,还显然无甚异同,可见得一个民族,口中歌唱的调儿变革之难。老实说:倘无外来的新物事搀入,怕其变化的速度,要缓慢得出乎想象之外的。几千年的时间,真算不得什么。中国人歌唱的调儿,只有诗到词是一变(词之仍原于诗者除外),曲和词还只是一物。词的来路,乃是外国音乐的输入。外国的音乐,其根本,就是外国人所歌唱的调儿。现在外国的音乐,为中国向所未有的,正在逐渐输入,新诗体自有产生的可能,不过现在提倡新诗的人所走的,却不是创造诗体的路。

文人学士所做的诗,虽然把天籁失掉了,却亦有其不可掩之美。其一是精工。这是代表人工美的。恰与天然美对峙。其二是诗境的扩大。即歌谣中所不曾有的意思,未说及的事物,它都有了,这不能不说是技术上的进步。所以文人的功力,也不是白花的。不过话太说得尽了,就觉其意味浅薄,因为所刺激起的想象少了。雕琢过于精工,亦不免要因此而牺牲真意。西昆体和江西派的诗,终落第二义;近代人竞学宋诗,到底无甚意味,而如何莲舫、易实甫一类的诗,更其要不得,就是为此。

虽然如此，歌谣也并不都是好的，尽有庸劣无味的，甚而至于有恶浊的。这是因为歌是大众作品，大众之中，未尝无鄙夫俗夫之故。于此，知《史记·孔子世家》说古者诗三千余篇，孔子删取其三百五篇，并无甚可疑之处。古人好举成数，估计起来，觉得百位还嫌其小，而要进到千位，就说一个千字；以千位计，还觉得其不止一数，就加上含有多数意义的三字，而说三千。民歌本是重重复复的，古诗自然也是如此，所以《史记》也说孔子"去其重"。假使把现在的民歌，统统抄出来给我看，我也一定要把它删过一番的。至于重复的应该除去，那更无待于言了。所以孔子删诗之说，实无可疑，后人所以怀疑，乃因拘于要向古书中去搜集佚诗，而未一察当前的事实。现在的报纸中，也时时载有民歌，我总觉得好的很少。却记得清末，大约是丁未、戊申、己酉三年之间，《时报》曾载有各地方的歌谣，好的却极多。现在《时报》是停刊了，总还有藏着旧报的人，倘能把它抄集起来，印成一本，倒也是文艺界一件盛事。

论文史①

一

近来刘大杰先生写信给我，颇叹息于青年肯留意于文史者太少，这确亦是一个问题。

文学，即旧日所谓辞章之学，讲朴学和经世之学的人，本都有些瞧它不起，以为浮华无实。这也不免于一偏，但他们不过不愿意尽力于文学而已，对于旧书的文义，是能够切实了解的，现在就很难说了。还记得二十余年前，章行严先生说过一句话：现在的文字，只要风格两样一些，就没有人能懂得了。这句话，确使人闻之痛心。

所谓风格，直接些说，就是俗话所谓神气。我们对于一个人的意思的了解，不但是听他说话，还要领略他的声音笑貌等等，文字就是语言的扩大，然这些辅助的条件都没有了，所以其了解要难些。然于文字不能确实了解，即不能得作者的真意。所以要了解旧书，旧文学不能没有相当的程度。

对于旧书，喜新的人，或者以为不值得留意。但它毕竟是材料的一部分；比外国的材料，还要亲切些，这如何能够不留意呢？

---

① 此文原载《知识》第5期，1945年出版。

二

　　说到本国的材料,比来自外国的要亲切一些,就可因文而及于史了。我现在且随意举几个例,如:(一)外国人有肯挺身作证的风气,所以其定案不一定要用口供,中国就颇难说了。任何罪案,在团体较小,风气诚朴,又法律即本于习惯之时,罪名的有无轻重,本来可取决于公议。《礼记·王制》篇说:"疑狱泛与众共之",还是这种制度的一个遗迹。外国大概和这风气相去还近,所以能有陪审制度,中国又较难说了。举此两端,即可见中国研究法学的人,不能但凭外国材料。(二)又如农民,大都缺乏资本,不能无藉于借贷。王安石的青苗法,现在大家都知道其立意之善了,然其办法不甚合宜,也是不能为讳的。其最大的病根,即在以州县主其事。人民与官不亲,本金遂借不出去,而官吏又欲以多放为功,遂至弊窦丛生。现在的农贷,主其事者为农民银行,与其人民隔绝,自不致如地方官之甚,然其于地方情形的不熟悉,亦与官吏相去无几,至少在他初办时是如此,然亦欲以多放为功,就有土豪劣绅,蒙蔽银行,伪组合作社,以低利借进,以高利转借给农民等的弊窦了。他如现在的游击队,固然和从前的团练不同物,然其理亦未尝无相通之处。又如复员,战士或者要归耕,其事亦非今日始有。此等处,本国已往的情形,亦必较外国的材料更为亲切。大家都知道研究外国学问,不可不先通其语文,如何研究中国材料,对于本国文字,反而不求甚解呢?

三

　　文字是要经长久使用,然后才会精深的,这是因为语言和文化,每相伴而发达。金世宗是民族成见最深的人,他不愿女真人和中国同化，于是竭力提倡女真文字，以之开科，以之设学。然他深病女真文字，不如中国的精深，曾以此意问其臣下。有一个对道：再多用些时候，自然要精深些。这话亦颇含真理。从前有个学生留学德国，一次有个德国人问他道：你看法文与德文孰难？他说：法文似乎要难些。这个德国人大为不悦，和他力辩，说德文并不容易，这事见于二十年前《时报》的欧洲通信上。此时语体文初兴，这位通讯员说："现在一班人，还敢以艰深为中国文字之病么？"案文字要求通俗易解，亦自有一种道理，这位通讯员的话，也未免于一偏。然要通俗易解是一事，要传达精深的学术，亦是一事，这位通讯员的话，亦代表一方面的真理。

要研究中国学问，必须要看古书，这和要研究外国学问，必须读其名家专著一样，单读些近来人所著的书籍，是无用的。因为著书者必有其所悬拟的读者。近人所著的书，非不条理明备，语言朗畅，而且都站在现在的立场上说话，绝无背时之病。然其所悬拟的读者，大都是普通人，其标准较低，极精深的见解，不知不觉，遂被删弃。终身读此等书，遂无由和最大的思想家最高的思想接触。若昔人所著的书，但求藏之名山，传之其人者，则多并不求普通人的了解，所以其内容虽极驳杂，而精深处自不可掩。这亦是治中国学问者对于本国文字不能不有相当程度的原因。

文史本是两种学问。但在今日研究史学，而欲求材料于中国的旧史，则和文学关系殊深。这原不是史学一门，一切学问，要利用中国的旧材料，都是如此的。但是史部中材料特别多，所以其关系也更密切罢了。

《古史家传记文选》导言①

从来论文章的人,都会说文章要原本经史。这话在普通人看来,只是一句门面话,然而门面话中,往往含有真理。经姑勿论,讲到史,则正史中的四史,确实是文章的根源。人们都会说:"二十四史之中,四史最要紧,四史之中,《史》《汉》最要紧。"话虽不错,可是说得太模糊了。我们若从文学的见地,来研究正史,则二十四史(或二十五史),可以大别为四类:

(一)四史;

(二)自《晋书》至《旧五代史》;

(三)《新唐书》《新五代史》;

(四)自宋至明之史。

而此四大类之中,仍各有小别。这话怎样讲呢?

让我们先谈谈中国骈散文的变迁史吧。文学史上的公例,韵文的发达,先于散文。中国古代的韵文,即阮芸台所谓"寡其辞,协其音"之文(见《文言说》),其发达远在东周以前。散文则发达于东周,至西汉而极盛。西汉末年,风气渐变。遂开东汉到唐初的骈文。文字何以自散而趋于骈呢? 文字本是代表语言的,文字初兴,本与

---

① 此文作于1938年,后收入《吕思勉论学丛稿》。

语言一致,后来文字加以修饰,两者遂生差异。文字是怎样修饰的呢?一,为求整齐。其中包含无过长过短之句,多对偶。二,为求美丽。其中包含词类之选择及用典。用典到后来,如涂涂附,使人看了不懂,不但不能引起快感,反要感觉沉闷了。然其初所用的,则都是习熟之事,人人皆知。人人皆知之事,再加叙述,未免使人可厌。而且说了一大篇话,内容还只如此,何如以少数的话,包括多数的意思呢?唐宋后的散文,引用故实,较生的都详加叙述。自东汉至唐初则不然,其所谓隶事,都以一语述一事,不论所引用的事的生熟,都把读者当做已知的,即由于此。骈文的初期,不过是文字的修饰,后来踵事增华,就和散文判然了。骈文的体制,大略可分为汉魏、晋宋、齐梁、初唐四期(至晚唐则成为四六。宋代四六,受散文的影响,趋于生动流走,而作风又一变),愈后愈浮靡,亦愈后愈板滞,遂愈后而愈不适于用。但是六朝人于骈文之外,仍应用散行文字,名之为笔,虽稍近自然,而文气仍不免浮靡。所以到了唐代中叶,革新运动起来,韩愈、柳宗元等所做文字,以古为法,称为"古文"。对于骈文而言之,则称为"散文"(散文二字,有新旧二义。旧义对骈文言之,此处所用的是新义,对韵文言之)。然而此等文字,亦是以古为标准的。不论名词、句法、篇法,可古的地方,必先用古,必其不能古,或求古则妨害事实时,才参用今。而其参用,仍有种种规律,非可直情径行。所以其事甚难,非尽人所能学。所以古文一体之外,别有一种普通应用的文字,此项文字,范围较宽,学习亦易,故能普遍了。

以上述历代文学变迁的大略,再将分正史为四部之说,大致言之。

(一)四史之部。此中《史记》,大部分为东周至西汉之散文,一小部分为西周以前极简质的文字。《汉书》,一部分为东汉人的作品,即骈文风气初开时的文字,但大部分亦系西汉以前的散文。

古人的著书，不是像后世人一般，搜集得材料，一定要将其文字改过，使入自己口气，且使其色彩一律的。大都是照抄原文，一字不易而已（刘知幾《史通·因袭篇》，讥《汉书·陈涉传》，袭《史记·世家》之文，而不改其"至今血食"之语，以后人眼光观之，自属得当，然在汉时，则通行文例如此，并非班固疏忽）。职是故，一部书中，文字的色彩，极不一律。通常所谓某书（或某人）的文字如何者，乃指其自作之部分言之。如论《史》《汉》，则指其自作的列传、叙、论赞（其实是否自作，仍是问题，惟来源既无可考，则姑假定其为自作）。又或指其最有特色的一部分，如《左氏》《国语》《国策》，都有其奥避难解处；即《左》《国》亦间有类乎《国策》处，然通常所谓《左》《国》文字如何者，自指风格凝重者而言；所谓《国策》文字如何者，自指排奡骏快处而言。明乎此，则知统论文学的全体，马、班大有区别，但就传记文而论，则其为别甚微。因为《史记》中可假定为史公自作的，都是汉朝人的传，《汉书》亦是如此。班固虽是东汉人，然其所叙者，仍是西汉人。凡《汉书》中的列传，大都是西汉人所作，而班固抄录入书的，并非其所自作也。至于《三国志》，则作者系晋初人，其所哀录者，都是汉末及三国时人的作品。此时骈文渐盛，文章渐次分途。所谓笔者，虽与西汉前之散文，一线相承，并未间断，然已渐受其时文的影响，而趋于矜练。所以《三国志》的文字，最为闲雅。至于《后汉书》，则自晋初司马彪、华峤而后，述作者本有多家（详见《史通·古今正史篇》），至宋范晔，乃删定而成一书。述作删定者，皆自晋至宋之人，故其文字又较妍丽。总而言之：以传记文论，《史》《汉》可代表西汉一代的作品，《三国志》代表汉（东汉）、魏的作品，《后汉书》代表晋宋的作品。

（二）自《晋书》至《旧五代史》。晋及宋、齐、梁、陈、魏、北齐、周、隋诸书，皆唐初官修。《南史》《北史》则成于私人之手，虽体裁有异，而材料则与宋、齐、梁、陈、魏、北齐、周、隋诸书，大致从同。

此等文字,即南北朝时代之所谓笔。犹之今日之浅近文言,去白话仅一等;且其夹杂俗语亦不少,故在当日,并非难解,亦无人特称其文。但一,前一时期之俗语,至后一时期,往往即成为文言。后人学六朝文字,本非专学其文,亦可兼学其笔。况二,当时作史传文字,虽云通俗,究亦力求雅驯。三,而包含于其中的文亦不少。所以熟读诸史,于学晋、宋、齐、梁体的骈文的人,非常有益。即仅学普通文字之人读之,亦有增益见闻,开拓心胸之效。《旧唐书》《旧五代史》,文体实与自晋至隋诸史相同。然时代既殊,文字之体制、神气,自然随之而变。所以此两书的色彩,又和自晋至隋之史小异。而读者之受益,则其性质大致相同。

（三）《新唐书》《新五代史》。此为古文既兴之后,用其义法所作之史。自古文家观之,自较自晋至隋之史及《旧唐书》《旧五代史》为胜(如姚姬传《古文辞类纂》,于《史》《汉》外,只选此两史之文)。但欧、宋于史法皆不甚精。宋之文,尤有所谓涩僻之弊,甚有不妥而被后人资为话柄者。故以普通之眼光观之,此两书并不较《旧唐书》《旧五代史》为胜。但此两书在正史之中,卓然自成一种谨严的文体,则是事实。

（四）自宋至明之史,为古文既兴后之普通文,自文学方面言之,殊觉其黯然无色。一,由此时代之文,较前一时代,本少华饰。二,则史学进步,叙事渐趋客观。凡事夹杂主观叙述,觉其有声有色者,专凭客观,便觉声希味淡,其理详见下文。此时代的史,虽不足语于现在的所谓客观,然时代愈后,究竟记述之法,渐趋谨严,不敢凭藉主观,将琐屑无味之材料删去,于是记载渐趋于芜。芜为文学之大敌,故此时代之史,以文学论,率无足观。《明史》体例,最称谨严,其文字尤为板滞(此节所谓客观,并非谓其材料均能确实,乃谓史学随时代而进步,则愈知事实之重要,而不敢轻于删薙。故时代愈后,历史之分量愈增)。

以上是就所谓正史者,略论其文学性质。虽然自五代以前,都可说有文学价值,然其价值要以四史为最大,则断然无疑了。以下再就四史的文学,略加论列。史家之文,本可分为两类:即一,叙述制度的,是为典志。二,叙述事实的,是为纪传。叙事本不必以人为主,但是什么事都有因袭性的,最初所传的材料,是以人为主的,作史的人,就以人为主而加以编制,后来就沿为故事了。而且《本纪》因史裁的变化,只成为全书的提纲,失其为传记的性质。而所谓列传者,遂专据正史中传记文之席。今欲明史家传记体的来源,请引我的旧作两则如下:

古之史,盖止记言记事二家。《礼记·玉藻》曰:"动则左史书之,言则右史书之。"郑《注》曰:"其书,《春秋》《尚书》其存者。"《汉书·艺文志》:"左史记言,右史记事。言为《尚书》,事为《春秋》。"其说当有所本。《左氏》果为《春秋》之传与否,事极可疑。汉博士谓《左氏》不传《春秋》,近世推衍其说者,谓《太史公自序》但曰:"左丘失明,厥有《国语》。"其《报任安书》亦然。下文又云:"左丘明无目",则宋祁所见越本,王念孙所见宋景祐本及《文选》,皆无明字。《论语》有"左丘明耻之,丘亦耻之"之语,崔适谓《集解》录孔安国《注》,则此章亦出古论。然则自今文家言之,实有左丘而无左丘明,有《国语》而无《春秋左氏传》也。而《国语》一书,则只可谓与《尚书》同体,而不可别列为一家。何者? 古代记事之史,体至简严,今所传之《春秋》是也。其记言之史,则体极恢廓。蓄其初意,主于记嘉言之可为法者;然既记嘉言,自可推广之而及于懿行,既记嘉言懿行之可为法者,自亦可记莠言乱行之足为戒者也。故《国语》者,时代较后之《尚书》也。或曰:秦汉以后之史,第一部为《史记》,而《史记》之体例,实原于《世本》。洪饴孙撰《史表》,以《世本》列诸史之首。核其体例,则有本纪,有世家,有传(《史记》称列传,谓合多人之传，以次序列耳），并为《史记》所沿。桓谭谓史公《三代世表》，旁行斜上，并效周谱（《史通·表历篇》引，亦见《南史·王僧孺传》）。《隋志》有《世本王侯大夫谱》二卷，盖即周谱之伦。则《史记》之世表、年表、月表，例亦沿自《世本》。《世本》又有《居篇》（记帝王都邑）《作篇》（记占验、饮食、礼乐、兵农、车服、图书、器用、艺术之原），则八书所由昉也。百三十篇，本名《太史公书》。《史记》二字，为当时史籍通名，犹今言历史也。史公发愤著书，功在网罗综贯，不在创造。所整齐者，实为旧史之文，非其自作。则纪、传、世家、书、表，乃前此史家之通例，正不独《世本》然矣。安得谓古之史，止记言记事二家欤？案本纪、世家、世表之原，盖出于古之帝系、世本；八书之作，则出于古之典志；此二者，后世虽以为史，而推原其朔，则古人初不以为史也。《周官》小史，"掌邦国之志。奠系世，辨昭穆。若有事，则昭王之忌讳。大祭祀，读礼法，史以书叙昭穆之俎簋"。郑司农云："系世，谓帝系、世本之属（此世本仅记世系，与前所述世本不同）。先王死日为忌，名为讳。"又瞽矇，"讽诵诗，世奠系"。杜子春云："世奠系，谓帝系，诸侯卿大夫世本之属也。小史主次序先王之世，昭穆之系，述其德行。瞽矇主诵诗，并诵世系，以戒劝人君也。故《语》曰：教之世，而为之昭明德而废幽昏焉，以休惧其动。"案小史所识者，先世之名讳忌日及世次，今《大戴记》之《帝系姓》盖其物。瞽矇所诵者，先王之行事，则《五帝德》所本也。此本纪世家世表之所由来。凡一官署，必有记其职掌之书，今之礼经逸礼等，盖皆原出于此。此等无从知记者为谁，大约属于何官之守者，则何官之史所记耳。此即后世之典志，八书之所本也。古所谓史，专指珥笔记事者言之。小史、瞽史所识，礼经、逸经之传，后世虽珍为旧闻，当时实非出有意，故追溯古史者并不之及也。若夫年表、月表，则《春秋》之记事也。列传则《国语》之记言，而其例实原于《尚书》者也。然则安得谓古之史有出于记言记事之外者歟？而刘氏以《左氏》《国语》，与《尚书》《春秋》并列，不其谬歟（拙著《史通评·六家篇》）？

记事之史，体极简严，记言之史，则体较恢廓，求诸《周官》，亦可喻其故焉。史官主知天道，故冯相、保章，皆属太史。冯相氏，掌十有二岁，十有二月，十有二辰，十月，二十有八宿之位，辨其序事，以会天位，盖司天道之常。保章氏，掌天星，以志星辰日月之变动，以观天下之迁，辨其吉凶，则司天道之变。常事不书，变事不可不记。执简之始，盖专记日食、星殒等事，此本不待烦言，其后记人事者，亦遂沿其体，此其所以简严。古重言辞，书诸简牍盖其变；既重言辞，则其所书者，亦必如其口语，虽有润饰，所异固无多也，此其体之所以日益恢廓也。记言之史，体既恢廓，其后凡叙述详尽者皆沿之，以其初本记言辞；又古简牍用少，传者或不资记录，而以口耳相授受也；则仍谓之语。《礼记·乐记》：孔子谓宾牟贾曰："且女独未闻牧野之语乎？"此记武王之事者称语也。《史记》本纪、列传，在他篇中述及多称语（《秦本纪》述商鞅说孝公变法曰：其事在《商君语》中。《孝文纪》述大臣诛诸吕，谋召立代王曰：事在《吕后语》中。《礼书》述晁错事曰：事在《袁盎语》中。《陆贾传》述其使尉佗事曰：事在《南越语》中。皆是。《朱建传》：汉已诛布，闻平原君谏，不与谋，得不诛，曰：语在《黥布语》中，而《布传》无其事。盖古人著书，多直录旧文，不加点定，史公所据朱建、黥布两传，非出一家，故其文如是也。《始皇本纪》述赵高与二世、李斯阴谋杀扶苏、蒙恬，曰：语具《李斯传》中，疑后人所补。抑或当时已有称传者，不始太史公。《萧相国世家》述吕后用何计谋诛淮阴侯曰：语在《淮阴事》中。《留侯世家》述良解鸿门之危曰：语在《项羽事》中，事语二字，疑后人所互易），可知纪传等为后人所立新名，其初皆称语。然则《论语》者，孔子及其门弟子之言行之以类纂辑者；《国语》则贤士大夫之言行，分国纂辑者耳。故吾谓《国语》实《尚书》之支流余裔也。不惟《国语》，《晏子春秋》及《管子》之大、中、小匡诸篇，凡记士大夫之言行者，皆《国语》

类也。亦不惟《论语》,诸子书中,有记大师、巨子之言行者,皆《论语》类也(抽撰《燕石札记·周官五史》)。

《史记》为正史中第一部,后来的史书,都系沿袭他的体例。观前两则,可知《史记》体例之所由来。盖当太史公时,前代所留诒的史材,除述制度的典礼以外,其述人事的,可分为春秋、系世、语三者。《史记》的年表、世表,系据春秋、系、世制成;本纪、世家,有兼据春秋及系、世的,亦有更益之以语的;而列传则大致系根据于语。知此,则知后世之正史,以人为纲,以致将事实寸寸割裂,要看一件大事,必须兼阅本纪及许多篇传,殊觉不便,其咎实不在于史公。因为史公所据的材料,是各有来源,本不相干的。照古人"信以传信,疑以传疑"的例子,异来源的材料,本不以之互相订补,并不使之错居一简。譬如《齐世家》和《管晏列传》,《鲁世家》和《孔子世家》,便是各有来源,不能掺杂的。《史记》的多重矛盾,即由于此。而《史记》的列传,所以忽详忽略,或分或合,莫名其妙的,亦由于此。譬如管仲、乐毅,是何等大人物?然而《管晏列传》中,所详述的,只有管仲和鲍叔的关系,述其相桓公霸诸侯的事反甚略。乐毅亦然,于其外交及军事,并没有详述,而只备载其和燕惠王往返的书函。老子为什么要和韩非同传?《孟子·荀卿列传》中,为什么要兼载这许多人?而又语焉不详?后世史学家、文学家想出许多说法来,总不能使人满意。如其不用私知穿凿,而但就古书义例求之,则可以一语斩尽葛藤,曰:其所据的材料,本来如是而已。普通列传,传者以人为主,则史公亦以人为主而传之。类传的传者,以事为主,则史公亦以事为主而传之。这种体例,如其说是好的,史公不应尽冒其功;如其说是坏的,史公不能尽尸其咎,正和后来的史家,袭用《史记》的体例,只负模仿的责任,不负创作的责任一样。

以上的话，把史家传记文体的来源说明了。如此，则创始之人，不过是因袭；而后来的人，不过是模仿而已，绝无所谓苦心创造，还有什么价值呢？话不是这样说。文章的价值，是看其内容，并不论其体制的为因为创。至后人之取法于前人，也是移步换形的，并不是死板板的亦趋亦步。譬如史公的传管仲、乐毅，不能详其行事之大者，而只能详其轶事和书翰，固由材料如此，然后人作良相名将的传，自可不以此篇为法；其有大事不必细述，小事反宜详述，言论亦宜详载的，则比两篇又足为法了。举此一端，余可类推。

以上系论体制，以下再就文字方面，略为陈说。凡读四史的人，只要对于文学，略有兴趣，都能感觉其文字之美，较诸后此诸史为胜，这是什么理由呢？原来史事最重客观。求客观，就只该就其可知之部分，加以说述；其不可知的部分，是不该以意补足的。凡事之可见者，总只是外形，然外形是无意义的。除非对史学有特别修养的人，能就其外形而推想其内容，以完成其事实，而发见其关系，才会觉得有一种趣味。但是这种趣味，还只是史学上的趣味，不是文学上的趣味。至于文学上的趣味，总要直观可以感觉到的，不能多靠推理之力。所以文学上的方法，虽然有所谓"匣剑帷镫"，"言有尽而意无穷"等，但其实，都是但凭感想，即可领会的。因而文学作品的叙事，没有真客观。因真客观的叙述，在科学上是有价值的，在文学上则价值稍逊。我们读报，看官方公布的消息，不如访员通信之有味；而大报的记载，有时又不如小报：即由于此。记载当求客观之理，为古人所不知；而古代文字用少，凡事皆由口耳相传，口耳相传之事，最易变易其原形，而此中却又有一个删润的妙理。人之述事，在无意之间，自能将干燥无味的部分缩小，或竟删去；富有趣味的部分扩大，甚至增加，如此，则每传述一次，即不甯经过一次之删润。一篇文字,经过许多人传述,即不甯经过许多无名作家的删润,其趣味浓郁,自然无待于言了。凡古代的历史,尤其是西汉初年以前,带传说的性质,实在很多。读本书《项羽本纪》的评语,便可知道。所以古史文字之美,其内容之适合于文学,是其第一条件。

西汉以前的文字,现在看起来,很觉得其古色斑斓,然此乃时代使然。在当时实甚通俗。虽不能说竟是白话,亦必和白话相去无几。东汉以后,虽然略加修饰,亦不过如现在的浅近文言。所以当时的文字,是很为自然的,凡事总以自然的为美。人工之美,固亦有天然所无之境,其技术的优良,我们亦不能不叹服,然而较诸天然之美,未免终逊一筹。人造的花,终不如树上之花;刻意经营的园林,终不如天然的山水。知此,则知唐宋以后的古文家,穷老尽气,模仿三代、两汉之文,而终不及三代、两汉;不但古文家,其余一切文字,也都如此。因而一时代必有一时代独至之文,为后人所不能及;所以现在的白话文,前途正有无穷的希望。《史》《汉》文字,甚为通俗,只要看他句法的冗长,称名的随便,便可知道。譬如《史记·周本纪》说:"诸侯不期而会孟津者,八百诸侯。"这两个"诸侯"字,无论如何,总有一个可省。又如《史记》每称项籍为项王。衡以后世的义法,是很不妥当的。因为从无以人之姓氏,冠于所封爵号之上之理。伯禽姓姬,其父旦,受封于周,亦可以周为氏;然既受封于鲁,则只可称鲁侯,而不可称周侯了。项籍的爵,是西楚霸王,若可称为项王,则汉高祖为什么要称汉王,而不称刘王呢?此等道理,史公岂不知,而竟如此称呼,则除当时的口语如是,史公即照口语书写,别无理由可以解释了。这话可看拙撰《史通评》的《称谓篇》,还要说得详尽些。至于句法的冗长,自以《史记》为最。然而现在的《史记》,已经给后来的人,把冗长无谓的字,删节了许多。论其原本，恐怕还要冗长。这个，只要看《史通·点烦篇》所引《史记》原文，都较现行本为冗长可知。关于这一点，我以为此等删节，皆系抄录时随手所为。因为古人不讲考据，则其读古书，只要明白其意义而已足，不像现代讲考据的人，一字的有无同异，即可于其间生出妙悟来。因为图阅看之便，而免抄写之烦，古书中无用的字句，尽可随意删节。句之删节尚较少，而字之删节则甚多。无论藏书的人自写，或抄胥代人抄写，都是如此。袭用人家的文字，照本抄誊，不易一字，这是古人行文的通例。然而现在，《汉书》袭用《史记》之处，字句每有异同。大抵是《史记》繁而《汉书》简，就因魏晋以后，《汉书》的通行，较《史记》为广，经过传抄的次数较多之故。评论之家，却说这是班固有意为之，又说班固的本领真大，只要减省一两个虚字，作风就和司马迁判然不同了。真是梦呓。考据和文艺，固然是两件事；懂得考据的人，固然未必懂得文艺；讲文艺的人，亦不需要讲考据；然而考据家考据所得的结果，成为常识的，文学家亦应该知道。因为文艺的批评，亦当根据于正确的事实(同理：考据家亦应略懂得文学。不然，会把所根据的书讲错的，亦就大有害于事实的正确了)。关于这一个问题，《史通评》的《点烦篇》，也是可以参看的(我所补出的点烦，就是近代人工的文字，和古代自然的文字一个绝好的对照)。现在的《史记》，虽已非复原形，《汉书》更甚；而且自《汉书》以下，业已开修饰之风，其语调非复纯任自然；然而保存自然的风格处仍不少，至少语调虽有雕琢，全篇的杼轴(即篇法，亦即说一大篇话先后的次序)，还是自然的。这一点，不能举例了，只好由读者自己领悟。凡近于口语的文字，其叙述一定很详尽，而且能描画入微。如本书所选《史》《汉》的《魏其武安侯列传》《李广苏建列传》，便是其最好的例。《后汉书》的《隗嚣公孙述传》《马援传》，也有此等风味，不过较之《史》《汉》，已觉逊色罢了。惟《三国志》的文体，系以谨严见长，间有此等刻画详尽处,转非其特色之所在。总之,一书有一书的特色,研治文学的人,对于一部书,或一个人的作品,都要能认识其特色之所在,才算能够了解。于此,正式文字和小说之别,却又不可以不知。古文贵叙述详尽,刻画入微,这是人人所可承认的,然古文而带有小说气,则历来的作者,又均视为大戒。究竟何等文字,算是带有小说气呢? 这是很难举出具体的标准的。论其原理,则其所叙述,都是依天然的条理,述客观的事实的,为正式的文字;而有意做作,超过如实叙述的程度的,则落入小说的窠臼。这话似乎优侗,然只说得到此,其实际情形,只可望读者自行领悟(勉强举个例,譬如宋濂的《秦士录》,侯朝宗的《大铁椎传》,都是近来中学教科书中常见的作品,这两篇就都有些小说气味,不甚大雅)。以近乎口语的句调,比之精心修饰的文言,自然是冗沓的,冗沓未免可厌,然就一句论之,虽然如此,合全篇论之,则自有一种抑扬高下、无不合宜的韵致,断非文人学士有意为之者所能及。以秦汉之文,与唐宋人所为之古文比较自知。即以句法论,近乎口语的自然之调,亦有非人工的文字所能仿效的。本书中对《史记·货殖列传》的批评已言之,兹不更赘。不但西汉以前文字如此,即东汉以后的文字,其情韵交至的,亦有自然的语调为本,不过略加修饰而已。熟复《隗嚣公孙述传》《马援传》中的书翰,《诸葛亮传》中的《上诸葛氏集表》,便可悟入。

上述两端,为四史文字之所由美。至所选录各篇之美点,及其可见之义法,别详分评中。义法是略有一定的。美点则由于各人的主观,不能一定相合,亦不必求其相合。凡文评,都只可供触发,助领会,不可执为实然,所以不必十分拘泥。此书本供国文修习之用,所以凡所论列,都就文字方面立论。至于四史之为用,自然不尽在于文学方面的。最主要的,自然是史学方面,次之则经子考证方面,关系亦极大。滥行论列,将至喧宾夺主,失之芜杂,故不更及。四史的历史，就普通者言之，可看《史通·古今正史篇》，及《廿二史札记》第一至第六卷中有关涉的各条。此皆习见之书，无待再行赘录。特别的考证，研究文学时，亦可无需，故亦不之及。

评注的体例，是很简单的，不必另为一篇，今亦附述于此：一，注，只以文字可看懂为限，不再繁征博引，涉及史事暨训诂、名物、制度的考证。因为如此，势将喧宾夺主，不成体裁。二，地名皆加今释。但亦仅言其为今之某地而止，不及沿革变迁。三，批评主旨，系在文字，但史法及评论史事的知识，有为了解文学所必需者，亦加述说。四，凡古书的句法，恒较后世为短。以后世的"长句""长读"读古书，易误其意义，尤失其神味。故此书所定句读皆较短。读者如能留意，推广之以读其他古书，亦颇有益。

怎样读中国历史^①

  幼时读康南海的《桂学答问》，就见他劝人阅读全部正史。去年(一九三四年)章太炎在上海各大学教职员联合会演讲，又有这样的话："文化二字，涵义至广，遽数之，不能终其物。方今国步艰难，欲求文化复兴，非从切实方面言之，何能有所成功？历史譬如一国之账籍，为国民者岂可不一披自国之账籍乎？以中国幅员之大，历年之久，不读史书及诸地方志，何能知其梗概？史书文义平易，两三点钟之功，足阅两卷有余，一部二十四史，三千二百三十九卷，日读两卷，一日不脱，四年可了，有志之士，正须以此自勉。"

  诚然，中国的正史材料是很丰富的，果能知其梗概，其识见自与常人有异，然康、章二氏之言，究系为旧学略有根底者言之。若其不然，则（一）正史除志以外，纪传均以人为单位，此法系沿袭《史记》(此体创自《史记》实不能为太史公咎，因其时本纪世家列传材料各有来路，不能合并，且本纪世家与列传亦不甚重复)。而后世史事的范围扩大了，一件较大的事，总要牵涉许多人，一事分属诸篇，即已知大要的人，尚甚难于贯穿，何况初学？（二）即以志论，典章制度，前后相因，正史断代为书，不能穷其因果，即觉难于了解。况且正史又不都有志，

---

^① 此文原载《出版周刊》第 102 期，1935 年 4 月出版。

那么一种制度，从中间截去一节，更觉难于了解了。所以昔人入手，并不就读正史。关于历代大事，大抵是读编年史的，抑或读纪事本末。至于典章制度，则多读《通考》及《通志》之《二十略》，此法自较读正史为切要。惟（三）现在读史的眼光和前人不同了。前人所视为重要的事，现在或觉其不甚重要，其所略而不及的事，或者反而渴望知道他。所以现在的需要和前人不同，不但是书的体裁，即编纂方法问题，实亦是书之内容，即其所记载的事实问题。

如此则但就旧日的书而权衡其轻重先后，实不足以应我们今日的需要了。然则学习中国历史，应当怎样进行呢？

现在人的眼光和前人不同之处，根本安在？一言以蔽之，曰：由于前人不知社会之重要。一切事，都是社会上的一种现象。研究学问的人，因为社会上的现象太复杂了，而一个人的精力有限，乃把他分门别类，各人研究一门，如此即成为各种社会科学。为研究的方便，可以分开论，然而实际的社会，则是一个，所以各种现象仍是互相牵连的，实在只是一个社会的各种"相"。非了解各种"相"，固然无从知道整个的社会；而非知道整个的社会，亦无从知道其各种"相"，因而史学遂成为各种社会科学的根柢，而其本身又待各种社会科学之辅助而后明。因为史学有待于各种科学之辅助而后明，史乃有专门、普通之分。专门的历史，专就一种现象的陈迹加以研究；普通的历史，则综合专门研究所得的结果，以说明一地域、一时代间一定社会的真相。严格言之，专门的历史还当分属于各科学之中，惟普通的历史乃是称为真正之历史。因为史学的对象，便是整个的过去的社会，但是专门的研究不充分，整个社会的情形亦即无从知道。而在今日，各个方面的历史情形实尚多茫昧，因此，专门及特殊问题的研究极为重要，史家的精力耗费于此者不少。

以上所述为现代史学界一般的情形。至于中国历史,则材料虽多,迄今未用科学的眼光加以整理,其紊乱而缺乏系统的情形,自较西欧诸国为尤甚。所以(一)删除无用的材料;(二)增补有用的材料;(三)不论什么事情,都要用科学的眼光来加以解释,实为目前的急务。但这是专门研究家所有之事,而在专门研究之先,必须有一点史学上的常识,尤为重要。

研究学问有一点和做工不同。做工的工具,是独立有形之物,在未曾做工以前,可先练习使用。研究学问的手段则不然,他是无形之物,不能由教者具体地授予。对学者虽亦可以略为指点,但只是初步的初步,其余总是学者一面学,一面自己体会领悟而得的。善教的人,不过随机加以指导。所以研究手段的学习,即是学问初步的研究。当然,手段愈良,做出来的成绩愈好,亦惟前人所做的成绩愈好,而其给予我们的手段乃愈良。前此的历史书,既然不能尽合现在的需要,我们现在想借此以得研究历史的手段,岂不很困难?然而天下事总是逐渐进步的,我们不能坐待良好的历史书,然后从事于研究,此前的历史书虽明知其不尽合于今日我们的需要,而亦不能不借以为用,所以当我们研究之先,先有对旧日的史部作一鸟瞰之必要。

历史书有立定体例、负责编纂的,亦有仅搜集材料以备后人采用的。关于前者,其范围恒较确定,所以驳杂无用的材料较少;在彼划定的范围内,搜辑必较完备,所采用的材料亦必较正确。后者却相反。所以读历史书,宜从负责编纂的书入手。其但搜辑材料以备后人来择用的书,则宜俟我们已有采择的能力,已定采择的宗旨后,才能去读。昔人所视为重要的事项,固然今人未必尽视为重要,然而需要的情况不能全变,其中总仍有我们所视为重要的,即仍为今日所宜读。然则昔时史家所视为最重要的,是什么呢?

关于此,我以为最能代表昔时史家的意见的,当推马端临《文献通考序》。他把历史上的重要现象,概括为(一)理乱兴衰;(二)典章经制两端;这确是昔时的正史所负责搜辑的。不过此处所谓正史是指学者所认为正史者而言,不指功令所定。我们今日的需要,固然不尽于此,然这两端,确仍为今日所需要。把此项昔人所认为重要而仍为我们今日所需要的材料,先泛览一过,知其大概,确是治中国历史者很要紧的功夫。

但是今日所需要,既不尽同于昔人所需要,则今日所研究,自不能以昔人所认为重要者为限,补充昔人所未备,又是今日治中国历史者很要紧的功夫。

固然研究的手段,是要随着研究而获得的,但是当研究之前,所谓初步的门径,仍不可略事探讨,这又是一层功夫。

请本此眼光,以谈论阅读中国历史书的具体方法:

关于第一个问题,正史暂可缓读。历代理乱兴衰的大要,是应首先知道的。关于此,可读《资治通鉴》《续通鉴》(毕沅所编)《明纪》或《明通鉴》。此类编年史,最便于了解各时代的大势。如虑其不能贯串,则将各种纪事本末置于手头,随时检查亦可。但自《宋史纪事本末》以下,并非据《续通鉴》等所作,不能尽相符合而已。清代之史,可姑一读萧一山《清朝通史》,此书亦未出全,可再以近人所编中国近世史、近百年史等读之。典章经制,可选读《文献通考》中下列十三门:(一)田赋,(二)钱币,(三)户口,(四)职役,(五)征榷,(六)市籴,(七)土贡,(八)国用,(九)选举,(十)学校,(十一)职官,(十二)兵,(十三)刑。如能将《续通考》、《清通考》、刘锦藻《续清通考》,均按此门类读完一遍最好。如其不然,则但读《通考》,知道前代典章经制重要的门类,然后随时求之亦可。此类史实,虽然所记的多属政事,然而社会的情形,可因此而考见的颇多。只要有眼光，随处可以悟入。若性喜研究这一类史实的人，则《通志·二十略》除六书、七音、草木、昆虫、氏族，为其所自创，为前此正史之表及《通典》《通考》所无外，余皆互相出入，亦可一览，以资互证。

历史地理，自然该知道大略。此事在今日，其适用仍无逾于清初顾祖禹的《读史方舆纪要》的。此书初学，亦可不必全读。但读其历代州郡沿革，且可以商务《历代疆域形势一览图》对读。此图后附之说，亦系抄撮顾书而成，次读其各省各府之总论，各县可暂缓。

历代的理乱兴衰，以及典章经制，昔人所认为最重要的，既已通知大略，在专研历史的人，即可进读正史。因为正史所记，亦以此两类事为最多。先已通知大略，就不怕其零碎而觉得茫无头绪了。正史卷帙太繁，又无系统，非专门治史的人，依我说，不读也罢。但四史是例外。此四书关涉的范围极广，并非专门治史的人也有用，读了决不冤枉。至于专门治史的人，则其不可不读，更无待于言了。工具以愈练习使用而愈精良。初读正史，原只能算是练习。四史者，正史中为用最广，且文字优美，读之极饶兴趣，又系古书，整理起来，比后世的书略难，借此以为运用工具的练习，亦无不可的。既读四史之后，专治国史的人，即可以进读全史。全史卷帙浩繁，不可望而生畏，卷帙浩繁是不足惧的，只要我们有读法，倒是太简的书不易读。读法如何，在乎快，像略地一般，先看一个大略。这是曾涤生读书之法。专门治史的人，正史最好能读两遍，如其不然，则将《宋书》《齐书》《梁书》《陈书》《魏书》《北齐书》《北周书》和《南史》《北史》，分为两组；《新唐书》《旧唐书》《新五代史》《旧五代史》亦分成两组，第一遍只读一组亦可。《宋书》《齐书》《梁书》《陈书》《魏书》《北齐书》《北周书》和《南史》《北史》大体重复，《新唐书》《旧唐书》《新五代史》《旧五代史》实在大不相同。正史包含的材料太多，断不能各方面都精究，总只能取其所欲看。看第一遍的时候，最好将自己所要研究的用笔圈识；读第二遍时再行校补。如此读至两遍，于专治国史的人受用无穷。正史的纪传太零碎了，志则较有条理。喜欢研究典章经制的人，先把志读得较熟，再看纪传，亦是一法。因为于其事实，大体先已明了，零碎有关涉的材料自然容易看见了。陈言夏的读史即用此法。正史中无用的材料诚然很多，读时却不可跳过，因为有用无用，因人的见解而不同。学问上的发明，正从人所不经意之处悟入，读书所以忌读节本。况且看似无用，其中仍包含有用的材料，或易一方面言之，即为有用。如《五行志》专记怪异，似乎研究自然科学如天文、地质、生物、生理等人才有用，然而五行灾异亦是一种学说，要明白学术宗教大要的人，岂能不读？又如《律历志》似更非常人所能解，然而度量衡的制度，古代纪年的推算，都在《汉书·律历志》中；而如《明史·历志》则包含西学输入的事实，亦岂可以不读？近来所出的正史选本，我真莫名其是据何标准，又有人说，正史可以依类刊行，如《食货志》归《食货志》，《四裔传》归《四裔传》之类，经人辩驳之后，则又说可将各类材料辑成类编，那更言之太容易了。

关于第二个问题。昔时史部的书不能专恃，必赖他部或近来新出之书补正的，莫如古史和四裔两门。古史的初期本与史前时代衔接，这时候本无正确的历史，只有荒渺的传说，非有现代科学的知识，断乎无从整理，所以宜先读社会科学的书。如文化人类学、社会进化史等等。古史较晚的材料，多存于经子中。经子虽卷帙无多，然解释颇难，合后人注疏考订之书观之，则卷帙并不算少，且颇沉闷。而且经学又有今文、古文等派别，《书经》又有《伪古文》，如不通晓，则触处都成错误，所以因治古史而取材于经子，对经子的本身，仍有通晓其源流派别之必要。关于此，拙撰《经子解题》，入手时似可备一览。为治古史而读经子，第一步宜看陈立《白虎通义疏证》、陈寿祺《五经异义疏证》。前者是今文家经说的结晶，而亦是古史的志。后者则今古文两家重要的异点已具于是。读此之后，再细读《礼记·王制》一篇和《周官》全部的注疏，则于今古文派别已能通晓，古代的典章经制亦可知其大要，并古代的社会情形亦可推知其大概了。大抵古代学问，多由口耳相传，故其立说之异同，多由学派之歧异，往往众说分歧，实可按其派别分为若干组。若能如此，则残缺不全之说，得同派之相证而益明，而异派立说之不同，亦因此而易于折衷去取。派别之异，最显而易见的，为汉代之古今文经说，然其说实导自先秦，故此法不但可以治汉人的经说，并可以之治经之正文，不但可以治经，并可推之以治子。分别今古文之法，以廖季平先生为最后而最精，其弟子蒙文通乃推之以治古史，其所撰《经学抉原》、《古史甄微》两种必须一览。其结论之可取与否，是另一问题，其方法则是治古史的人必须采取的。

编纂周以前历史的人，自古即很多，但于今多佚。现存的书，以宋罗泌的《路史》所包含的材料为最富，刘恕的《通鉴外纪》亦称精详。清代马骕的《绎史》亦称详备，可备翻检而助贯串，因其书系用纪事本末体。

外国有自己的历史。从前中国和他们的交通不甚密切，所传不免缺漏错误，此等在今日，不能不用他们自己的记载来补正，无待于言。亦有并无历史，即靠中国历史中的资料以构成他们的历史的，其中又有两种：一种是他们全无正式史籍的，另一种是虽有而不足信，反不如中国所存的材料的。此一部分中国历史实为世界之瑰宝，其材料虽旧，而研究的方法则新——不用新方法，简直可以全无所得。这方面现代人的著作，也不可以不读，此等著作以外国人的为多，这是因为设备和辅助的科学，外国的研究家所掌握的较为完全之故。近多有译本，其目不能备举，可自求而读之。

关于学术史。昔时专著颇乏，可以学案补之。宋、元、明学案，大略完备。如尚嫌零碎沉闷，拙撰《理学纲要》亦可备一览。清代则有江藩《汉学师承记》和梁启超《清代学术概论》。经学史则皮锡瑞《经学历史》颇为简要。佛学另系专门，如以史学眼光读之，则欧阳潮存所译《原始佛教思想论》、蒋维乔《中国佛教史》、吕澂《印度佛教史略》《西藏佛学原论》，似可依次一览。先秦学术，近人著作甚多，但只可供参证，其要还在自读原书。

关于第三个问题。读史的方法，亦宜参考现代人的著述。现代史学的意义，既和前代不同，研究的方法当然随之而异。生于现代，还抱着从前的旧见解，就真是开倒车了。论现代史学和史学研究法的书，其中强半是译本；自著的亦多系介绍外人之说。惟梁启超《中国历史研究法》及《补编》系自出心裁之作，对于史学的意义，自不如外国史学家得科学的辅助者之晶莹，而论具体的方法则较为亲切。商务所出论史学及历史研究法之书，大致都可看得，不再列举其名，其中《历史教学法》一种——美国约翰生·亨利著，何炳松译——虽编入现代教学名著中，却于初学历史之人很有裨益，因其言之甚为详明，所以特为介绍。中国论史学的学问，当推刘知幾的《史通》、章学诚的《文史通义》。前书大体承认昔人作史之体裁，但于其不精密处加以矫正，读此对于昔人评论史裁之言，可以易于了解，且可知自唐以前史学的大概情形及唐代史学家的意见。章氏书则根本怀疑昔人的史裁，想要另行创造，其思想颇与现在的新史学接近。其思力之沈鸷，实在很可钦佩。这是中国史学史上很值得大书特书的事情。关于此两部书，我很想用现代史学的眼光加以批评比较，再追溯到作者的时代，而解释其思想之所由来。前者已成，名《史通评》，现由商务印行。后者尚未着手，然亦很想在最近把它完成。①

研究的方法必须试行之后，方能真知。抽象的理论，言者虽属谆谆，听者终属隔膜，无已，则看前人所制成的作品，反而觉得亲切。昔人诗："鸳鸯绣出凭君看，不把金针度与人。"又有替他下转语的说："金针线迹分明在，但把鸳鸯仔细看。"这两句诗也真觉亲切而有味。此项作品，我以为最好的有两部：（一）顾亭林(炎武)的《日知录》卷八之十三。（二）赵瓯北(翼)之《廿二史札记》。前者贯串群书，并及于身所经验的事实。后者专就正史之中提要钩玄组织之，以发明湮晦的事实的真相，都为现在治史学的好模范。

于此还有一言。目录之书，旧时亦隶史部。此类之书，似乎除专治目录学者外，只备检查，无从阅读。尤其是初学之人无从阅读。但是旧时读书有一种教法，学童在读书之初，先令其将《四库书目提要》阅读一过，使其于学术全体作一鸟瞰，此项功夫我小时尚做过(但集部未能看完)，自信不为无益。《四库书目提要》固然不足尽今日之学术，但于旧学的大概究尚能得十之八九，而此书亦并不难读，如能泛览一过，亦很有益的。

以上所论，都系极浅近之语，真所谓门径之门径，阶梯之阶梯。在方家看来，自然不值一笑，然而我以为指示初学的人，不患其浅，但患其陋耳，若因其言之浅，恐人笑其陋而不敢说，则未免拘于门面矣。我的立说虽浅，自信初学的人，或可具体应用。大抵浅而不陋之言，虽浅亦非略有工夫不能道，若乃实无功夫，却要自顾门面，抄了一大篇书目，说了许多不着边际的话，看似殚见洽闻，门径高雅，而实则令人无从下手，此等习气则吾知免矣。

---

① 　编者按：此处所说，系指吕先生后来著成的《文史通议评》。今已编入《史学四种》(上海人民出版社 1981 年版)和《吕著史学与史籍》(华东师范大学出版社 2002 年版)。